そして偽装経済の崩壊が仕組まれる

必ずやって来る第二のリーマン・ショックに備えよ

理系アナリスト
塚澤健二

ビジネス社

序章 本物の危機がやって来る前に

第一章 政府が仕掛けた上げ相場

第二章　指数の真実を読み解く

第三章　サイクルがすべてを決める

第四章 勝つのは「値上げ力」のある企業

第五章　日本劣化の正体

第六章 必ずやって来る第二のリーマン・ショック

序章

本物の危機がやって来る前に

八月の世界同時株安は第二のリーマン・ショックの呼び水となるのか

今年八月二〇日を起点に世界同時株安が起きた。震源地の中国から株安は各国に連鎖、NYダウが史上初めて一時一〇〇〇ドル超の下落をみせるなど、世界の金融市場は大きく動揺した。日本株も国民の年金を使って株高に仕向けてきたアベノミクス相場が大崩れをみせた。大半のメディアはその主因を、中国経済の減速が市場に不安をもたらしたためだとかまびすしく伝えていたが、筆者に言わせれば、それはミスリードに他ならない。

今回の株価急落はメディアが騒ぐような第二のリーマン・ショックの前触れではなく、単なる「調整」に過ぎない。

そして敢えて犯人と言わせてもらうが、今回の日本の下げ相場を仕掛けた犯人はアメリカのヘッジファンドであった。彼らの今年の前半のパフォーマンスは冴えず、それを何とか挽回しなければならないという切羽詰った事情を抱えていた。

通常、ヘッジファンドの人々の夏休みは九月七日のレイバーデーまでで、それを境に相場に関わってくる。だが、今年は違った。

儲かっていないヘッジファンドが徒党を組んで仕掛けてきたのが八月下旬の下げ相場、ということになる。

ただし、彼らが経済の波が穏やかな状況で仕掛けても、当然ながらうまくいかない。一つの契機となったのは、中国の通貨・人民元の切り下げであった。

一方、八月下旬に日本の株価急落を引き起こした本当の要因は二つあった。一つは、サイクルの過渡期に入ったことである。これまでのサイクルAから次のサイクルBに移行するときに必ず起きる「調整」が行われたのだ。

もう一つの要因は、実体経済と株式市場の著しい乖離《かいり》にある。実体経済に対して株式市場が割安か割高かを測る指標として知られるのが「バフェット指数」で、株式時価総額を名目GDPで割ったものだ。要はバフェット指数が高いほど、実体経済と株式マーケットが乖離し、バブル状況に陥っているわけである。

日本のバフェット指数のアベレージは七一％。それが五月ピーク時点で一二五％を示していた。日本が過去最高のバフェット指数を示したのはバブル期崩壊直前の一四二％で、今回はそれに次ぐ値になっていたのだ。バフェット指数については、後に本文で詳しく説明したい。

従来よりバフェット指数は、先物取引を多用する外国人の「裁定買い残」とほぼ連動してきた。ところが、今年一月からバフェット指数が上昇しても、裁定買い残は逆に著しく減少した（裁定買いについては第一章で説明）。このバフェット指数と裁定買い残にも大きな乖離ができた。

バフェット指数と裁定買い残の推移

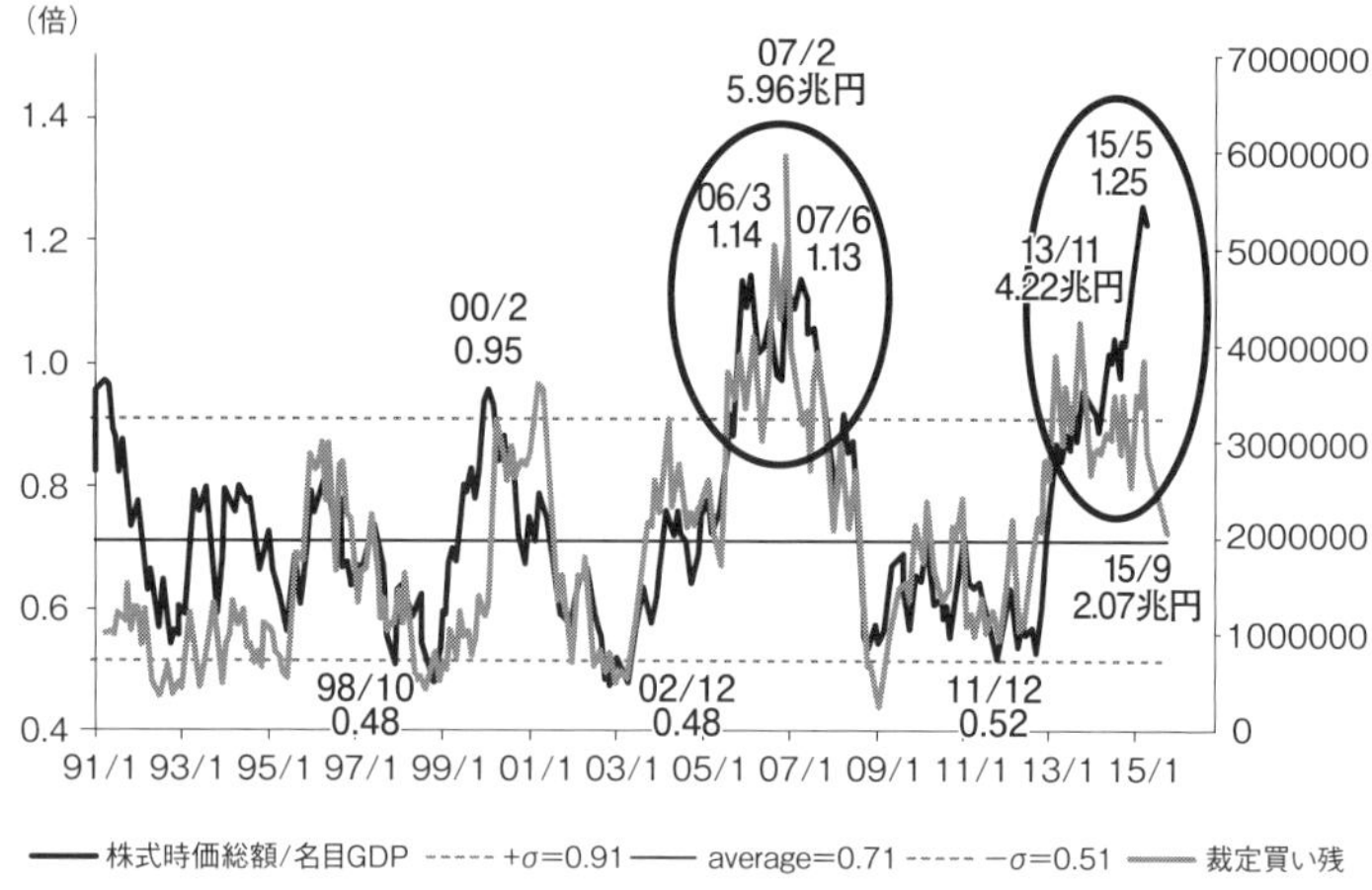

出所:T-Modelインベストメント

この二重の乖離が存在していたことから、日本の株価急落は起きるべくして起きたのだといえる。

今回の株価急落が、第二のリーマン・ショックにまではまだ発展しないと筆者が断言できる決め手は、市場最悪の三点セット「株安・商品安・ドル高」に同じタイミングで陥っていないということだ。今回の世界同時株安局面では株安、商品安ではあるものの、その瞬間は円高ドル安になっている。株安・商品安・円高の状況はグローバルマネーが単に株式市場から他の市場に移動しただけで、今後、それが戻ってくる可能性もあると見ていい。

先に記した要因の他に、日本の場合、安倍政権が人為的に株価を吊り上げていたという特殊要因が加わろう。本来ならば、日本は欧米に先んじて今年春の段階で株価急落が起きてもおかしくはなかった。

しかし、安倍政権はそれを望まなかった。国民を守るためになるのか疑問の残る安保法案を是が非でも国会で通したい安倍政権は高い支持率を〝維持〟する必要に迫られていたからだ。そのため株価を人為的に吊り上げ、アベノミクスが成功しているかのようなイメージを国民に与え、四月末の統一地方選挙に勝たなければならなかった。

その典型例がＧＰＩＦ（年金積立金管理運用独立行政法人）のポートフォリオの大幅変更がもたらした株価操作であった。

したがって、本来ならば株価はとっくに下がっているのをずっと高止まりさせてきたことで、八月末に大きく崩れるハメになった。

ＦＲＢの利上げと同時に行われる黒田バズーカ3

周知のとおり、今年八月一一日から三日間にわたって、中国は自国通貨である人民元を切り下げ、トータルで四・五％もの切り下げを断行した。

通貨切り下げで想起するのは、一九七一年のニクソン・ショックである。米国が金本位制を放棄したのと同時に、ドルの切り下げが行われた。次に想起するのは、一九八五年のプラザ合意。これもまたG5がドルの切り下げを容認するというものであった。

いずれのドル切り下げも、日本経済に過剰流動性をもたらした。七一年のときは、田中角栄首相が巻き起こした「日本列島改造ブーム」によって、日本中の土地価格が高騰した。そして八五年のときは、土地投機や財テクなど「内需主導型バブル」が沸騰した。

今回の人民元切り下げについても当然、日本側は切り下げ後一年程度はドル切り下げ時同様、過剰流動性が起きてしまう可能性が高い。これが、筆者がかねがね唱えている日本のバブル崩壊は二〇一七年に訪れるというシナリオにリンクしてくる。

ただ、列島改造ブームの後も、内需バブル崩壊もそうだったが、宴の後、相場はとてつもなく大きな下げに直面した。

大国の通貨切り下げは市場には悪いことのような語感がある。確かに長い目ではそうなのだが、先に示したように、日本のマーケットにとっては一時的にはマネーがあふれることを意味するわけである。

ところで、八月に世界同時株安が発生したため、FRBは視野に入れていた九月の利上げ（ゼロ金利解除）を見送った。メディアの論調は、利上げ時期は一二月あるいは来年三月に先送りされるのではないかというものが圧倒的に増えた。

実は、米国の利上げは日銀の追加緩和の時期をさぐる意味で極めて重要となる。

ＦＲＢがＱＥ３終了決定のアナウンスをした直後の昨年一〇月三一日、日銀はハロウィン追加緩和、いわゆる「黒田バズーカ２」を発表した。今回もそれと同様、日銀はＦＲＢの援護射撃のために大規模な追加緩和、「黒田バズーカ３」を実施するはずだからである。

今回は中国が人民元を切り下げてくれたおかげで、日銀としては追加緩和がしやすくなった。人民元の切り下げが行われずに日銀が追加緩和に踏み切った場合、通貨安競争に鎬《しのぎ》を削っている国々から、「さらに円安にするつもりか」との非難を浴びるところであったからだ。

なぜ日銀は年内というタイミングで大規模な追加緩和を実施する可能性があるのか。一つには、日銀の株式ＥＴＦ（上場投信）買い取り額が限度に限りなく接近してきたことがある。もう一つは、ＧＰＩＦである。二〇一八年までに株式のポートフォリオを二五％にする。これが当初のＧＰＩＦの計画であったのが、二〇一五年六月時点ですでに二三％にまで上がっており、早くもＧＰＩＦによる株式の買い上げは限界となった。

目玉となるゆうちょ銀行を使った国内株の買い上げ

ここにきて政府・日銀の株高誘導政策は限界を迎えた。ＧＰＩＦに関しては、前倒しが激し過ぎて、もはや戦力とはならない。

追い詰められた政府は、高株価対策第三弾を打たざるを得ない。その主役は、今年一一月四日に上場する日本郵政グループの「ゆうちょ銀行」である。安倍政権はゆうちょ銀行に株式を購入させて、再度株高へ誘導していくシナリオだろう。

ゆうちょ銀行の金融資産は約二〇〇兆円。そのうち外債と株式などリスク資産は四六兆円と少ない。政府はこれを向こう三年間で一四兆円積み増すとしている。これもＧＰＩＦ同様、三年間均等に積み増していくのではなく、強烈な前倒しで実施していくはずだ。

そうすると仮にこの先一年間で五〜七兆円を国内株の買い上げに投入するならば、外国人投資家は一緒になって株を買い進めると思う。

アベノミクスは株高による景気浮揚を目指したが、実際には実体経済にほとんど恩恵をもたらさず、ここにきてＧＤＰは前期比で下回ってきた。実体経済がよくなって株価が上がってくるのが自然な形であるのに、株価を上げて実体経済を引き上げる手法は通用しなかったわけである。

実質賃金についても前期比で悪化している。いよいよお尻に火がついたところで、年内に発表される可能性がある黒田日銀による大規模な追加緩和「黒田バズーカ3」であり、奥の手第三弾となるのがゆうちょ銀行を使った国内株の買い上げなのである。

だが、黒田バズーカはこれで、当然ながら「打ち方止め」とならざるを得ない。黒田バズーカ3の勢いはよくもって一年半、早ければ一年で色あせてしまう危険性がある。

以上が現在の実相であり、筆者が日本経済が失速するのは二〇一七年で、二〇一六年後半からは警戒が必要と常々言及している理由の一つである。

米国のためにマネーを回している政府・日銀

アベノミクスの正体とは何か？ それを如実に表しているのがマネーサプライとマネタリーベースの平均残高である。

日銀が各民間銀行の日銀当座に供給している額がマネタリーベースであり、アベノミクスのスタート以来、急激に伸びていることがわかる。現在では三三二兆円まで増大している。

一方、そこまで民間銀行にマネーが潤沢にあるのにかかわらず、民間企業への貸出をはじめ、

信用創造にはつながっていない「マネタリーベース」増大

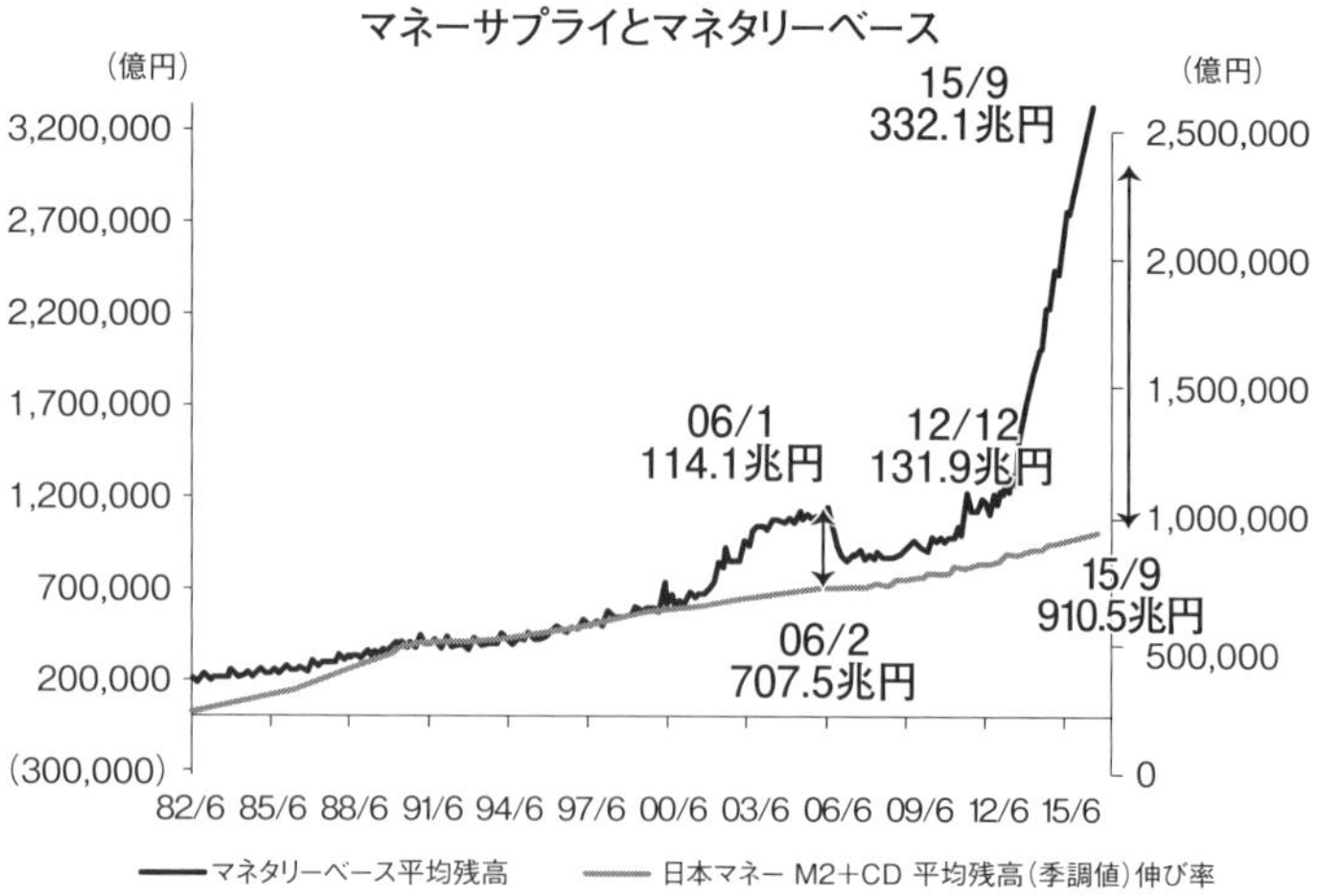

出所:T-Model作成

われわれの経済活動すべてを含むマネーサプライの伸びは微々たるものだ。マネタリーベースの上昇に見合うような伸びをマネーサプライが示すのならば、われわれは必ず好況感を実感できるはずだが、そのような印象はまるでない。小泉内閣時にも同じ現象が起きていた。

現在の安倍政権、かつての小泉政権は何を行っていたのか。人為的に円安にして、米国債などを購入するかたちで、米国にマネーを回していることになる。

民主党時代には、これとは違ったかたちで、やはり米国にマネーを送っていた。円高に対する為替介入で膨大なドル買いを行い、そのドル資産の分を政府の負債として勘定するという方法を使った。要は、政府・日銀は日本国民のためにマネーを回すのではなく、米国にとって都合のいい財布のような役割を担っていると思われても仕方がない動きをしている。

現政権は株高を演出するために国民の税金や金融資産を野放図に使い続けてきたにもかかわらず、経済成長をもっとも象徴するGDPを上げられなかった。雇用増が実績と鼓吹するが、それは身分の不安定な非正規雇用に限られている。これでは大幅な人口減に直面する日本の経済成長に不可欠な労働の生産性向上など望めない。そんなことはわかり切ったことなのに、なぜか安倍政権は労働者派遣法を改悪、正規雇用を減らす方向に舵を切った。これでは個人消費は落ち込むばかりで、GDPは増えるはずがない。

これまでの二度にわたる日銀の追加緩和は円安をつくっただけで、日銀が目論んだ物価上昇にはつながらなかった。八月の消費者物価は二年四カ月振りにマイナスに陥っている。しかも、このところ輸出が前期比でマイナスを記録しており、円安効果も薄れてきている状況だ。

本物の危機かそうでないかを見分ける方法がある

世界経済が委縮してきて株価暴落、同時株安になるときと、今回のようにグローバルマネーが移動したことによって発生した株価暴落、同時株安とはまったく次元が違うのに、市場関係者は悲嘆に暮れて右往左往するばかりであった。その違いが理解できなかったためである。

「Gold・Silverレシオ」が80を超えると警戒シグナル

出所:T-Model作成

株をやっている人は株だけ、為替を専門に仕事をしている人は為替だけ、商品を扱っている人は商品だけ……。それらをリンクさせて状況を分析する方法論を持っている人に、筆者はあまり出会ったことがない。

本物の危機かそうでないかを見分ける方法を、筆者はかねてより提示してきた。

その一つが「Gold-Silverレシオ」である。一九八六年からの経緯をみてみると、同レシオが八〇を超えてくると危機が起きることがわかる。二〇一五年八月末時点では七六であった。危機的状況に近づいてはいるとはいえ、まだ多少の余裕はあるといえるだろう。「Gold-Silverレシオ」が突出して上昇するとき、経済危機が発生するとともに、不思議なことに「パンデミック

「ゴールド・プラチナレシオ」は1.0を越えると警戒シグナル

出所:T-Model作成

の恐怖」が重なってくる。

もう一つ紹介したいのが、「Gold-Platinumレシオ」である。プラチナは装飾用のみならず、産業用にも多く使われており、その一番手として排ガスの触媒があげられよう。欧州ではディーゼル車が全体の半分を占めることから、産業用としてのプラチナの四割が欧州で消費されている。したがって、欧州の景気がいいときには、チャートを見ればわかるように、プラチナの価格がゴールドを上回る、つまり一・〇以下の状態にある。逆にゴールドの価格が高く、プラチナに水を開けるような一・〇以上の状態のとき、欧州債務危機、ギリシャ危機などが起きている。

チャートは現在の欧州が未だ危機的状況に

あることを教えてくれている。

この二つの指標を見比べれば、八月一八日に排ガス規制逃れが発覚した独自動車大手フォルクスワーゲンの問題の他、鉱山開発や商品先物取引を行うスイスの資源関連企業グレンユアの株価が暴落も、一〇兆円規模を貸し込んでいるといわれる欧州の銀行への連鎖を懸念しているのだろう。グレンユアの株価は二〇一一年五月の上場から八割以上下げている。世界全体でみるとそこまでは危なくないが、目前まで迫っていることを教えてくれる。こうした一般的にはお目にかからない指標にこそ、「真実」が隠されているのである。

第一章

政府が仕掛けた上げ相場

選挙目当ての株高誘導を繰り返してきた政府・日銀

今年六月一日の東京株式市場・日経平均株価が終値で一二営業日連続で値上がりした。日経平均の終値は、前日より一一円六九銭高い二〇五六三円一五銭。バブル華やかかりし一九八八年二月に達成した一三連騰（歴代二位）以来、実に二七年ぶりの連騰記録（歴代三位）であった。

ちなみに史上最長の連騰記録は一九六〇年末から年明けにかけて達成した一四連騰で、池田内閣で有名な「所得倍増計画」を発表した後のことだ。

ひょっとしてアベノミクス相場はそれをも上回るのではないか。歴史的な「大相場」になるのではないかとメディアは囃したてたものの、ご存知のように、そうは問屋が卸さなかった。だが、そんな大相場にならなかったのは当然だった。今回の日経平均の連騰の動きは何かおかしかったからである。五月二六日以降、今日で連騰が途切れるなと思って見ていると、午後二時四〇分くらいからバババッと強力な買いが入って、終値で三〇円高のようなケースが続いた。辛うじて連騰記録を伸ばしている感じがしたのを、いまも筆者は覚えている。

日本の一般庶民がたいした景気浮揚感を得られないなかで、なぜ株式市場だけが好況を呈し、日経平均が一二連騰をつけたのだろうか。

それを演出したのが政府・日銀に他ならない。安倍政権と現政権に従順な日銀は長い目で見たら非常に危険な手段を講じて株価を人為的に吊り上げてきたからである。

もっとも露骨な例が今年四月一二日の統一地方選挙を前に、ＧＰＩＦ（年金積立金管理運用独立行政法人）など年金資金の強引な流入策で株価を吊り上げたことだ。これには株高で景気が良くなったと国民に錯覚させる与党の狙いが見え隠れする。何故なら、過去、安倍政権は選挙直前まで株価を吊り上げて選挙に勝利する手法を繰り返し使ってきたからである。

日本株を爆買いしたＧＰＩＦ

周知のとおり、ＧＰＩＦは昨年一〇月末、新たに二〇一五～一八年度の中期基本ポートフォリオを決めた。なかでも目を引いたのは日本株構成比を従来の一二％から二五％へと二倍以上に引き上げたことと、六〇％と断トツのシェアを占めていた国内債（日本国債等）を三五％にまで引き下げたことだった。

さっそくＧＰＩＦの資金は政府の目先の株価浮揚策に使われ、すでに今年六月末には二三％程度まで上昇させている。ここで気になるのは、本来ならば二〇一八年度までの長い期間で達成すべき水準を、初年度にいきなり到達する勢いを示していることだ。政府はその後のことは考えているのだろうかと首をかしげたくなる。

公的マネーによる買い上げ力が乏しくなれば、再び外国人の売り・買いが株価を左右することになり、最終的に外国人はそのタイミングを計って本格的な売り崩しを仕掛けてくることは明らかだからだ。まさに八月からの暴落はそれが現実化し、国民の年金は十兆円も目減りした。だが、これは予行練習に過ぎない。二〇一七年以降に起こるであろう本番には、年金資金の大幅な目減りとなって国民に跳ね返ってくることだけはゆめゆめ忘れてはならない。


今年一月から二月にかけて株が下がりそうで下がらない時期があったが、あれは選挙対策のためにGPIFが買い始めていたわけである。

先にも触れたとおり、GPIFは二〇一四年度までの基本ポートフォリオを昨年十月末に突然変更を発表した。二〇一四年度までの基本ポートフォリオだから、本来はその方針は今年三月まで維持しなければならないが、その途中であるのにもかかわらず、大幅な基本ポートフォリオの変更を前倒しで行った。

変更内容を一言に集約するならば、年金運用において債券から株式への大転換であった。国内株式二五%、外国株式二五%、両方で全体の五〇%に達することになり、従来の二四%からは二倍超、凄まじい変化といえた。

いったい安倍政権は何のためにそのような大転換を行ったのか？

株式市場が今後有望だからという視点ならいいのだが、明らかに総資産一三〇数兆円とされる世界有数の資金力を持っているＧＰＩＦに株を購入させ、株価浮揚を狙った。その目的のためにＧＰＩＦの運用委員会委員の過半を入れ替え、積極的な資産運用を主張する委員が主導権を握ることとなった。

株高を実現させるための大幅な基本ポートフォリオの変更などＧＰＩＦが安倍政権の望みどおりに動いたことは、28ページのグラフ「日経平均とＧＰＩＦ日本株構成比」を見れば一目瞭然だろう。同グラフは筆者が作成した唯一無二のもので、ＧＰＩＦのポートフォリオの国内株式比率と日経平均が連動することを表している。

見てのとおり、これは立派な株価操作であろう。

安倍政権の思惑どおり、二〇一四年一二月には日本株構成比率はいきなり一九・八％に跳ね上がった。さらに今年三月末には二二％に急伸させた。もう天井の二五％が間近まで迫ってくる猛ダッシュを見せた。ＧＰＩＦによる日本株の〝爆買い〟は奏功し、自民党は四月一二日の統一地方選挙で圧勝した。

まず先に年金の運用がどうあるべきかという議論があり、結果として株式保有を増やすのであれば問題はないと筆者は思う。だが、この一連の経緯を見ると、「株価維持のためののの

GPIFの国内株式投資比率と日経平均のパラレルの関係

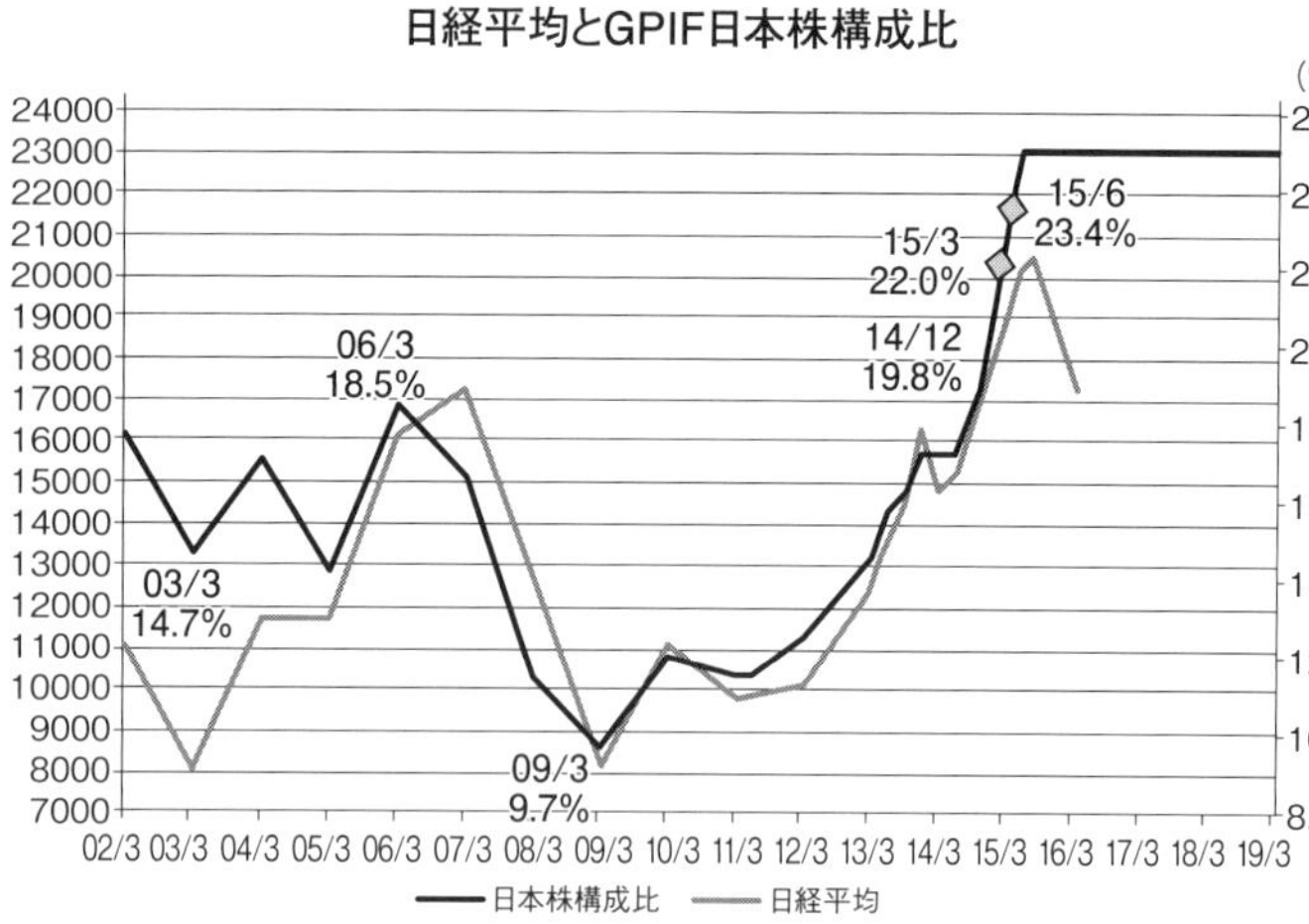

出所：T-Model作成

ＧＰＩＦ」なのは疑いようもない。このような本末転倒では、益々将来の年金に不安を持たざるを得なくなってしまうのは筆者だけだろうか。

だが、ＧＰＩＦによる爆買いは三月初旬あたりから勢いを失ってきた。

その頃、ゴールドマン・サックス証券は日本経済新聞紙上で次のように指摘していた。

「ＧＰＩＦの株式の運用比率は三月末に二三％と二五％の目標に近づき、買いは減速する」

これはＧＰＩＦと公的年金の買い余力は四月の統一地方選挙を前に減少してきているという意味であり、その状況で外国人が「ニュートラル」から「アンダーウエイト」へ引き下げる売り崩しの「仕掛け」が行われれば、株価はかなりの調整を余儀なくされただろう。

それに対抗するためにＧＰＩＦからバトンを

受け継いだのが日銀であった。

その日銀が四月以降、日経平均をサポートする主役となった。今年五月一五日から六月一日にかけての一二連騰を達成した際、前日比を割りそうになると必ず場が引ける前の午後二時四〇分あたりからおかしな買いが入り、最後はちょっぴりプラスにしたのが日銀である。

当然ながら日銀の動きはこれだけではない。

黒田ハロウィン追加緩和の実相

ここでいったん昨年一〇月三一日の、黒田日銀総裁によるバズーカ第二弾、いわゆる「ハロウィン緩和」まで時計の針を戻そう。

これは唐突だった。市場関係者がほとんど予想しなかったこのタイミングで黒田総裁は何故「ハロウィン追加緩和」を実施したのか。

メディアの多くは、財務省が同日発表した九月全国消費者物価指数（ＣＰＩ）が指標とされる生鮮食品を除くコアＣＰＩが前年比プラス三・〇％と八月より〇・一％下がり、消費税の影響（日銀試算で二％）を除くと前年比一・〇％と心理的な節目とされる一％割れ寸前となったことが理由だとまことしやかに報じた。

デフレ脱却を達成すると旗を掲げるアベノミクスには一大事である。足元の物価は原油価格の下落で上昇の勢いがストップし、政府・日銀がともに危機感を感じていたのは明らかだろう。だが、本当にそうだろうか？

追加緩和の内容はこうであった。資金供給量をそれまでよりも一〇兆円から二〇兆円増加させ、年間八〇兆円とした。

単純に月ベース一・五兆円増額で一六〇億ドル（当時の為替概算）となるが、これは米国のQE3の最後の月となった昨年一〇月の供給額一五〇億ドルの規模に近い。一五〇億ドルの内訳は、米国債の買い入れが一〇〇億ドル、MBS（住宅ローン担保証券）の買い入れが五〇億ドル。FRB（連邦準備制度理事会）がFOMCで前日の二九日にQE3終了を決定した直後の日銀の「ハロウィン緩和」だけに、米国から日本へ量的緩和のバトンが引き継がれた日米中央銀行間の約束と見られてもおかしくはない。

つまり、FRBがQEを止める分を日銀が肩代わりすることになった。いや、肩代わりさせられることになったわけである。米国はQE3を終了したが、世界的にみると同規模で緩和を継続したのと同じことになる。こうしてみると、日銀の追加緩和を決めたのは〝海の向こう〟の人たちであることがわかる。

「ハロウィン追加緩和」にはもう一つ、大きな理由があった。

日銀は長期国債の購入をそれまで年五〇兆円だったのを三〇兆円増やして、年八〇兆円とした。この三〇兆円が問題なのだ。これは日銀が決定した長期国債購入の増額がＧＰＩＦの国債ウエイトの引き下げから算出される三〇兆円と合致するからである。国内債券を売る分を日銀がすべて買い取る。これが追加緩和のもう一つの理由だった。

日銀のハロウィン追加緩和は市場関係者の間ではサプライズと捉えられたが、海外投資家の間ではその一年ほど前から「ＧＰＩＦが株式や外貨建て資産などリスク資産のウエイトを引上げるのに合わせ、ウエイトを引下げる国債を日銀が吸収すべく、マネタリーベース・ターゲットを引上げる」との噂があり、当時も「ＧＰＩＦの運用改革とセットで追加緩和が行われる」との話も一部の外国人投資家の間で出ていたという。

日銀の緩和策発表前から「不自然な先物主導の株価上昇」が続いていたが、本当に外国人にインサイダー情報が漏れ伝わっていたのなら問題である。

いまにして思えば、ＧＰＩＦの突然の方針変更は、日銀のサプライズ「ハロウィン追加緩和」のあった一〇月三一日の朝に発表されている。この発表のタイミングだけ見ても、ハロウィン追加緩和と株価維持のためのＧＰＩＦ運用改革はセットであったと勘ぐられても仕方がない。

話を再びGPIFの運用改革に戻す。一〇月三一日朝に発表されたのは第三期中期計画で、二〇一五年度〜二〇一八年度までの基本方針。国内株式への基本的な投資比率は二五％だが、乖離幅はプラスマイナス八％で一六％〜三四％が株式への投資比率となる。

「GPIFの国内株式投資比率と日経平均の関係」から見ると、日経平均は基本の二五％で二三〇〇〇円目標、最大の三四％まで高めると三二〇〇〇円程度まで上昇の可能性が出てくる。だが、これはあくまでも二〇一八年度までの基本ポートフォリオであり、来年にもすぐに達成するというものではない。

一応、今回の改革で株高へのシナリオが一つでき上がったことにはなるが、その前提には外国人の買いが〝継続〟するということも忘れないことである。外国人が日本株を売る局面では、年金を運用する国内の機関投資家の吸収では無力に近いことが、過去に証明されているからである。

目的が叶った時点で株価浮揚政策を終える現政権

もう一つ注目しておきたいのは、ハロウィン追加緩和により、株式ETFの買い取りを従来の年一兆円から三倍の年三兆円まで増やした。資金供給量や長期国債の買い取り額があまりにも膨大なため、なんだ一兆円から三兆円かくらいの感覚に陥ってしまいがちだが、出来高が少ないETF市場にとり三兆円は結構なインパクトをもたらす。

月に八三〇〇億円だった買い入れを二五〇〇〇億円に増やすわけだから、このペースでいくと、トータルの日銀のETF買い取り額は今年（二〇一五年）一〇月にはトータルで約五兆円程度まで膨らむことになろう。

ところで、日銀総裁で相場の方向性が決まることをご存知だろうか？

日銀総裁には昔から大蔵（財務）省出身者、日銀出身者が交互に就任するという、いわゆる〝タスキ掛け人事〟の見本のような形がとられている。

そして基本的に大蔵省側の日銀総裁のときには株価が上がり、日銀出身者が総裁のときには株価を下げてきた。

その典型例は大蔵省出身の澄田智氏と日銀出身の三重野康氏だろう。任期中（八四年一二月～八九年一二月）にバブルをつくった澄田総裁に対し、メディアから「平成の鬼平」と呼ばれた後任の三重野総裁は任期中（八九年一二月～九四年一二月）にバブル退治に躍起となった人物だった。

民主党時代に日銀総裁となった白川方明氏は日銀出身だったから、大規模な金融緩和には消極的で、株価はまったく上がらなかった。

現在の黒田東彦総裁は財務省出身だから、もともと株価を上げるのに熱心な、つまり政府寄りの人物である。

　こうした経緯から黒田日銀総裁の間は株価は上がり、景気だってそこそこいいのではないかと思っている人が多いのかもしれない。前述したように、ＧＰＩＦの国内株式投資比率がポートフォリオの二五％で推移すれば、突発的なアゲインストの風が吹かない限り、来年には日経平均は二万三〇〇〇円まで上昇する可能性がある。

　だが、安倍政権の本当の目的は、今後の日経平均を二万一〇〇〇円台、二万二〇〇〇円台と押し上げることではない。

　黒田総裁が政府寄りな金融政策で株価を上げている間に、集団的自衛権の行使を認める安全保障関連法案の成立を筆頭に、安倍政権がやりたいことをやれるようにするために他ならない。ＴＰＰ参加についても、なし崩し的に決まってしまった。

　安倍政権の本来の目的はそこにあり、株価の吊り上げはそれを達成するための手段でしかない。したがって安倍政権の目的が叶った時点で、株価を浮揚させる政策をフェードアウトするだろう。要は、国民をもう勘違いさせておく必要がないと思った時点で、株価対策に身が入らなくなるということである。

実際の日銀の自己資本比率は一％割れ

黒田日銀総裁がいかに現政権の株価対策のために涙ぐましい尽力をしてきたかに頁を割いてきた。当然ながら、異次元緩和、ハロウィン緩和を実施した日銀のバランスシートはずたずたに傷んでしまった。

「日銀自己資本積み増し　緩和出口のリスクに備え　一三年ぶり八％超え」

これは今年五月二八日の日本経済新聞の見出しだ。一三年ぶり八％超えの八％とは、日銀の自己資本比率のことである。

筆者はまずこの記事を不自然に思った。どんどん劣化する日銀のバランスシートを見ると、当時の日銀の自己資本比率は通常、企業分析で使用する自己資本÷総資産では一％割れしていたからだった。だからなぜそれがいきなり八％超えになるのかと思ったが、この計算方法は自己資本＋銀行券残高だった。

この日本経済新聞の記事は以下のことも伝えていた。

「日銀は利益の大半を政府に納めている。だが一五年三月期は財務の健全性を確保するため、麻生太郎財務相の許可を得て、利益の二五％にあたる二五二二億円を資本に組み入れた」

財務省は日銀の大株主だからそれができるのだが、結局、財務省が得るべき利益の二五％分目減りさせてまで自己資本の積み上げに使わせても、日銀の実質の自己資本比率は一％割れといった状況なのだ。

考えてみれば、麻生太郎財務相がそれを許可したのも無理はない。日銀は政府の指示どおりになって国債や株を購入してきたのだから、日銀側としては至極当たり前の要望かもしれない。ちなみに、二〇一五年一〇月一〇日現在の自己資本比率（自己資本÷銀行券残高）は八％、通常の自己資本比率（自己資本÷総資産）は二％となっている。

以上が今年行った二七年ぶりの日経平均一二連騰の裏側に横たわっている事実である。株式市場だけ見ていれば、歴史的な変化なのかもしれない。しかし、決して八〇年代後半バブルの頃と同じ状況ではないことを認識していただきたい。

安倍政権は一見、バブル時と同じような状況をつくり、それにより国民を勘違いさせ、支持率の高い間にやりたいことをやってしまおうとしていることは先に記した。

株や債券、コモディティ、不動産等の資産を保有する人たちに申し上げたいのは、それを防衛するためには、必ずマーケットの裏側にうごめく様々な要素をさぐることだ。そして、それを学ぶしかない。あとに譲るが、その要素としてもっとも頼りになるのは「歴史的サイクル」

なのである。

バブル期を越えた東証一部の時価総額

今年五月二三日の新聞各紙に「東証一部、時価総額バブル期越え」の見出しが躍った。株価に発行済み株式数をかけた数値が時価総額。その合計が五九一兆三〇〇七億円となり、八九年一二月の五九〇兆九〇八七億円を上回ったのだ。

小泉政権時代のミニバブル局面でも、〇七年六月に五七八兆円まで膨らんだが更新することはできなかったのを、安倍政権の手法はどうであれ、ついに史上最高額に達した。

日本経済新聞の「時価総額バブル期越え」を伝える記事にその要因をこう分析していた。

「理由の一つは資本市場を活用する企業の広がりだ。日経平均は八九年末の最高値三八九一五円のほぼ半値。だが、上場銘柄数は一一六五社から一八八三社に約六割増え、時価総額の拡大を支えた」

この内容に疑問を感じたのは筆者だけではないのではないか。たとえ上場銘柄数が二〇〇〇社に増えようが、マーケット自体が悪ければ時価総額は上がらないからである。日銀であれ、ヘッジファンドであれ、誰が買っているにせよ、マーケット環境が良好だから時価総額は増えていくのである。

ただ、時価総額がバブル期越えという歴史的な出来事を前にしても、世の中はいっこうに盛り上がらない。理由はただ一点、日経平均株価自体が二万円そこそこで、一九八九年一二月二九日に付けた史上最高値三万八九一五円に比べればまだ半分程度の水準にとどまっており、ほとんどの人がまだまだといった印象を持ったからに他ならない。

日経平均とNYダウの違い

それにしても何故、日経平均と東証時価総額にこれだけの開きがあるのだろう？

日経平均採用の二二五銘柄のなかに時代にマッチせず株価が上昇しにくい上場企業が温存されているためではないだろうか。日経平均と同じような計算方法で算出する米国のNYダウの採用銘柄は三〇社だけだが、毎年二〜三社、つまり一割近い採用銘柄の入れ替えを行っている。

日経平均二二五でいえば、二〇社以上は毎年入れ替えが行われていることになるが、実際の銘柄入れ替えは数社にとどまっている。何だか米国はNYダウが上昇することに努力をするが、日本は日経平均が上昇しないようあえて抑えている？　と勘ぐられても不思議ではない状況と言える。

日経平均二二五は東証一部上場約一七〇〇社のうち二二五社を対象としたものである。長い歴史のなかで目立った入れ替えは行われず、二〇〇〇年に構成銘柄を一気に三〇銘柄を変更したことがあったものの、その後は元の木阿弥状態になっている。

次ページは、過去一〇年間の日経平均の銘柄入れ替え表である。

見てのとおり、一年に数銘柄の採用と除外が行われてきたが、実質的にはほとんど変わっていない。銘柄企業の経営体制変更に合わせただけのケースが大半である。

たとえば、二〇一三年には日本製紙グループ本社が除外となり、「日本製紙」が採用された。東急不動産が除外となり、「東急不動産ホールディングス」が採用となった。二〇一四年にはマルハニチロホールディングスが除外、「マルハニチロ」を採用といった具合だ。

これらの銘柄入れ替えに何の意味があるのか。つまり、日経平均は何も変えようとしていない。上がる指数になろうとしていない。もしくはマーケット全体を表す指標になろうとしていないわけである。

ひるがえってNYダウ。ダウの指標のはじまりは一八九六年。当初はわずか一二銘柄だったが、その後、世界大恐慌の一年前である一九二八年に現在と同じ三〇銘柄になった。正式には「ダウ工業株三〇種平均」と呼ぶ。銘柄の入れ替えは実に目まぐるしい。三〇銘柄になって以

日経平均銘柄の入れ替え(過去10年間)

	採用	除外
2005/3/1	※アステラス製薬・中外製薬・ヤフー	東急百貨店・山之内製薬・藤沢薬品工業
2005/5/1	三井化学	カネボウ
2005/8〜9	※セブン&アイHD・ファーストリテイリング	セブンイレブン・ジャパン・イトーヨーカ堂
2005/9〜10	新生銀行・スカイパーフェクトコミュニケーションズ T&D・※三菱ケミカルHD・※第一三共	森永製菓・三菱化学・UFJHD・第一製薬・三共
2006/3〜4	※豊田通商・※国際石油開発帝石	帝国石油・トーメン
06/10	東宝・東急不動産	東映・日本製粉
07/3〜4	※スカパーJSAT	スカイパーフェクト・コミュニケーションズ
07/10	Jフロント・SUMCO	日清オイリオ・トピー工業
2008/1/1	ふくおかFG	日興コーディアル
2008/3〜4	ユニー・※三越伊勢丹・※三井住友海上GH	三越・伊勢丹・三井住友海上火災
2008/7	松井証券	三菱UFJニコス
08/10	大平洋金属・日立建機	熊谷組・東亜合成
2009/3〜4	※明治HD・マルハニチロHD	明治製菓・明治乳業
2010/1/1	JR東海	日本航空
10/3〜4	日新製鋼・※JXHD・※NKSJHD	新日本石油・新日鉱HD・損害保険ジャパン
2010/9〜10	日本電気硝子・東京建物	三菱レイヨン・クラリオン
2011/3/1	安川電機・大日本スクリーン・第一生命	三洋電機・パナソニック電工・住友信託銀行
2011/8〜9	あおぞら銀行・ソニーFHD・アマダ	みずほ信託銀行・みずほ証券・CSK
2012/9〜10	トクヤマ・※日新製鋼HD・※日本軽金属HD	住友金属工業・日新製鋼・日本軽金属
2013/3〜4	※日本製紙	日本製紙グループ本社
2013/9〜10	日東電工・※東急不動産HD	東急不動産・三菱製紙
2014/3〜4	※マルハニチロ	マルハニチロHD

注)※は合併・社名変更

来ずっと採用され続けているのは石油スーパーメジャーのエクソンモービルのみである。
ただでさえ入れ替えの激しいNYダウだが、二〇一三年に構成銘柄の大幅な入れ替えを行っている。

新規に採用された銘柄はゴールドマン・サックス（金融）、ビザ（クレジットカード）、ナイキ（スポーツ用品）、一方、除外された銘柄はバンク・オブ・アメリカ（金融）、ヒューレット・パッカード（コンピューター）、アルコア（アルミ）。この入れ替えによりダウ平均の金融関連銘柄は、JPモルガン・チェース、クレジットカード会社のアメリカン・エキスプレス（アメックス）、保険会社のトラベラーズをしてユナイテッド・ヘルスを含め六銘柄と大きく増えた。ダウ平均は株価によって銘柄の重みが決まる。

NYダウはわずか三〇社であり、かつ単純平均株価であるためS&P500やナスダックなどの指標に比べるとシンボリック的な指標に過ぎない。だが、二〇一三年に行われた約一〇年振りの大幅な銘柄入れ替えにも表れているように、米国経済の現在と未来を読み解くヒントになることは確かなようだ。

たとえば、一九五九年以来、五四年間守ってきたNYダウ銘柄の地位を奪われたアルコアに代表されるように、産業の〝栄枯盛衰〟が表れている。さらには商業銀行、パソコン、アルミなどについても、時代の波に乗りおくれた産業という位置づけなのだろう。まさにデルの上場廃止はそれを強烈に印象づけた。

NYダウの銘柄入れ替えは、ある意味指数を維持するために意図的とも映るが、一方では、企業の栄枯盛衰のサイクルが早まっている証拠かもしれない。それに比べると、日経平均の銘柄入れ替えはあまりにスローテンポに見える。

米国なら大昔に入れ替え対象となる銘柄も数多く存在する。そんな時代遅れとも映る「日経平均」の動きに未だ一喜一憂しているマスコミや市場関係者が多いのも、投資に対して発展途上の日本だからなのだろうか?

日本人を投資に目覚めさせる一歩は、未来を見据えた時代にあった企業を日経平均に大胆に採用することから始めなければならないような気がするのだが。

日経平均が採用銘柄を東証一部上場企業に限定しているのに対し、NYダウはナスダックに上場する株価の高いアップル、シスコシステムズ、インテル、マイクロソフトの四社を組み込んでいる。この差は絶望的とさえ言える。

「日経平均」という指数による洗脳

ここ四半世紀、日本人はNYダウがぐんぐん上昇していったのを横目に、日経平均のお寒い動きを毎日毎日見せつけられ、株式投資に対する気持ちが萎えてしまったようだ。だから五月の「東証一部、時価総額バブル期越え」を聞かされても、「でも、日経平均はピークの半分程度」と冷めた反応を示す人が多かった。

仮にこれが東証一部の時価総額でなく、日経平均株価のほうであったならどうだったか？乗り遅れまいと多くの個人投資家が株式投資に参戦したかもしれない。

要はそこまで日本人は日経平均に「洗脳」されてしまったといえるのだ。

この「日経平均による洗脳」の結果の一つが、「外国人持ち株比率」に表れている。バブル期ピークの一九八九年一二月にはわずか四％に過ぎなかった「外国人持ち株比率」は、二〇一五年五月には三一％にまで高まっている。

一方、東証一部の売買代金の個人部門は、二〇一一年はプラス五七六億円だったのが二〇一二年には一気にマイナス一兆八四四八億円となり、二〇一三年はマイナス八兆四八九五億円、二〇一四年はマイナス三兆八一三三億円と二〇一二年以降、売り越し基調ですべて外国人に買われ続けていた。二〇一五年一～四月もマイナス二兆九〇四二億円の売り越し基調が続いている。

何故こうまで日本の個人投資家は株を手放してしまうのか。こうした状況を裏側で操ってきたのが、目ぼしい日本企業を将来的に支配下に置こうと目論む外国人投資家である。

彼らはデフレの日本では株価など上がらないという世論を醸成し、銀行の持ち合い解消で株価を低迷させ、嫌気がさした個人投資家を市場から追い出した。その安くなった株式を彼らが買い集めることで日本企業をコントロールし、そして最終的には買収する計画なのだろうし、実際に彼らの一部は主導権を握り始めている。

大塚家具のように最近のオーナー企業からのオーナー追放もその一環と言えるだろう。大塚家具の騒動については別章でページを割くつもりである。

補足しておくと、現在「外国人持ち株比率」は三一％まで上昇していることに筆者は警鐘を鳴らしている。「外国人売買シェア」に至っては、かつては八％程度であったのがいまは七〇％超まで急伸している。外国人が中心となって日本株を売り買いしているのが現実なのだ。

とにかく日本人は早くこの「洗脳」に気づき、適切な行動をとらなければならないが、すでにもう手遅れになっているかもしれない。

安倍相場と小泉相場の共通項

今回のいわゆる「安倍相場」とかつての「小泉上げ相場」には共通するポイントがある。それは強烈な外国人買いである。

振り返ってみれば、野田佳彦前首相が衆院の解散を宣言した二〇一二年一一月第二週から二〇一三年一一月第一週までに日本株を一二兆九五九九億円も外国人が買い越したのだった。

過去、年度（四月から翌年三月まで）ベースでの外国人買い越し額を振り返ると、トップは二〇〇三年度で、買い越し額は一一兆六四〇〇億円。当時の株式市場の時価総額の三・一五％に相当する金額だった。二番目は二〇〇五年度で買越額は一〇兆六〇〇億円、対時価総額比一・七〇％。いずれも「小泉上げ相場」の時期にあたる。「アベノミクス相場」においても時価総額比では小泉上げ相場には及ばないとはいえ、外国人の裁定買い残が過去最高に積み上がった。

先物を駆使するヘッジファンドを中心とする外国人の買い越し額が増えるということは自ずと裁定買い残が増え、日本の株式市場は完全に外国人に支配されていることを意味する。

裁定取引（アービトラージ）には「裁定買い」と「裁定売り」の二つがある。裁定買いとは、先物を売って現物を買う取引で、裁定売りはその逆の取引になる。

裁定買い残とは「先物売り、現物買い」のポジションを組んで、裁定取引を行った結果、積み上がった現物株の残高のことである。問題は、年金資金などとは異なり、長期的な運用のために株式に投資しているのではなく、いずれは市場で売却される性質の残高であることだ。今後、相場が下がり始めると、いわゆる「裁定解消売り」によって下落を加速させる可能性が十分あることを忘れてはならない。世界同時株安となった八月以降、この「裁定解消売り」が起き、日経平均は暴落した。

小泉政権も安倍政権も外国人に相場を支えてもらいながら、政権支持率を上げて何かの目的を果たすという手法ではまったく共通している。

その米国に都合の良い何か目的を果たした後に待ち受けていることについては先に論じた。


本書で論じてきたとおり、アベノミクスによる日本株上昇相場を牽引してきたのは、短期売買を中心とする海外のヘッジファンドである。

ヘッジファンドには投資機会を基に売買をするイベントドリブン型、商品投資顧問（CTA）、マーケット・タイミング型の三つのタイプが存在する。彼らが重要視しているチャートは、日本の投資家やメディアがいつも注目している「日経平均」ではなく、「ドル建て日経平均」なのだ。

「ドル建て日経平均」には興味深いポイントがある。それは二〇〇一年以降、NYダウとほとんど一致して動いているということ。二〇〇七年一〇月に史上最高値一万四一九八ドルを更新（当時）したNYダウとのギャップはいったん広がったものの、今回の「アベクロバブル」でそのギャップはほとんど埋まった。

NYダウとのギャップが解消した「ドル建て日経平均」はこれまでのような上昇は難しくな

っている。日本のメディアでは一切報道されない「ドル建て日経平均」で考える海外投資家と同じ視点を持つことが日本の投資家にも不可欠になってきている。

バフェット指数が教える日本の株バブル状況

ここからは様々な角度から過去最高の株式時価総額となった株式市場の実相を切り取ってみたい。

このところ市場関係者の間では、過去最高の株式時価総額に至った日本の株式市場は割高なのかどうかが論議の対象となっている。

ある著名な専門家はピークとなった五月、「バブル期には六〇倍（単独ベース）を超えていたPER（株価収益率）が、現在は一七倍と欧米並みで割高感はない」と分析していたが、果たして本当だろうか？

いまの日本が金融バブルになっているのか、そうでないか。言葉を換えれば、現在の株式時価総額が割高か、割安かを測るのにもっとも信頼できる指標が「株式時価総額／名目GDP」、いわゆる「バフェット指数」である。次ページのグラフをご覧になっていただきたい。

株式時価総額と名目GDPの比率とは、すなわち株式マーケットに対する実体経済の比率と

「バフェット指数」が過去最高の90年1月まで上昇したら…

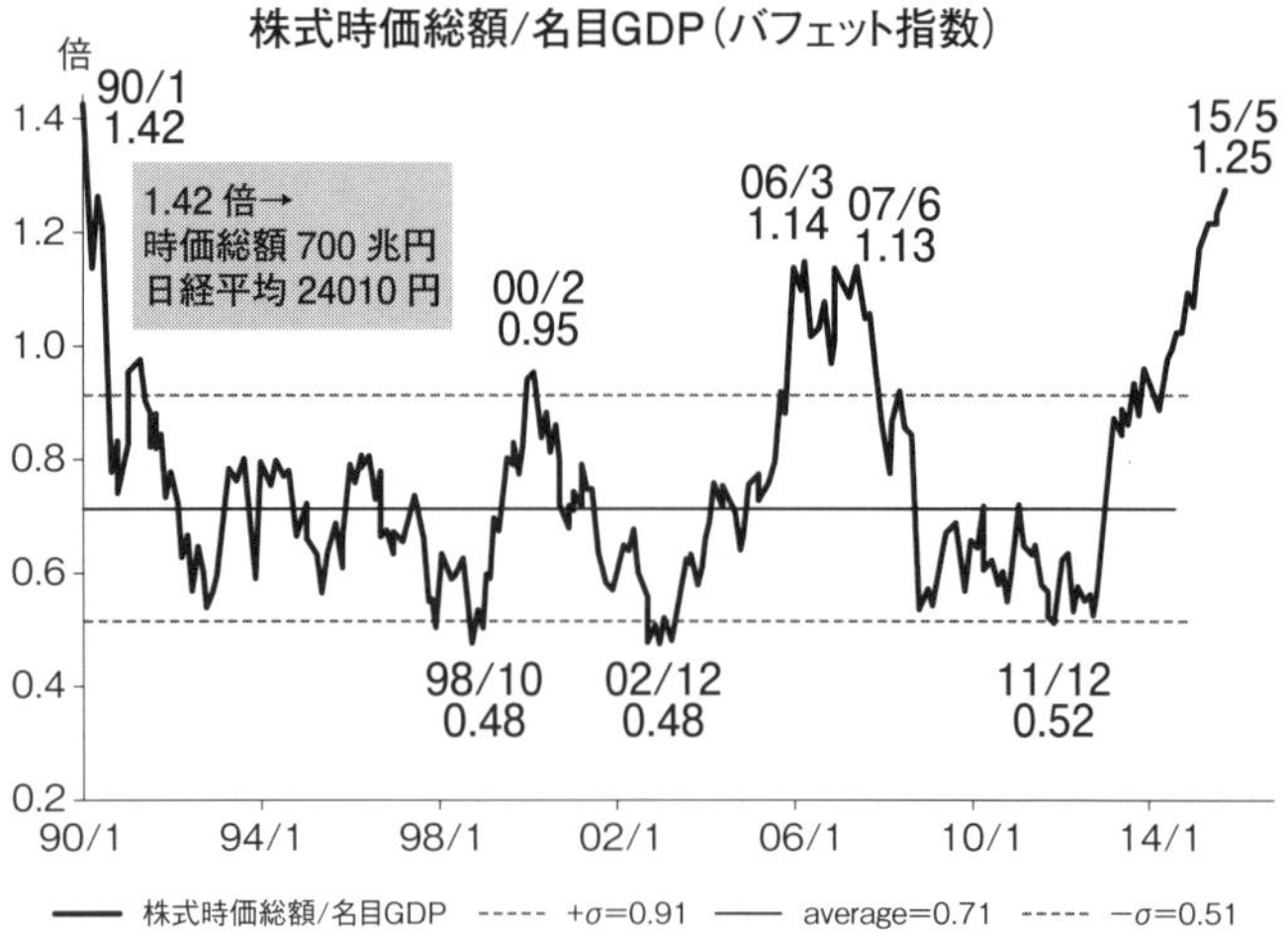

出所：T-Modelインベストメント

なる。実体経済が良くないのに株式だけが上がるのは異常であり、市場としてはバブル状況にあることを示す。つまり、「バフェット指数」が高いほど、実体経済と株式市場の乖離を表すことになる。

「株式市場時価総額／名目ＧＤＰ（バフェット指数）」について、米国では以下のような五段階に分類されている。

1 五〇％以下――非常に割安な水準
2 五〇％～七五％――いくぶん割安な水準
3 七五％～九〇％――妥当な水準
4 九〇％～一一五％――いくぶん割高な水準
5 一一五％以上――非常に割高な水準

グラフでわかるように、ピークとなった二〇一五年五月末の日本の「バフェット指数」は一二五%で、米国基準でいえば「非常に割高な水準」の領域となる。

これは二〇〇六年三月の小泉政権時代の一一四%を上回り、残る目標はバブル期の一九九〇年一月につけた過去最高の一四二%のみとなっている。

バフェット指数は現在の日本の株式相場が実体経済にリンクしていないいびつな形、つまりバブル状況にあることを明示しているのである。

株式市場全体の実態を表していない日経平均株価

バフェット指数は現在の日本の株式相場の実状を如実に語るものだが、次に株式市場の中での日経平均の寄与度(価値)を調べてみよう。これも「日経平均/株式時価総額」のグラフを見れば、いかに日経平均が日本の株式市場全体の実態を表していないものかがはっきりとわかる。

一九八〇年五月にはなんと九六・六%。当時は日本の株式相場イコール日経平均の時代であったのだ。以降、右肩下がりで比率を落してきて、現在は三三%でしかない。株式時価総額に対してたった三分の一のインパクトしかない。

価値が落ち続ける日経平均で「洗脳」する？

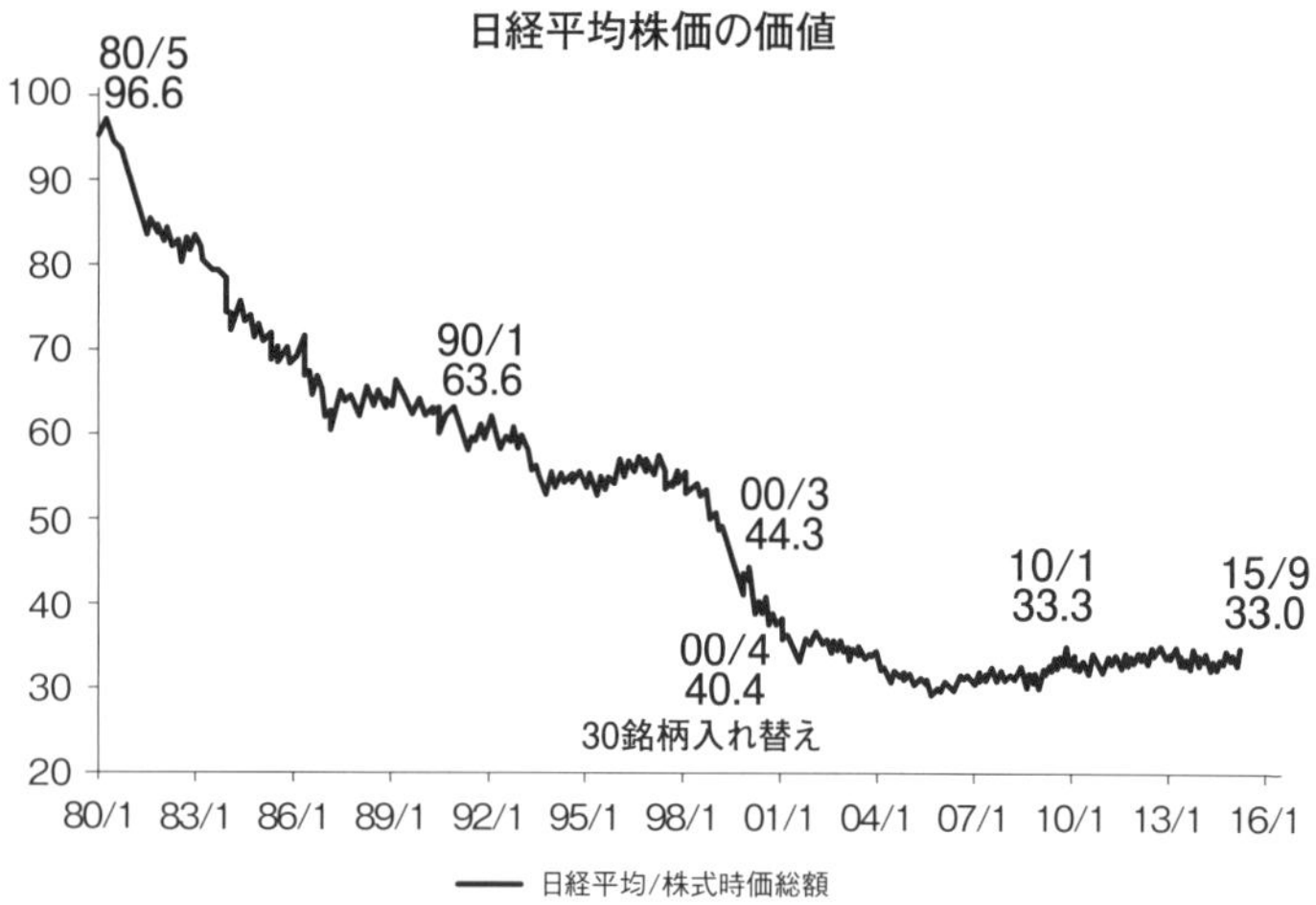

出所：T-Model

にもかかわらず、どのメディアも株式相場を伝えるときに真っ先に取り上げるのは日経平均である。それを年がら年中報道し続けて、株は上がらないと言われ続けたら、個人はもう株を買うわけにはいかなくなってしまった。

それで個人が売る株を外人がコツコツ買って、いま三割超のシェアを獲得するに至った。

日経平均にこだわり、振り回されるのは本当にまずいと言わざるを得ない。

金融緩和イコール物価上昇と信じ込んでいる市場の愚かさ

少し前の話だが、総務省が三月二七日に発表した二月の全国消費者物価指数（ＣＰＩ、二〇一〇年＝一〇〇）は値動きの激しい生鮮食品を除いて一〇二・五と、前年同月比で二・〇%上昇した。

二〇一四年四月の消費増税による要因を除くとゼロ%になり、一年九カ月ぶりに横ばいになった。原油安の影響が大きく、景気には追い風になる。ただ日銀が掲げる消費増税分を除いて二年で二%上昇という物価安定目標との差は一段と広がってしまった。

日銀の黒田東彦総裁も三月一七日の記者会見で、総務省の分析と同様に「上昇率は当面ゼロ%程度で推移する可能性が高い」との見方を改めて示した一方で、「物価の基調は着実に改善している」と発言した。

近々マイナス圏に陥りそうなのに何故、日銀の黒田総裁は「予想通り」と冷静なのだろうか、と筆者は思った。

その答えとおぼしき解説が三月二八日の日経新聞に掲載された。

『日銀が重視するエネルギーと食品を除いた「コアコア」のCPIは増税の影響を除くと前年比プラス〇・三%上昇した。前年を上回るのは一七ヵ月連続で、日本経済がデフレに陥る前の一九九〇年代前半以来となる。「物価上昇の基調は崩れていない」との見方から、追加緩和にも慎重だ。今後も賃金の上昇が物価全体の押し上げに寄与すると期待する』

本当だろうか？　消費増税分を二％としていないのだろうか。筆者には甚《はなは》だ疑問であった。単純に、食料・エネルギーを除くCPIの二月の前年比プラス二・〇－二・〇％＝〇％は、生鮮食品を除くCPIの二月の前年同月比プラス二・〇％－二・〇％＝〇％となり同じ結果であった。

また、二〇〇〇年以降の食料・エネルギーを除くCPI（コアCPI）と生鮮食品を除くCPI（コアコアCPI）は同じ傾向値ながら、むしろ低めの数値となっていた。今年四月以降、「コアコアCPI」はようやく「コアCPI」を上回り、八月にはプラス〇・八％まで上昇してきたが、全体を引っ張るほどのインパクトはない。

これで日銀の黒田総裁の「物価の基調は着実に改善している」の発言は整合性に欠けるというか、まったくおかしな話だ。

そもそも二〇一三年四月の「バズーカ金融緩和」での「二年で消費者物価二％」の目標は「生鮮食品を除くCPI」だったはずであり、いまになって「コアコアCPI」を持ち出すこと自体、「二年で消費者物価二％」が絵に描いた餅だったと認めている証拠だろう。

日銀は二〇一三年四月、一四年一〇月の二度の追加緩和を実施してきたが、日銀が主張する「デフレ脱却」を目的とした緩和策というよりは、米国の意向が見え隠れする緩和策との印象が強い、と筆者はかねてより指摘してきた。

金融緩和＝物価上昇は「幻想」?

CPI（消費税調整）とCRB商品指数

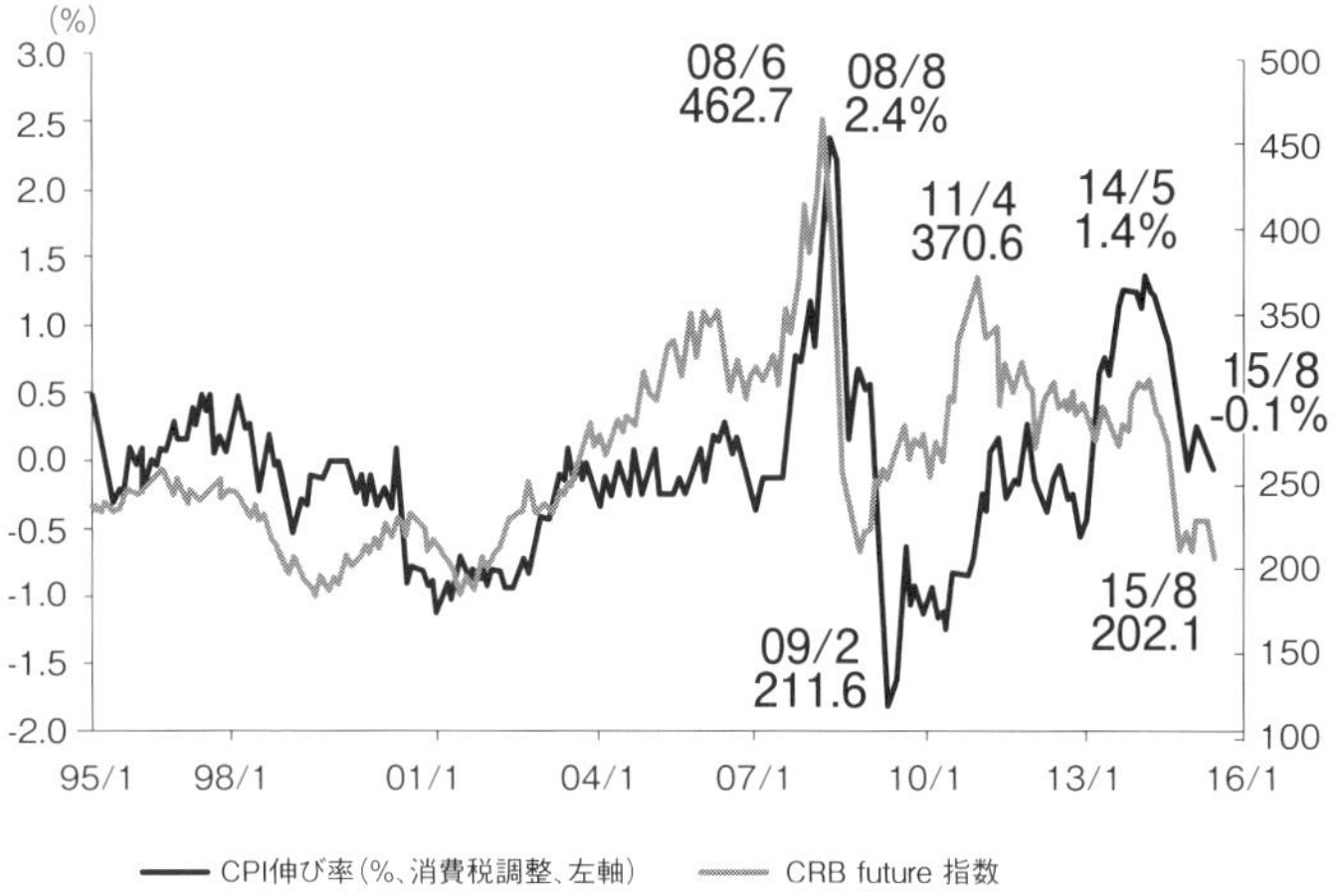

出所：T-Model

実際、緩和策を実施しても消費者物価は一向に上昇せず、世界の商品指数と連動性を強めている始末であった。日銀は追加緩和を実施しても消費者物価など上がらないことは百も承知であろう。何か違う力で実施している緩和策を、消費者物価を理由にするほうが世間を説得しやすいからなのだろう、と筆者は講演会やコラムで主張してきた。どうやらこの見方が正しかったようである。

そのため「物価上昇への道筋をつけるため、日銀は四月にも追加緩和を迫られるだろう」とする市場の予測は外れるだろうとも筆者は指摘した。

それは未だに市場が、金融緩和イコール物価上昇と信じ込まされているためだった。株が上がれば景気が良くなったと勘違いし、給料が上がれば景気が良くなったと勘違いしている国民と同じ思考回路だ。こうした勘違いを前ページのチャートが証明している。

政府・日銀からすれば、洗脳が上手くいっているとニヤリとしたに違いない。早くこの政府・日銀による「洗脳マジック」から目を覚まし、何を目的に洗脳しているのかに気がつかなければいけない。

六月に入ると日銀の黒田総裁は、これまであれほどこだわっていた円安政策を放棄するとも思われる発言を繰り返した。

六月一〇日の衆議院財務金融委員会において、「実質実効為替レートでは、かなりの円安の水準になっている」「実質実効為替レートがここまで来ているということは、ここからさらに実質実効為替レートが 円安に振れるということはなかなかありそうにない」と言及した。

要は、実質的に一二五円以上の円安にはならないと述べているのと同じであった。本来であれば、黒田総裁は一段の円安を望む経済環境なのだが、反対の立場をとったのだ。当然ながら、アベノミクスの主旨にも反する発言なのに、メディアからも政府関係者からも特段の反応は見られなかった。

これについて様々な憶測を呼んでいる。筆者としては、海の向こうの国がドル高のマイナス面が出てきたため、それを嫌って調整を求めてきて、日本側がこれに応じたものと思っているが、どうだろうか。

大台越えの法則と時間切れ

「プロは方法論に極意を持たなければならない」。これは筆者の持論であり、独自の方法論を持たなくてはプロとは言えないと思うからだ。

いささか自慢めいたふうに聞こえて恐縮だが、筆者は古くは二〇〇〇年からの「専門店・ITバブルの崩壊」(一九九九年一〇月に予告)、「二〇〇八年九月のリーマン・ショック」(二〇〇七年一月に予告)、足元においては二〇一四年六月の「原油大暴落」(二〇一三年一〇月に予告)などいくつかの大きな転換点を予告し、的中させてきた。

そのなかの一つに、日経平均株価が一日で一四〇〇円暴落した二〇一三年五月二三日の「世紀の大暴落」がある。その週の月曜日の「生活防衛の教室」放送時に三日後の暴落を予告し、実際に木曜日に一四〇〇円安の事態が訪れたのであった。

この論拠となったのは、独自に開発したオリジナル分析手法の「大台替えと時間の物理学的法則」である。言葉を換えるならば、価格と時間とをエネルギーの観点から、要は三次元の立

日米株価の『大台替えと時間の物理学的法則』

大台	達成時期	期間	
日経平均			
15000円	2013年5月		
16000円	2013年12月	7ヵ月	→時間切れ
17000円	2014年11月	11ヵ月	→仕切り直し
18000円	2015年2月	2ヵ月	
19000円	2015年3月	1ヵ月	
20000円	2015年4月	1ヵ月	
21000円	2015年5月	1ヵ月以内	→時間切れ
NYダウ			
12000ドル	2011年1月		
13000ドル	2012年3月	1年2ヶ月	
14000ドル	2013年2月	11ヶ月	
15000ドル	2013年5月	3ヶ月	
16000ドル	2013年11月	6ヶ月	→時間切れ
17000ドル	2014年7月	8ヶ月	
18000ドル	2014年12月	5ヶ月	→仕切り直し
19000ドル	2015年5月	5ヵ月以内	→時間切れ

出所：T-Model作成

体から分析した法則といえる。

筆者が常々論じているとおり、ブームやバブルのように人々の心理が一方向に集中するとき、この「大台替え」と「期間」の関係は、天井を探るためにきわめて有効な方法だ。何故なら、それは物理学の法則がベースにあるからで、上昇ピッチが加速していく局面では過去の加速度よりもより加速していかないとその時点で上昇が止まり、大天井を形成してしまうからである。

たとえば今年五月三〇日のセミナーにおいて筆者は、「日経平均もNYダウも時間切れ」と予告した。その意味は、それ以前の大台超えにかかった達成期間を過ぎても大台替えが実現できなかったということで、その時点で上昇は止まって調整に入ることになる。

株、為替、コモディティのマーケットはこの

ブームの伝わり方は情報の普及と同じ『2乗の法則』

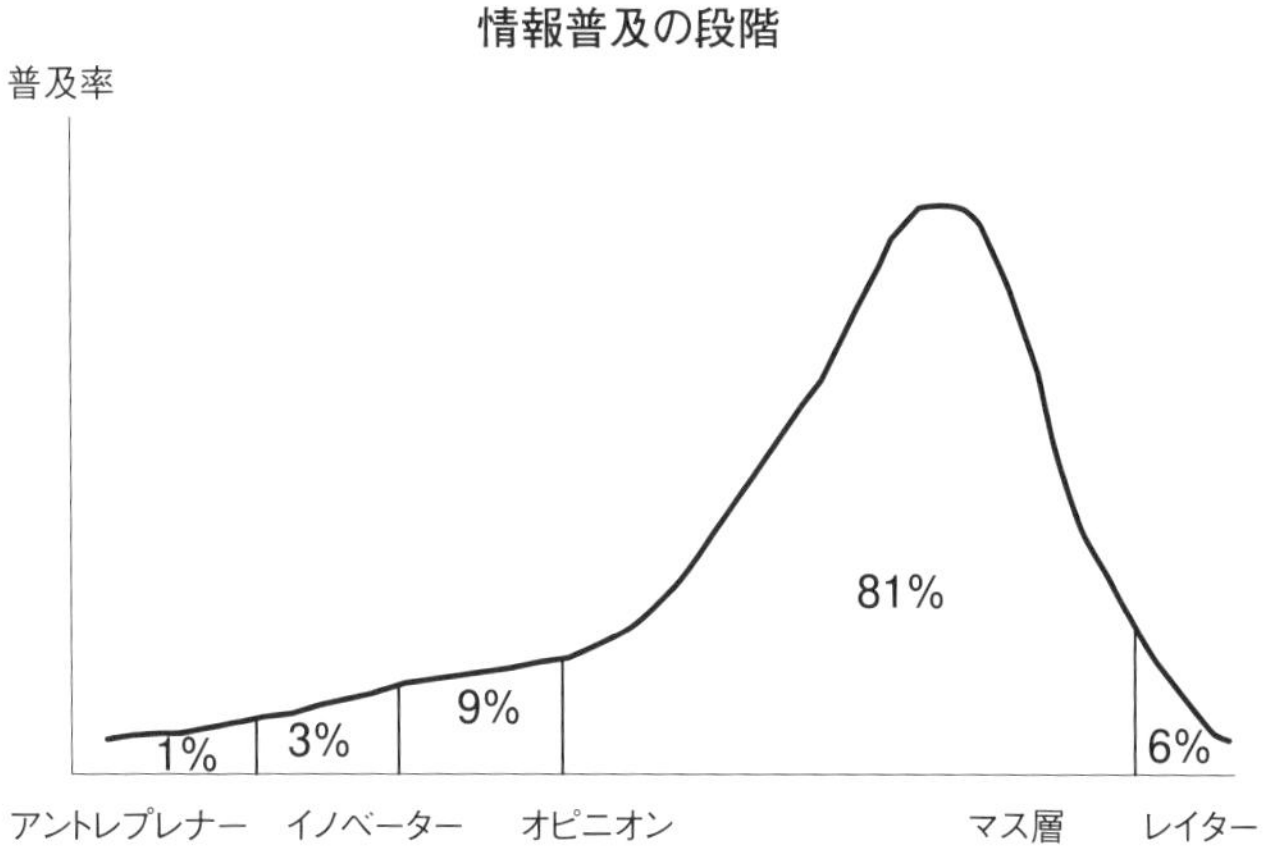

出所：T-Model

法則をなぞっており、七月の上海株の急騰と八月末のバブル崩壊もまったく同じ道をたどった。

情報普及の段階を表したグラフが「ブームの伝わり方は情報の普及と同じ『二乗の法則』」。

株式をはじめあらゆるマーケットの連鎖は、この「二乗の法則」どおりで、マーケット全体の約一％のごく一部の人々の間でささやかれる「アントレプレナー期」、三％の「イノベーター期」、九％（三％×三）の「オピニヨン期」と移行していく。そして八一％（九％×九）の「マス層（大衆）」に波及することによって、マーケットは爆発する時期を迎える。

その後は六％の「レイター期」に進み、五段階で終焉を迎える。ほぼ「二乗の法則」で波及しながら、顧客が顧客を呼ぶ構造になっているわけだ。

この二乗の法則を頭に叩き込んでおけば、たとえ八一％の「マス層」で買ったとしても、自分なりに大台替えを分析できるので、急落前に売ったり、先に半分でも利食いできるはずだ。

信じるべきはT-Model

「T2」とは筆者独自の分析法で、エネルギーの観点からマーケットを予測する手法である。T2と通常のチャートとの違いとは、チャートが二次元の情報を元に分析を行うのに対して、エネルギーを加えた三次元情報を介して状況を分析している。

エネルギーには短い期間のエネルギーと長い期間のエネルギーがある。短いほうから日足、週足、月足、年足と長くなっていき、これを比べるのである。

通常は長い期間のエネルギーの中に短いエネルギーがある。短いエネルギーは行き過ぎて（買われ過ぎ）上に飛び出したり、下に出たりして変化する。

グラフの中で○をつけているのが、短いエネルギーが異常に働いているところだ。これは売られ過ぎ、買われ過ぎの場面であることを示している。

どんなチャートであろうが、たとえば二週間でも上下があるものだ。

つまり、上に行き過ぎたものは下に振れる。逆に下に行き過ぎたものは、上に行く。この繰

日経平均(月足)とT2

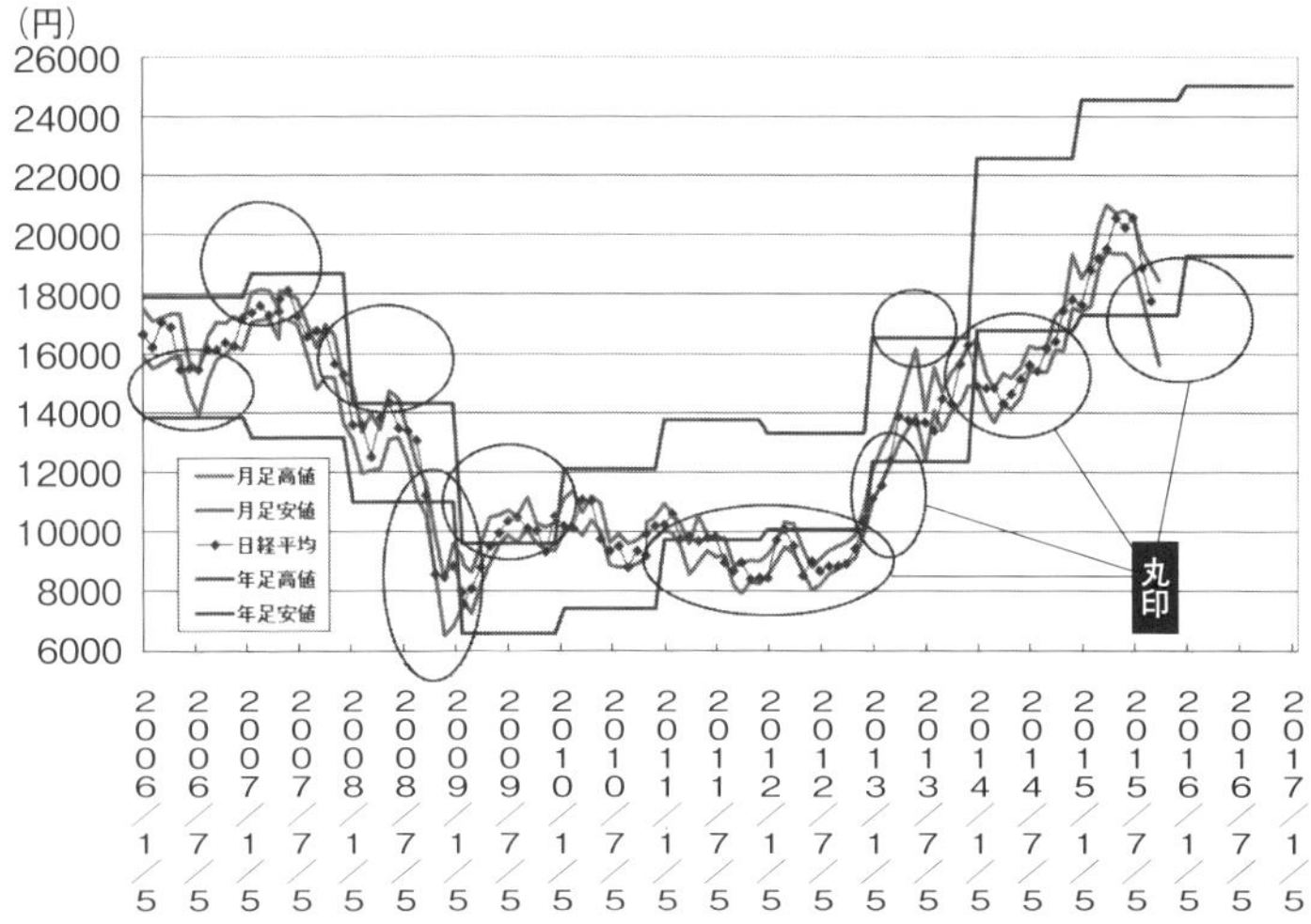

出所:T-Model　　　　詳しい解説は終章にあります

り返しなのである。

以下は、過去、筆者が的中させてきた主な実績である。

1 「二〇〇〇年からの専門店・ITバブルの崩壊」（一九九九年一〇月に予告）

2 「二〇〇一年からの金価格上昇と二〇一一年九月の天井」（二〇〇一年予告）

3 「二〇〇八年九月のリーマン・ショック」（二〇〇七年二月に予告）

4 「アベノミクスの株式上昇相場」（二〇一二年セミナーで予告）

5 「ドル円の『四〇年サイクル』から二〇一一年が円高ピーク」（二〇一二年に予告）

6 「二〇一三年五月に起きた『世紀の大暴落』」を日時まで予告

7 「原油大暴落」（二〇一四年六月のコラム、同年一〇月のセミナーで予告）

なぜこのような的中が可能なのか？

そのカギとなるのが、二三年におよぶアナリスト生活のなかで筆者が開発してきたツール、「T-Model」である。

T-Modelの「T」は、筆者の苗字であるTsukazawaの頭文字「T」から取ったが、そこは同時に「TIME（タイム&タイミング）」「THEORY（斬新な考え方）」「TRUTH（真理の探究）」という三つの概念も含まれている。

マーケットで勝つためには、売買の「時期」と「価格」がもっとも重要だが、同時に、Logical（論理的）、Simple（簡潔）、Different（他と違う少数意見）を旨とする「LSD」論理も必須である。この三つの「T」と「LSD」理論こそがT-Modelのキー・コンセプトとなっている。

そのT-Modelの分析ツールの一つであり、未来を的確に予測するのが「T2（T-Trading）」だ。物理学の「エントロピーの法則」を応用してエネルギーを数値化した三次元の市場分析モデルである。

たとえるならば、通常のチャート分析は二次元の世界であり、「レントゲン」のように影を映して市場を分析しているのに対して、「T2」は「CTスキャン」や「MRI」のように三次元で市場を分析している。

そのため、チャート分析によくある「騙し」のようなものが格段に少なくなった。

短期・中期・長期のエネルギーを算出することで「上値目標値」や「下値目標値」を導き、短期と中期、中期と長期のエネルギーの「歪み」を売買のタイミングとするものだ。

グラフでいうと○でマークされている箇所がその「逆転現象（歪み）」の時期を示している。

たとえば週足ベースでの「T2」は二週間先までを予測し、月足ベースでの「T2」は二カ月先までを予測してきた。そして年足ベースでの「T2」分析は二年先までを予測するものである。

「TIME（タイム&タイミング）」を間違えると、株投資でいうと高値で買って安値で売ることを繰り返してしまう。

そうならないように確固たる「先行指標」を持つことが必要となる。先行指標さえ持っていれば、いつ買えばいいのか、いつ売ればいいのかをあらかじめ想定できるようになる。想定できれば、心の準備もできる。

たとえば今年五月三〇日のセミナーで筆者はこう語った。日経平均、NYダウに関して「大台替えの法則」に照らすと、おそらく「時間切れ」になるはずなので、六月からかなり変調をきたすと。ご存知のようにその後、日経平均は一万七〇〇〇円割れ、NYダウも一万六〇〇〇ドル割れが現実化した。

NYダウに関しては、本来は一七五〇〇ドルと一八五〇〇ドルの間のボックス相場であったが、その後、ギリシャ債務危機と世界同時株安により一七五〇〇ドルを下抜けたことで、短期的には一七〇〇〇ドル割れとなってしまった。

相場は大台という〝節目〟を意識して見ることが大切ということである。

本書に掲載したチャート類のほぼすべては「T-Model」と「T2」分析を元に作成したものである。

第二章

指数の真実を読み解く

過去最低となった日本の報道自由度ランキング

国際的なジャーナリストの団体「国境なき記者団」が二〇一五年二月一二日に「世界報道の自由度ランキング二〇一五」を発表した。同ランキングは、世界各国・地域の報道の自由度を順位付けしたもので、検閲の状況、法的枠組み、透明性、インフラなどの項目で、世界一八〇カ国・地域を対象に採点したものである。

今回、報道の自由度がもっとも高いとされた五カ国は、上から順にフィンランド、ノルウェー、デンマーク、オランダ、スウェーデンとほぼ北欧勢が占めた。

一方で報道の自由度がもっとも低いとされた国には、中国（一七六位）、シリア（一七七位）、北朝鮮（一七九位）などが入った。

中国の特別行政区である香港は、民主派による路上占拠デモ「オキュパイ・セントラル（中環を占拠せよ）」の間に「警察の職権乱用」があったとの理由で七〇位に順位を下げた。

米国も内部告発サイト「ウィキリークス」などを標的とした米政府の「情報戦争」が理由の一つとなり、昨年から順位を三つ下げて四九位となった。

さて肝心の日本はどうか。昨年の五九位から二つ下げて六一位と、「世界報道の自由度ランキング」開始以来、過去最低となった。

日本にも報道の自由度が高いと評価され、上位にランクされていたときがあった。それはわずか五年前の二〇一〇年で、一一位に入っていたのである。当時は民主党政権で、内外メディアはいわば書きたい放題の状態で、自由な政府批判が許されていた。

それが二〇一三年、福島第一原発に関する情報のあり方が問われて五三位へ大幅ダウンとなった。

二〇一四年は「特定秘密保護法」成立により「調査報道、公共の利益、情報源の秘匿がすべて犠牲になる」として五九位へとさらにダウン。自民党政権に戻ってからは下げが止まらなくなった。


ここで「世界報道の自由度ランキング二〇一五」を取り上げた理由は、このランキングと日経平均に逆相関の奇妙な関係が見られたからである。次ページのグラフをご覧いただきたい。

これはつまり、マスコミに対し比較的情報統制することで日経平均は上昇するということを意味する。それはある意味当然である。たとえば、現政権が確実にイメージダウンするようなニュースに対して、見出しの大きさ、トーン、記事の大きさや取り上げ方を統制することで、政権支持率を大きく悪化させずに済むからである。また、スキャンダルで辞任に追い込まれる

報道規制されると日経平均は上昇する？

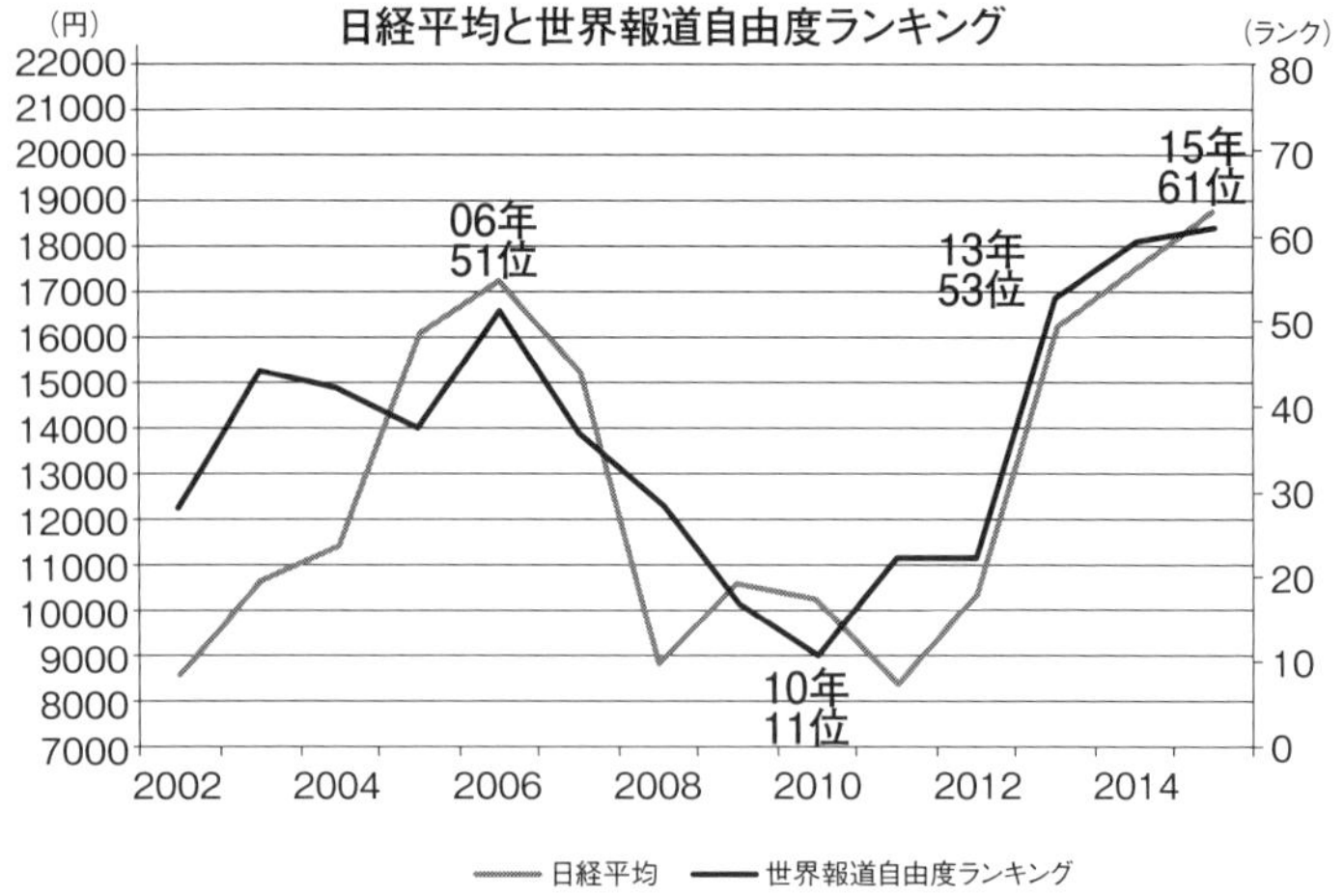

出所:T-Model作成

閣僚も減るはずだ。

実際、安倍政権が情報統制を行っているのかどうかは知る由もないが、この「世界報道の自由度ランキング」が正しいと仮定すれば、何らかの報道圧力が感じられるということになるのだろう。

しかし、この二つの関係でわれわれが考えておかなければいけないことは、「国民が真実を知らされなければ株価が高くなるのか?」、それとも、「株価を高くしておけば国民に真実を知らせなくても済むからなのか?」ということである。もし、現在水面下で起きていることが後者なら将来、とんでもないことが国民を待ち受けていることになろう。

六月末、安倍首相の盟友である作家の百田尚樹氏を講師に招いた自民党の若手議員の勉強会において、「安全保障関連法案に批判的な報道機関を懲らしめるべきだ」「経団連などにも協力してもらい、広告出稿を取り止めればいい」等々、議員たちの暴言が世間の顰蹙《ひんしゅく》を買ったのは記憶に新しい。

当初は批判をかわしていた安倍晋三首相だったが、その後は自民党若手議員が沖縄県民世論を批判、報道機関を威圧する発言を行ったことを認め、遺憾の意を表した。

この事件は少なくとも安倍政権が情報統制の要素を〝内包〟していることを露呈したわけで、安倍政権下での株高と日本の世界報道の自由度ランキングにおけるランク降下の逆相関関係が正しいことを証明しているようだ。

政府の株価操作を糊塗した外国人の先物「爆買い」報道

今年三月五日の日本経済新聞に『猛烈な先物買いの謎～海外投資家の焦り映す』というタイトルの記事が掲載された。記事の本文は以下のとおりである。

『外国人の先物「爆買い」はこれまでの上昇局面でもたびたび見られるが、二月の上昇が従来と異なるのは、TOPIX先物の買い越しが日経平均先物に比べて大きいということだ。流動性が高いためヘッジファンドなど短期筋が好む日経平均先物に対し、TOPIX先物は長期投資家に使われやすい。機動的に売買できる先物でいったん日本株比率を高めたあと、先物売り・現物買いで運用資産に組み入れるケースが多い。

とはいえ、グローバル運用のベンチマーク（運用指標）に対する負けを回避するための消極的な買いに過ぎない面もある。足元では年金積立金管理運用独立行政法人（ＧＰＩＦ）に続く、公的年金の国内株比率引き上げに再び外国人の注目が集まる。ＵＳＢ証券の大川智宏氏は外国人は先物買いは「年金からの確実な買い需要に一部の投資家が便乗しただけ。多くはまだ動いていない」と冷ややかだ。「爆買い」の持続力にしばらく市場の視線が注がれそうだ。』

東証が三月四日に発表した二月二七日時点の裁定取引にともなう現物株買い残高は、前の週に比べプラス一八七五億円増の三兆二二〇〇億円。アベノミクス以降のアベレージ水準まで戻したところであった。

一方、三月五日、財務省発表の外国人売買動向によると、売りと買いのネットで、直近二週間合計で六三九八億円の大幅な買い越しとなっていた。ただ、移動平均ベースでみると、二月二二日～二八日がプラス一〇六一億円で、二〇〇六年以降、約一〇年弱の平均水準の五二〇〇億円を若干上回った程度。アベレージ水準に戻った「裁定買い残」と同じ状況で、この日本経済新聞に書かれているような「爆買い」の印象は薄い。

どうしても四月の統一地方選挙を前に株価を吊り上げておきたい政府は、なりふりかまわずGPIFと公的年金を使って買い上げているだけというのが真実に近い状況であった。

この記事は、そのような株価操作とも言える実態を少しでも和らげるかのように外国人の「爆買い」と指摘しているのだと思う。

もっと言うならば、日本経済新聞は政府の株価操作を糊塗《こと》するために、外国人の先物「爆買い」報道を行ったというのは言い過ぎだろうか。

ここにも日本の報道自由度の低さ、お粗末さが現われていると言わねばなるまい。

「国の借金過去最悪」に隠されている真実

今年五月八日、財務省は「国の借金」残高が二〇一五年三月末時点で一〇五三兆三五七二億円だったと発表した。

前年度末比二八兆四〇〇三億円増、過去最大を更新した。単純な計算では、日本国民一人当たり約八三〇万円の借入をしている状態だ（二〇一五年四月一日時点の人口推計一億二六九一万人）。

背景は社会保障費である医療費や年金の伸びが大きい。「国の借金」とは、国債や借入金、政府短期証券を合わせた金額だが、その内訳は、国債八八一兆四八四七億円（前年比七兆二四九四億円増）、政府短期証券一一六兆八八八三億円（同一一六兆四八〇一億円増）、借入金五四兆九八四一億円（同二九二八億円減少）となっている。

このなかにある政府短期証券とは、外国為替資金証券の残高のこと。基本的には想定外の円高状況になった際、ドル買い・円売りの為替介入を行ったことで生じた借金のことである。

今回も超マンネリパターンで、「国の借金が過去最悪となった」「国民一人当たりの借金も最悪」と報道は国民をあおっている。毎度毎度これを聞かされると、払う気はさらさらないが一人当たり八三〇万円も借金しているかたちなのか、と普通の人は受け取るはずである。

これもある意味、政府の〝洗脳〟なのだろう。

何故なら、別にこれは国の借金ではないからである。正確には「政府部門の借金」なのだから、ここはきちんと認識しておかねばならない。

国全体のバランスシートと政府部門のバランスシートは違う

内閣府の国民経済計算確報に「国全体のバランスシート」がある。こちらのほうが国の借金を見るための正式データであり、国全体のバランスシートなのだ。

これを見ると、二〇一二年末の負債は五六八四兆円だが、正味資産は三〇〇〇兆円以上残っている。金融資産は五九八一兆円あるのだから、理論上これを売却することで借金を返せるわけである。

したがって、それほど問題はないという結論に落ち着く。だが、あくまでもそれはいまのところ問題はないということで、どこかで国全体のバランスシートも赤字になってくるはずである。

要は、政府部門は債務超過状態であっても、国全体で見ればまだ健全に近いのである。メディアは「国のバランスシートが債務超過」との表現を使うことがある。繰り返すがそれは「政府部門のバランスシート」であって、注意が必要だろう。

だが、財務省が発表した今年の「国の借金」残高をよく見ると、これまでとは異なる変化の兆しが出ている。それは「借金の増加率」である。

以下は、リーマン・ショック以降の借金の増加率および金額の推移だ。

二〇〇九年三月末前年比〇・三%減（マイナス三兆円）
二〇一〇年三月末前年比四・三%増（＋三六兆円）
二〇一一年三月末前年比四・七%増（＋四一兆円）

二〇一二年三月末前年比三・九％増（＋三六兆円）
二〇一三年三月末前年比三・三％増（＋三二兆円）
二〇一四年三月末前年比三・四％増（＋三三兆円）
二〇一五年三月末前年比二・八％増（＋二八兆円）
二〇一六年三月末前年比一〇・八％増（＋一一四兆円）※予測

二〇一五年三月末は借金の伸びが最低水準、また増加額も三〇兆円を下回っている。株高・円安のアベノミクスで税収が予算を上回り、国債金利も低下したことが背景である。若干だが財政が改善方向に向かう兆しが出始めている。

本来なら、『リーマン・ショック以降、「借金の増加率」は最低水準』などと報道されてもいいはずだが、いつもの「国の借金過去最悪」記事ばかりが目立った。おそらく借金過去最悪キャンペーンの財務省の意向を忖度《そんたく》した「記者クラブ所属」記者が横並び記事を自主的に書いたのであろう。二〇一七年四月に先送りされた消費税八％から一〇％への引き上げ〝不要〟の見方が強まっては困るからに他ならない。

同日、二〇一五年三月末の「国の借金」と一緒に摩訶不思議というか非常に不自然な「補足

一般税収は株価と連動する

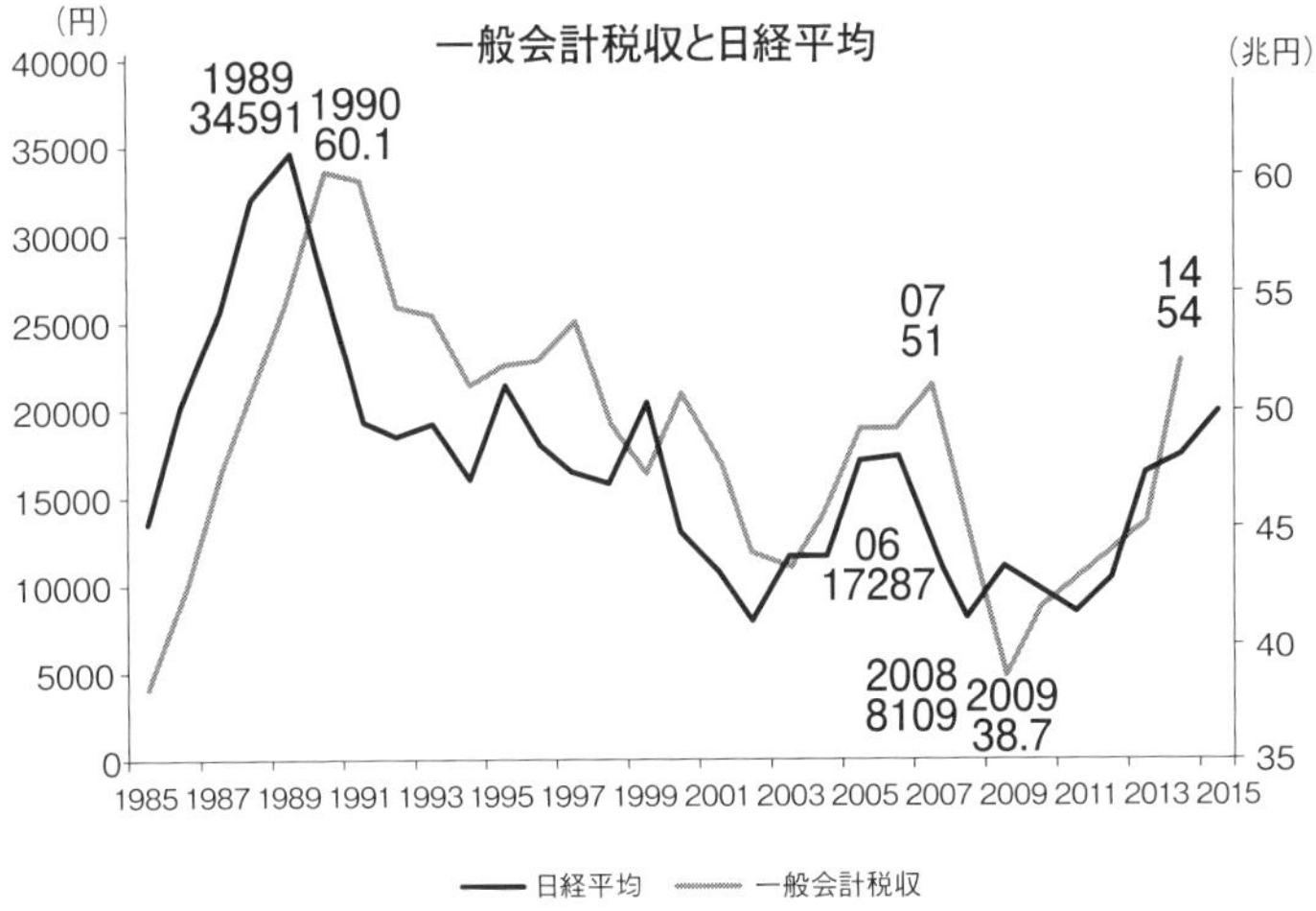

出所：T-Model作成

資料」が開示された。補足資料とは来年二〇一六年三月末に国の借金がいくらになっているかの予測値だった。

これがなんと前年比一〇・八％増の一一四兆円増で、借金合計は一一六七兆円になるというのだ。同予測値は、増加額が同統計発表開始の一九九七年以降、過去最高の増加額と、リーマン・ショック以降の「借金増加額」推移から見てあまりに逸脱した見通しとなっている。

ようやく借金の増加率を三％以下、三〇兆円以下に抑えることができたのに、どうしていきなり一〇・八％増、一一四兆円も増えるのか。

ずばり、消費税を上げられなくなるからだと勘ぐりたくもなる。

いま先送りしている二〇一七年四月からの一〇％の消費増税が、このまま国の借金が順調に減り続けるようだと、消費増税はしなくてもいいのではないかという声が出てきては困るからだろう。

もしもそうした不自然さを指摘する担当記者がいたならば、おそらくその記者は出入り禁止処分を食らう可能性を否定できない。


一般税収と日経平均の関係は前ページのグラフを見れば一目瞭然であろう。株を上げれば税収は増えるのだ。

去年から今年にかけて株が上がったので、税収が五四兆円まで増え、小泉政権時代を上回った。逆に言えば、いままでは株を上げなかったから税収が増えなかったわけで、そうした意味ではしごく単純な話だし、弊害ばかりが目立つアベノミクスがもたらした数少ないメリットの一つであろう。

だから、消費税を上げたから税収が増えたわけではない。むしろ、消費税増税は税収増にはマイナスに働く。通常は消費税率が高まった場合には税収は減るが、今回は消費税率が上がったのにかかわらず、株高によって税収が増えた。株高のほうが税収に対してインパクトが大きいことを示しているのである。

割り算の中に真実がある（指数のワナ）

現在の株式時価総額が割高か、割安かを測るのにもっとも信頼できる指標が「株式時価総額／名目ＧＤＰ」、いわゆる「バフェット指数」だと前章で記した。

筆者がいつも強調しているのは、「割り算の中に真実がある」ということである。新聞やテレビが伝える経済分野の数字は確かに「事実」なのだが、その事実の裏側に横たわっている「真実」は見えてこない。

たとえば、リンゴを割ってみる。割ってみたら種が出てきた。これは事実である。さらにこの種を割ると、今度はいよいよ核が見えてくるという考え方である。割り算をしていくとだんだん真実に近くなる。これを筆者は日々続けて、いくつかの貴重な真実（法則）を発見した。

ところで経済、金融の世界にはＧＤＰ、株式時価総額をはじめとする様々な重要な指数、あるいは指標が存在する。

そのなかに原油価格（ＷＴＩ）と銅価格（Copper）という二つの指標があり、この見分け方を基本的に間違えている人は驚くほど多い。テレビの経済番組に出演する著名なコメンテーター

「良い原油暴落」と「悪い原油暴落」

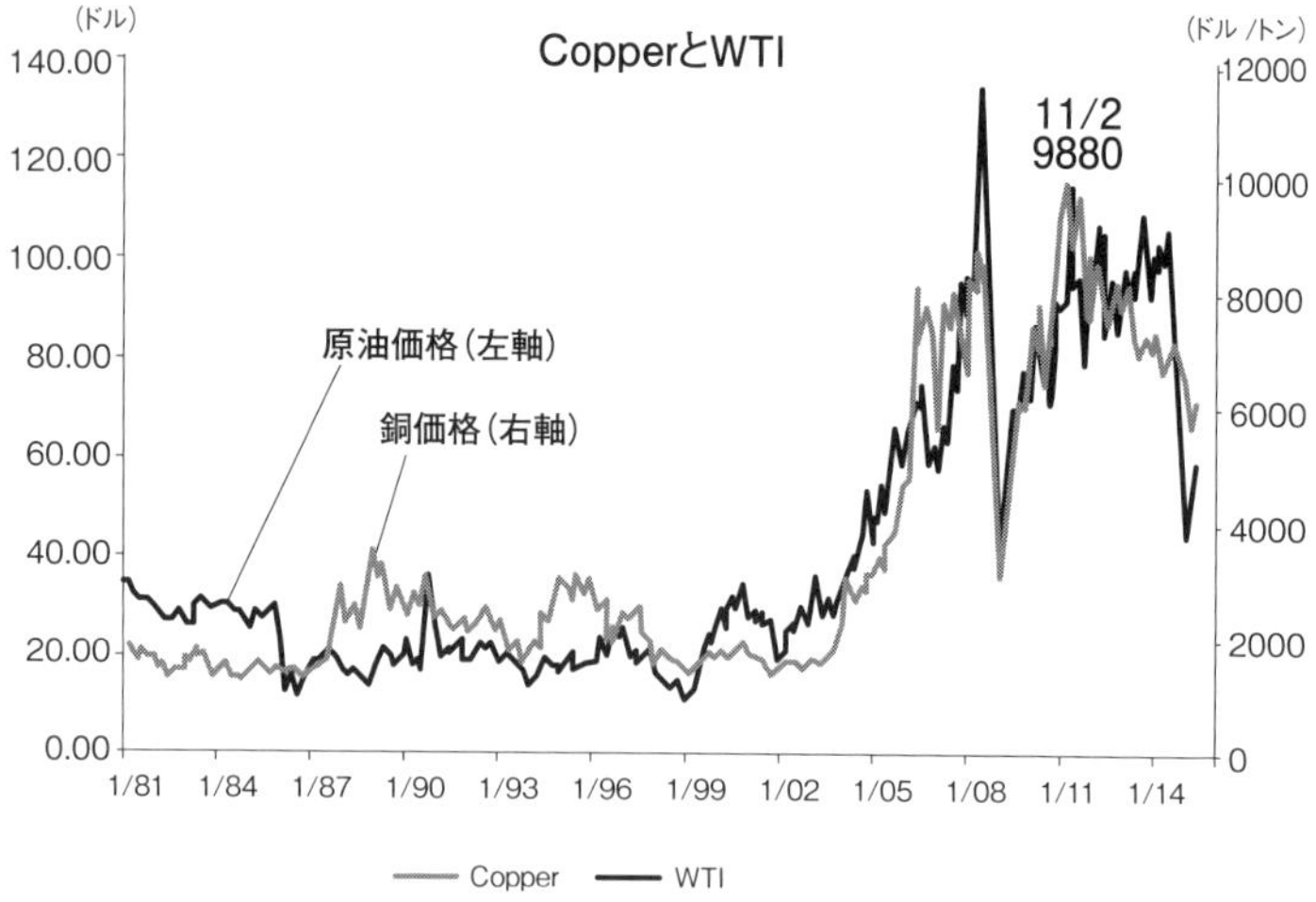

出所:T-Model作成

の多くも誤認しているようである。

まず第一に、原油価格とは、世界景気の良し悪しを判断する指標ではないということだ。そうではなくて、原油価格はいまの世界経済がデフレなのかインフレなのかを示す、コストを表している指標なのである。だから、世界景気が悪くなっているから原油価格が下がっているという議論はもう笑止千万といえる。

世界景気の良し悪しを判断する指標はあくまで銅価格であって原油価格ではないのに、それをごっちゃまぜにしている人はあまりにも多いのだ。

上のグラフでは、原油価格と銅価格がほぼ同じような推移をしているように見えるが、微妙に異なっている。

この二つの動きをどう比較し、分析すればいい

「Copper/WTIレシオ」は＋1σ水準を超える

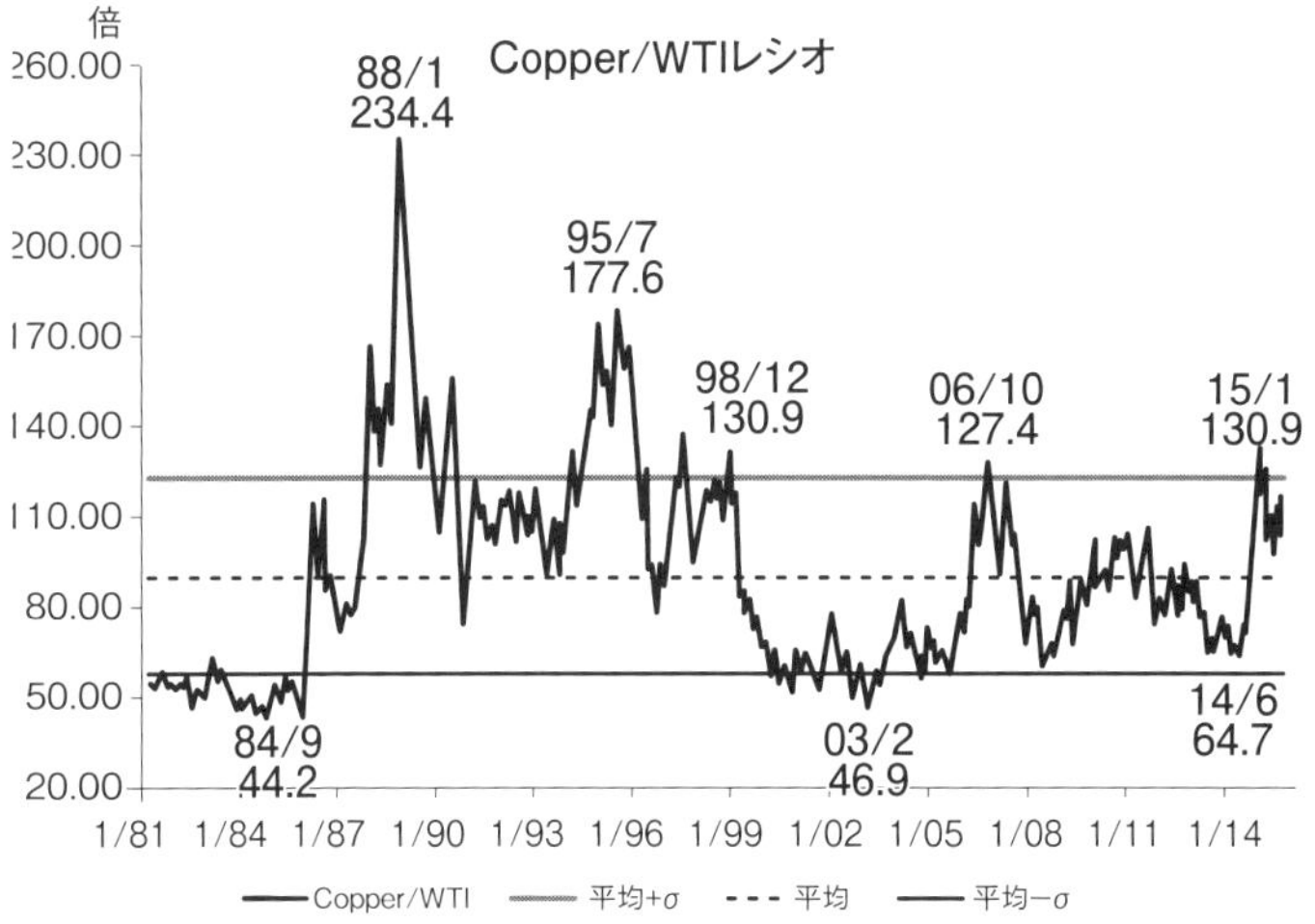

出所：T-Model

いのか。つまり、世界景気が維持された状態で原油価格が下がる「良い下落」なのか、そうでないのか。

これを見極めるのに有効なのが、銅価格を分子、原油価格（WTI）を分母とする、つまり銅価格をWTI（原油価格）で割った「Copper／WTIレシオ」である。

「Copper／WTIレシオ」は単なる価格変動の推移と異なり、大きく変動しているのがわかる。昨年一一月末以降の原油価格の大幅な下落は、世界経済にとって何を意味するのか？

まずは過去の「Copper／WTIレシオ」をさかのぼって見てみよう。

一九八四年九月の四四・二が一九八八年一一月まで五・三倍に急上昇したが、逆にアジア通貨危機からITバブル崩壊後の一九九八年一二月の一三〇・九から二〇〇三年二月までに六四％も下落している。また、米国でのサブプライム危機やリーマン・ショック前にも、二〇〇六年一〇月の一二七・四をピークに大きく下落した。

今回は二〇一四年六月をボトムに急上昇しており、原油価格急落により世界経済を押し上げる良い下落であることを示唆している。

銅価格は経済予測の達人

それにしても何故、銅価格はそれほど世界の景気を左右する重要な指標となり得るのだろうか。

銅は電気や熱の伝導性に優れていることから、その用途は世界をつなぐ銅線や銅管をはじめ非常に多様で経済の重大な変化を語るうえで欠かせない金属である。経済予測の達人として「ドクター・カッパー（銅博士）」という異名がつけられるほど、銅という金属の価格は景気の動向に敏感なのだ。四年前の世界的な信用危機においても早い段階で銅価格は下落し、また、二〇〇八年末には株式市場の反発より数カ月も早く相場を持ち直している。

先刻触れた一九八四年九月からの「Ｃｏｐｐｅｒ／ＷＴＩレシオ」の急上昇は、いわば良い原油価格の下落がもたらした産物であり、日本のバブル膨張の最大の要因となったのだ。大半のエコノミストは当時の澄田智日銀総裁が金利を下げ続けたことがバブルをつくったのだと論じているが、それは一因であって、最大の理由ではなかった。

第一章で論じた日経平均の連騰記録歴代三位の一二連騰はまさしくこの「Ｃｏｐｐｅｒ／ＷＴＩレシオ」の急上昇期に生まれたものだったわけである。

トヨタ自動車とユニクロの株価の意味合い

割り算の中に真実があると記したが、日経平均の〝先行指標〟となる銘柄も、その銘柄の株価を日経平均で割った「相対株価」で浮かび上がってくる。

その代表がトヨタ自動車だ。次ページの図表から日経平均とトヨタ〝相対株価〟の連動性が見て取れる。二〇〇七年七月に日経平均はピークをつけているが、その前の二〇〇六年一二月にトヨタ相対株価は〇・四六でピークアウトしている。

次にトヨタ相対株価は、二〇一一年秋にボトムをつけた後、二〇一三年一〇月に〇・四四のピークをつけた。その後に日経平均もピークをつけにいっている。そして直近の二〇一五年三月にトヨタ相対株価は同じく〇・四四をつけてピークアウトした。

トヨタ相対株価と日経平均

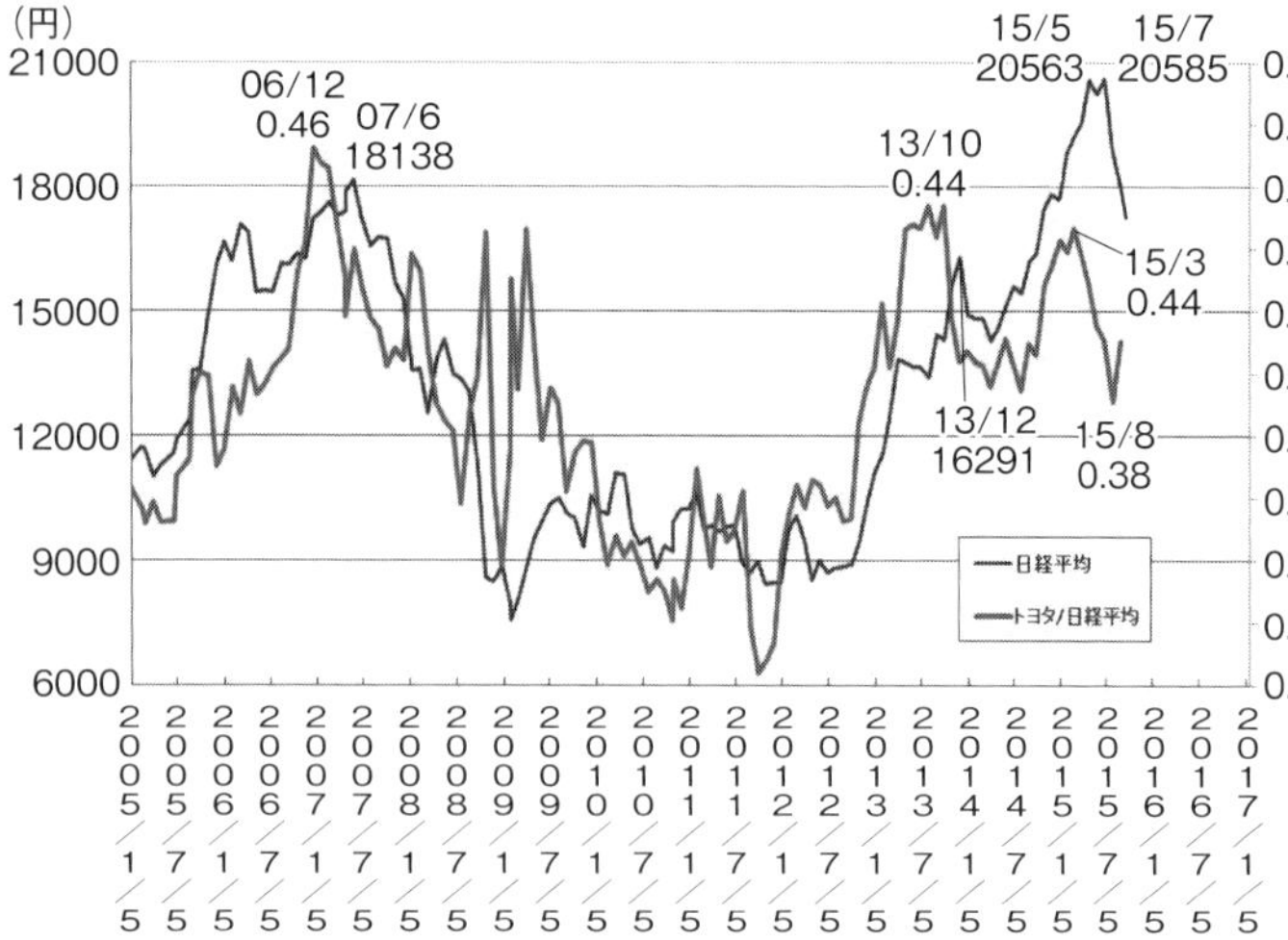

出所:T-Model

完全にトヨタの相対株価が日経平均の先行指標になっているのがおわかりいただけただろうか。これを見る限り、日経平均がこのままどんどん上がり続けるのは難しいことは三月以降、誰の目にも明らかだった。今回の世界同時株安の調整場面が訪れるのが順当なのである。

ユニクロ（ファーストリテイリング）の株価を日経平均で割ったユニクロ相対株価の動きにも特徴がある。

ユニクロは二つの顔を持っている。一つは、衣料品のSPA（製造小売業）で、二〇二〇年に売上げ五兆円を目指している成長企業という側面。もう一つは、ユニクロの株価は日経二二五の中で一番株価が高く、日経二二五に一番寄与度が高い銘柄という側面である。

ファーストリテイリング相対株価と日経平均

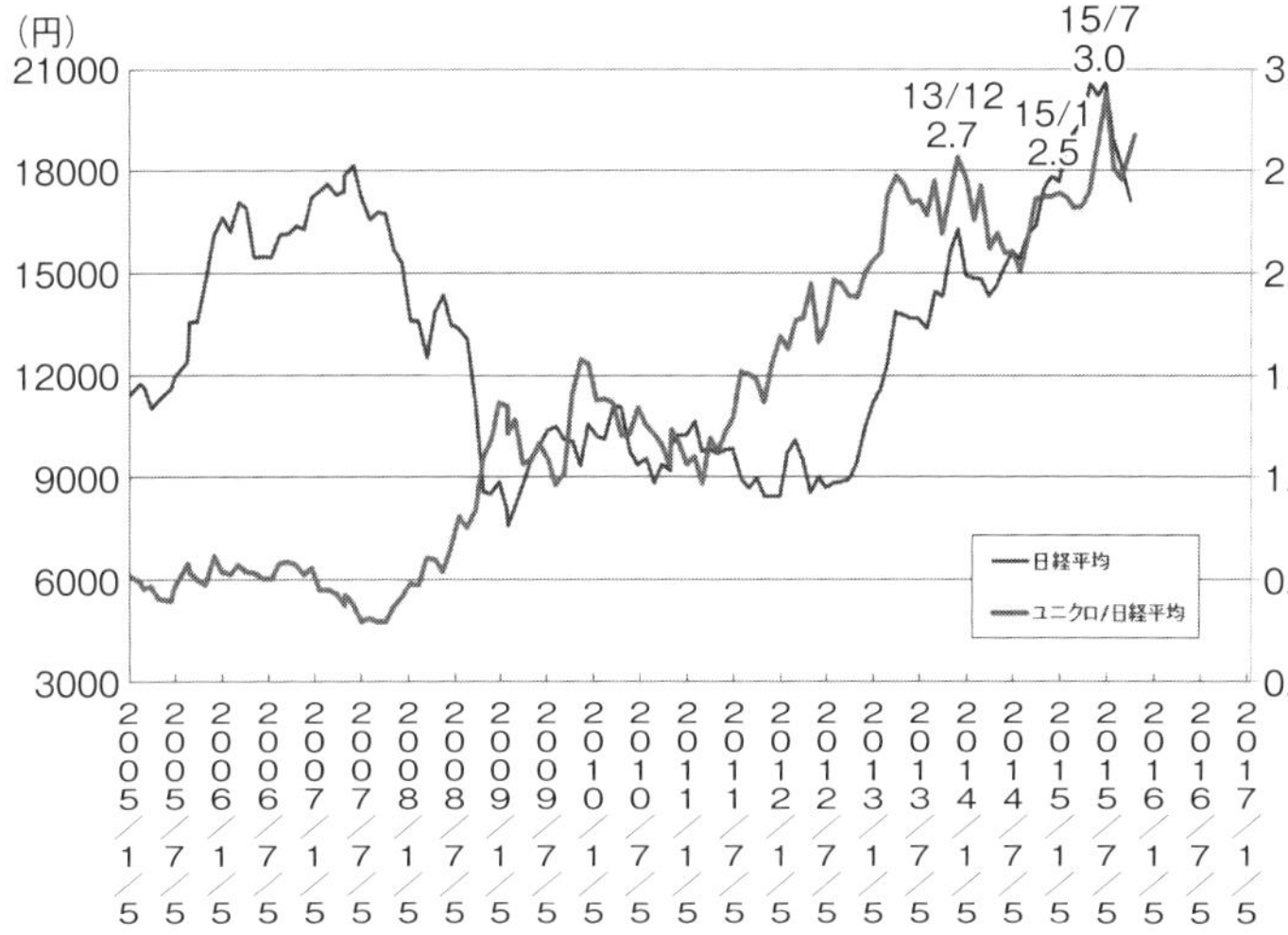

出所：T-Model

そのため日経二二五の指数を上げるために使われる。リーマン・ショックのあたりから買い上げられて、日経平均のほうはユニクロの相対株価にキャッチアップするように遅れて動いている。

株式市場で先物を利用する参加者は三つに大別できる。現物株を保有していて将来の価格変動リスクをヘッジするために先物を使う投資家。次に、自身の相場観で先物を投機的に売買して儲けを狙う投資家。ヘッジファンドが代表だ。そして、現物と先物との価格差に着目してサヤ取りを狙う裁定取引業者だ。

日経平均で裁定買いを行うには、指数採用の二二五銘柄をすべて現物株で買い、日経平均先物を売るのが基本であるが、実際は銘柄数を絞って疑似的に行う場合が多い。ＴＯＰＩＸの裁定取引も、時価総額の小さい銘柄は外すケースが多い。いずれにせよ、裁定買い残の存在感は大きい。

トヨタの相対株価が日経平均の先行指標になっているのに対して、ユニクロの相対株価は何かの局面で外国人投資家の操作に利用されるケースが多い。そんなふうに考えるべきであろう。

ナスダックと日経平均の不思議な関係

テレビの経済ニュースで毎日値動きが取り上げられるのが国内では日経平均、海外では米国のＮＹダウと相場が決まっていたが、近頃ではＴＯＰＩＸや米国のナスダック総合指数までカバーしてくれる番組も増えてきた。

実はこれまでの経緯から日経平均はＮＹダウよりもナスダック総合指数に連動する動きを見せることがわかっている。構成銘柄にハイテク企業が多いのが一つの要因だと筆者は思うが、不思議である。

ナスダック総合指数がどんどん上がり続ければ、それと連動する形で日経平均は上がっていき、逆にナスダックが一度下げるような調整局面があると、キャッチアップした日経平均は付き合うかのごとく連動して下げるわけである。

ところが実際には、ナスダック総合指数は加重平均型の指数であり、本来は日経平均と比べてはいけない性格の指数といえる。

日経平均の計算の仕方はNYダウと同じような計算方法で、構成銘柄の株価が高いほど指数を上げる仕組みになっている。

ナスダック総合指数はどちらかというとTOPIXだとか、アメリカで言うとS&P500のように、時価総額と連動していくようなスタイル。したがって、本来であればTOPIXとナスダック総合指数を比べなければならないのだが、なぜか日経平均とナスダックが非常にシンクロ的な動きをしている。

今度、ナスダック総合指数を朝見るときに、それを意識して日経平均がキャッチアップするのかどうか、そこを注目してほしい。これからの投資に非常に重要な要素だと思うからである。

黒田日銀の追加緩和は実施しても無駄になるだけ

今年の春先、米国ヘッジファンドがおおいに期待していた黒田日銀の追加緩和「バズーカ3」。

追加緩和の理由は、物価上昇を実現し、デフレ脱却を図るためだ。今年四月の消費者物価上昇率は目標のプラス二%に対してプラス〇・三%だったからである、よくぞマイナスに至らなかったものである。

だが、残念ながら、黒田日銀が追加緩和を行っても物価は上がらない。追加緩和は為替の水準を変えることはできても、物価を上げる力はない。世界の物価のトレンドを決めているのは「CRB指数」だからである。CRB指数とは国際商品市況の動きを見るのに利用される代表的な商品先物指数（一九六七年平均を基準値＝一〇〇として算出）。

これは世界の常識で、米国にしても都合がいいので、一応表向きは低迷する物価上昇のために追加緩和を発表してきたが、まったく効果がないのは初めからわかっている。

したがって仮に今年の一二月に日銀が追加緩和に踏み切るならば、それは海の向こうの国の都合でそうせざるを得なかったのだと考えたほうがいいだろう。

次ページの図表を見ればわかるように、実は、このCRB指数は中国の景気感を反映する消費者物価との〝連動性〟が極めて高い。

二〇〇七年から二〇〇八年は中国の景気が良い時期で、消費者物価は二〇〇八年二月にはプラス八・七％まで上昇したため、連動してCRB指数もピークをつけた。だが、このところの中国の消費者物価はずっと低水準にとどまっており、これではCRB指数の上昇はとても望めない。それよりも気になるのは、CRB指数と消費者物価の乖離が大きくなっていること。中国のサービス業へのシフトの構造変革がうまくいっているのならいいが、少しでも良く見せよ

商品価格が上昇しないのは中国経済の低迷が原因

中国消費者物価とCRB指数

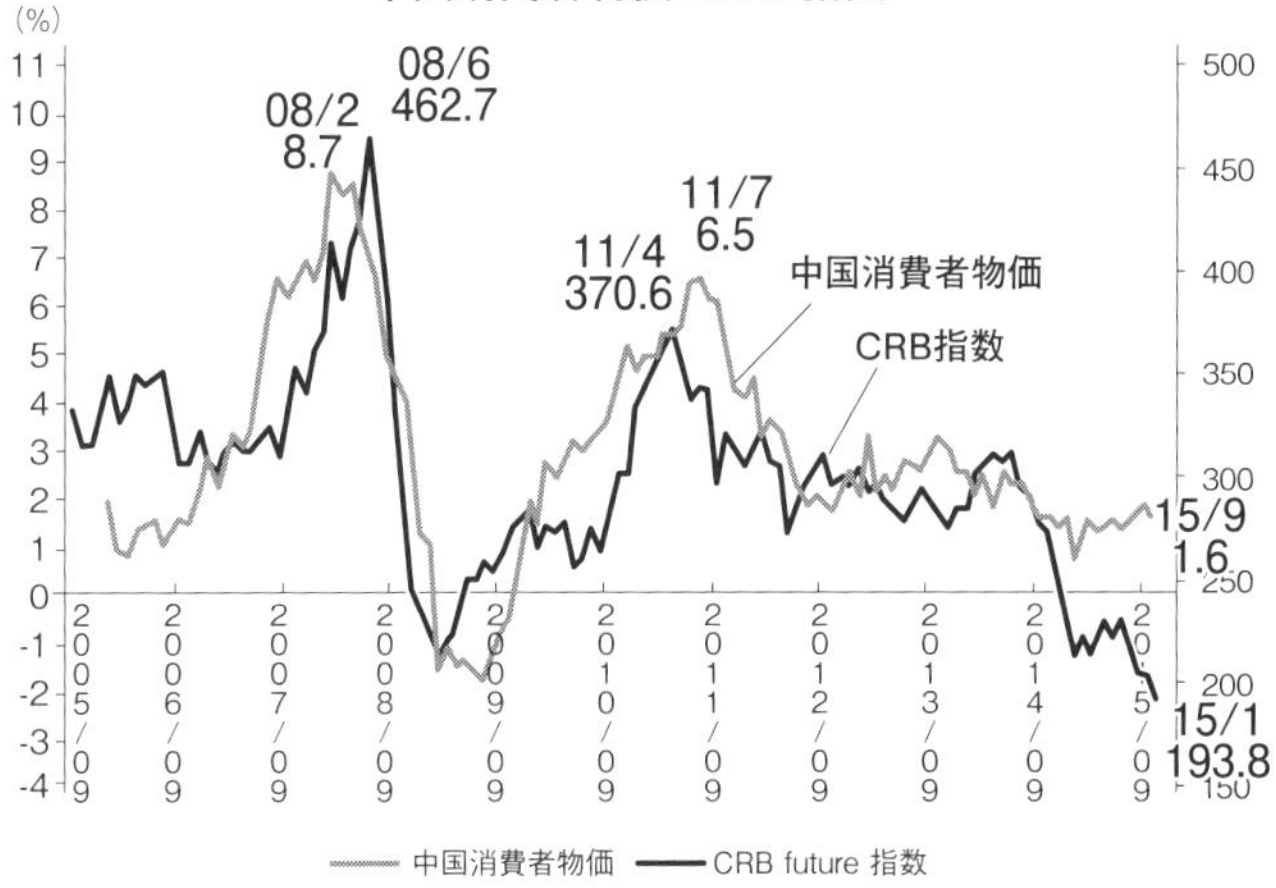

出所：T-Model作成

うとデータを改ざんしているのなら問題だ。

後に論じることになろうが、国際商品市況が上がりにくくなるサイクルに入ってしまったことと、中国経済が新常態（低成長）という新たなステージを迎え、消費者物価が上がりにくいことから、CRB指数は今後長らく冴えない時代が続くはずだ。すなわち、黒田日銀の追加緩和は実施しても物価上昇には効果なしという結論に至る。

上海株バブル崩壊を予告していたドクター・カッパー

今年七月八日の日本経済新聞は、上海株急落の一方で、商品相場はいち早く中国景気の減速を先取りしていたと報じた。同紙によると、前日の七日、中国が世界需要の四割を占める銅はロンドン市場で一トン五三〇〇ドルを割り込み、六年ぶりの安値を付けたという。銅価格はこの一年間で約二割の下落をみた。

八日の同紙に非常に興味深い「銅価格（ＬＭＥ）と上海総合指数」の推移を示した図表が載っていた。

前述したとおり、世界景気の良し悪しを判断する最重要指標は銅価格である。二〇一四年初から同年七月まで銅価格と上海総合指数はほぼ軌を一にしていたが、この七月を境に乖離が始まった。

その後、銅価格がどんどん下落し続けて六年ぶりの安値まで下落したのに対し、上海総合指数は異様な上昇を続け、過去一年間で約二・五倍に急騰した。中国の株式市場における主役は、日本や欧米とは異なり、二億人以上といわれる個人投資家だ。しかも取引のメインは過剰な信用取引である。実体経済が明らかに減速するなか、すでにバブル崩壊の兆しをみせる不動産投資の後釜として、株式市場は中国の個人投資家の関心を呼び、彼らの熱狂が短期間に上海株バブルをつくり上げてしまった。

五月末、上海市場における株式時価総額が東京市場を越え五兆九〇〇〇億ドル（約七三〇兆円）とアナウンスされるに至った。

だが、実体経済を表す銅価格の動静に逆らえるものなどない。過去一年間で原油は約五割、

商品相場は中国の景気減速を先取りしていた

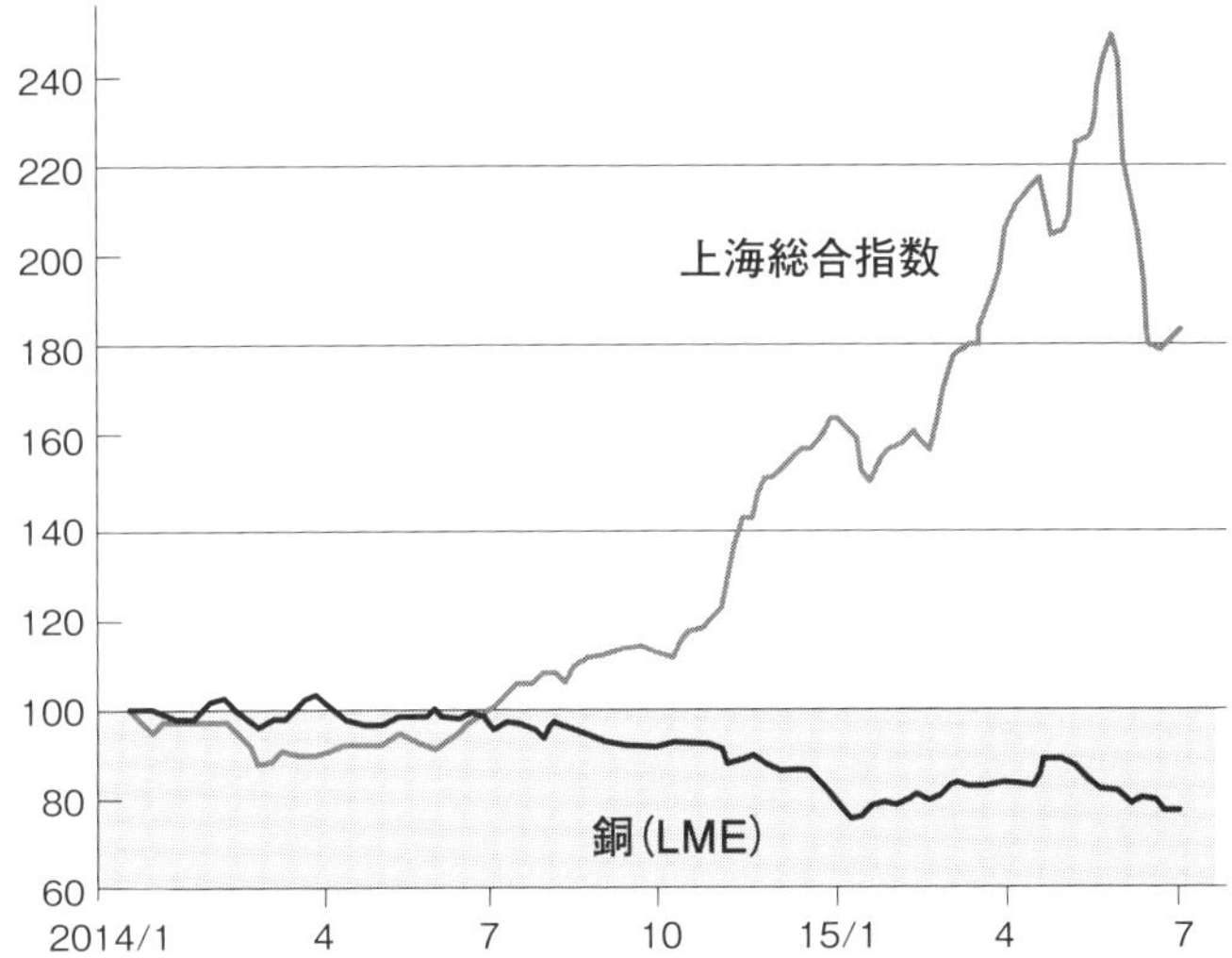

（注）2014年1月初め時点を100として指数化

主要国際商品の過去1年間の下落率

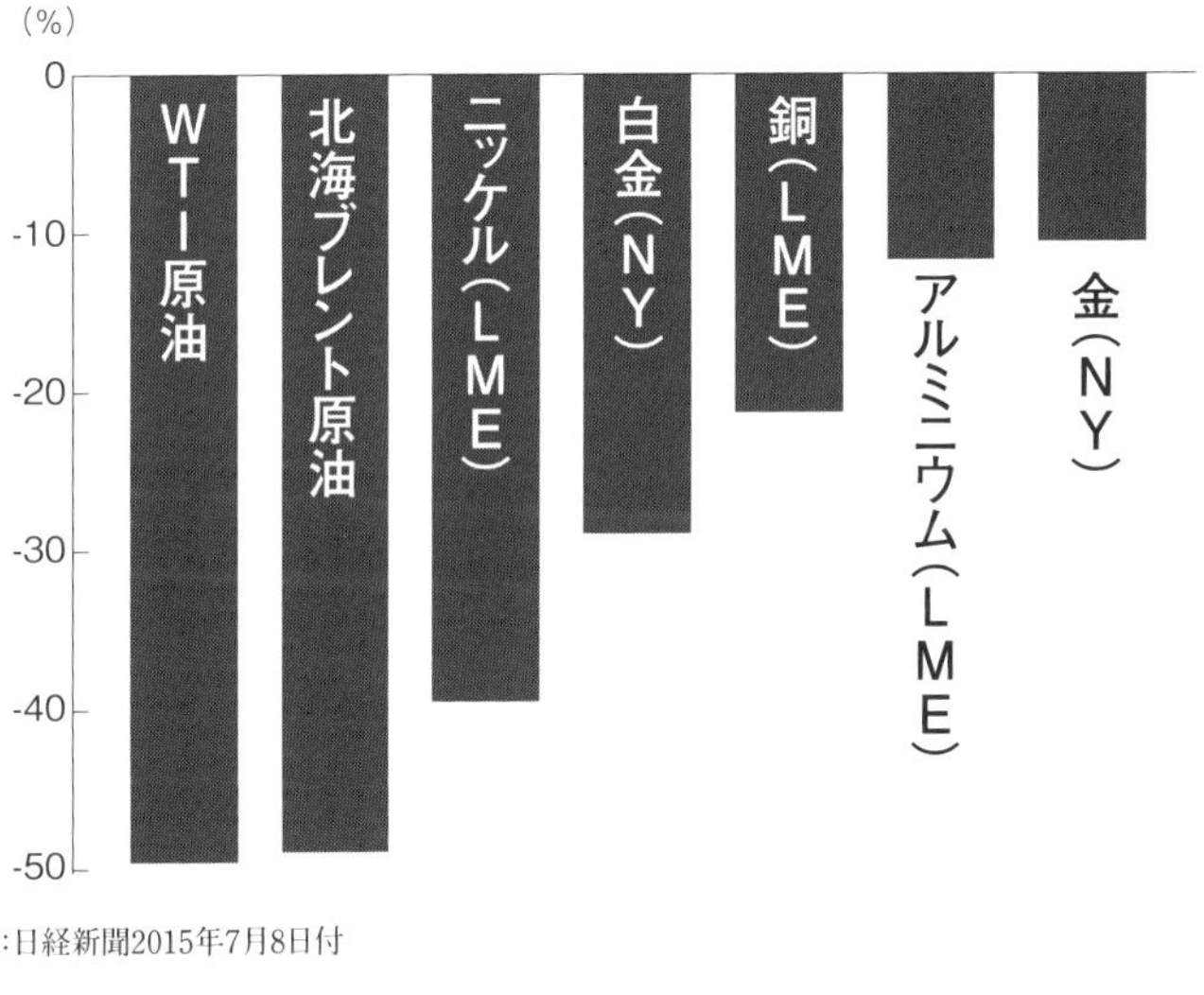

出所：日経新聞2015年7月8日付

ニッケルは約四割、白金は約三割、アルミニウムとゴールドは約一割強下落、ほぼすべての商品市場は安値圏へと移行、下げ止まる気配はない。

銅価格と上海総合指数の乖離がいつまでも続くわけがなかった。中国政府が信用取引を規制したことが引き金となって、六月二六日、上海総合指数は前日比で実に七・四％の急落をみせた。その後も下落は続き、なんと三週間で三割も株価は下がった。

中国政府は巨額資金を市場に注入してＰＫＯ（株価維持政策）をとったり、全上場銘柄の約半数を売買停止（上海・深圳）にするなど、これ以上の株価下落を回避するためになりふり構わぬ対応を行う羽目となった。だが、そうした政府側の対応は実体経済と株価の乖離をさらに目立たせるだけで、逆効果をもたらすだけであった。

中国当局が「ドクター・カッパー（銅博士）」の影響力を真摯に受け止めてさえいれば、このような大混乱は多少なりとも防げたのではないかと思う次第である。

原油価格はゴールドマン・サックスに聞け

昨年一一月末、原油価格は二〇〇九年七月以来、五年ぶりに六〇ドルの大台を割り込み、一バーレル五九・七五ドルまで下落した。最高値の一〇七・二六ドルから四四％もの大暴落となった。

筆者は昨年六月の時点で、一バーレル一〇〇ドル台は続かないと断言していた。何故なら、世界的商品指数の代表であるCRB指数と連動性の高い中国の消費者物価指数がともに低水準で推移、CRB指数に占める原油価格のウエイトが三七％（WTI／CRB）にまで上昇していたからだった。「コモディティの時代」のピークである八〇年頃は同一〇％台で、原油価格だけが突出している点から資源高は長続きしないと結論付けたわけである。

「原油価格が安くなり、シェールの売値が安くなっても、コスト圧縮が進めば高い利益が確保できる」とシェールブーム終焉を否定する専門家も多かったが、コストを削減しなければ利益を確保できないようなら、それはもう「シェールブーム」とは言えないのではないか。むしろすでに、終焉に向かい始めた兆候として受け止めるべきであり、第二、第三の「住友商事」（シェールガスプロジェクトで損出を計上）が日本企業から出てこないことを祈るばかりであると、当時のレポートに記した。


米ゴールドマン・サックスの原油を含む商品相場の予測はかなり高い精度で実現することで知られる。

その理由は、ゴールドマン出身者が政府高官に多いため通常では得られないインサイダーのような情報を得られるためなのかもしれない。それともエネルギーデリバティブ部門で「世界トップ」の売買高を誇るため、マーケットを自由にコントロールできるためなのかもしれないが、いずれにせよ、到底無視できない存在なのは確かだ。

昨年を振り返ってみると、ゴールドマンは一〇月二六日に二〇一五年第1四半期のWTI（米国産標準油種）原油価格予想を一バレル九〇ドルから七五ドルへと引き下げていた。そして一月一二日、今年上期に世界の石油在庫が増加すると予想し、原油価格の見通しをさらに、引き下げた。

ジェフリー・カリー氏率いるゴールドマンのアナリストらは、二〇一四年後半の原油価格の急落によっていずれ市場は均衡化すると指摘していた。ただ、短期的にはさらに下落する可能性があり、一バレル＝三〇ドル台の後半に突入するかもしれないとした。また、シェールエネルギーへの投資の勢いが衰えるようになるには、原油価格は今年上期に一バレル＝四〇ドル付近に下がらなくてはならないと試算し、「市場がバランスを取り戻すまでシェール投資に資金が回らないようにするには、低価格がもっと長期化しなくてはならない。石油市場の新たな均衡点を模索する過程は続く」と指摘した。結果的には、今年三月に四二ドルと一四年高値から六〇％も暴落した。

その後、原油価格が六〇ドル台に急反発した時期の五月一八日付リポートで、今度は「原油相場は供給過剰と生産者にとっての資金調達コストの低さが市場の重しとなる中、今年一〇月までに一バレル＝四五ドルに下落が見込まれる」と電子メールで配布した。

「今年三月に付けた六年ぶり安値から一バレル＝六〇ドル付近への回復は時期尚早。低いコストで資金を調達できることにより、米生産者に増産抑制を促すためには低価格継続の必要性が一段と強まっている。掘削したものの未完成の油井の埋蔵量は一億バレルを超え、未完成の油井は容易に日量二五万バレル以上を生産できるようになる。要は、世界的な市場の不均衡は解消されていない。現在の相場上昇は、バランスを取り戻し始めつつある状況を損なう自滅的なものであることが判明しよう」とリポートで指摘していた。

WTI原油価格は米国のリグ（掘削装置）稼働数の減少で生産が鈍化し、供給過剰状況が緩和するとの観測を背景に、三月二〇日につけた安値四二ドルから五月八日には六二ドルと約五割近く反発していた。ゴールマンの予測は、今回の反発は行き過ぎた水準で再度、三月安値近辺まで調整すると指摘していた。つまり、チャートでいう「二番底」形成の動きである。実際、このレポート後、八月に三七ドルまで下落し、三月の安値を割り込んでいる。

筆者の原油価格下落見通しの根拠となったのは「WTI／CRB」のバランスだったが、同指数はどこまで下がったのだろうか。

「WTI／CRB指数」＝四五ドル÷一九三＝二三％（九月末）

ピークの三七％から二〇％台までの大幅修正とはなったが、この水準は一九七〇年以降、約四〇年間ではまだ平均＋1σの高いレベルまで調整したに過ぎない。今後は長い時間をかけて、四〇年間の平均一三％台の水準まで低下していくと予想される。

現在のCRB指数一九三をベースに逆算すると二五ドルとなる。

そしてゴールドマンは直近、九月一一日のレポートで「OPECの一般の生産拡大で二〇ドルに下落する可能性がある余剰は一六年も続く」とさらなる下落を予想した。

世界のマーケットを動かす人々に近いゴールドマンが原油見通しを発信するときは、いつも何かの〝合図〟を世界のメンバーに発信していると受け止めなくてはならないだろう。

ゴールドマンの商品相場の予測は、一六年原油価格二〇ドルは何の合図なのかをいまから考えておかなければならない。かなりの高い確度で実現している可能性が高いからである。

ゴールドマンの予測どおりに推移する一ドル一四〇円への道

世界のマーケットが常にベンチマークとするゴールドマン・サックスの為替観、とりわけ円ドル予測は気になるところだ。あとで述べるが、基本的にドル円相場は四〇年サイクルの法則により、長期的にはドル高円安で推移していくことになるだろう。

昨年一一月末時点においてゴールドマン・サックスは、二〇一五年末時点のドル円相場見通しを一〇円引き上げ、一ドル＝一三〇円とし、さらに二〇一六年末時点で一三五円、二〇一七年末時点で一四〇円になると予想していたが、現在はほぼそのペースで推移しているといえる。

筆者が弾き出したT2のドル円予測においても、同段階での二〇一五年高値予想は一二七円、安値予想は一一九円であった。


第二次安倍政権の誕生と前後して、二〇一二年末から始まった今回の円安局面では、二年間で約五割の円安スピードとなっている。二〇〇五年初めから〇七年半ばまで二年半続いた前回の円安局面では、〇五年二月の一〇四・六円から〇七年六月の一二四・二円と一九％円安にとどまった。前回と今回の円安原動力との違いは何かを考察してみたい。

前回の円安局面ではFRBが利上げする過程で、「日米金利差の拡大」が円安・ドル高を主導したが、今回もFRBのQE3の終了による「日米金利差の拡大」方向は変わらない。

異なるのは、前回は日本の貿易収支が黒字で実需面では円が買われやすかったのに対し、今回は貿易赤字が定着、実需面での円売り圧力が大きく、円安の流れに持続力があったことだろう。ただ、最近は原油価格の下落で貿易赤字が縮小、実需面で円売り圧力は弱まっている。

さらに、もう一つ大きく違うのは、前回は「ドルサイクル」の「ドル安局面」だったのに対して、今回は「ドル高局面」サイクルに入っていることだろう。

ちなみに、前回の円安局面ピーク時の二〇〇七年、ドルに対する円の相対指数（ドル円÷ドルインデックス）は一・五五五倍だったが、今回はまだ一・三倍台にとどまっている。

仮に、前回と同じように相対指数が一・五五五倍まで上昇すると、八八・二（二〇一四年一〇月末ドルインデックス）×一・五五五倍＝一三七・一五円。

このように最終的には一四〇円弱までの円安が進む計算で、二〇一七年末時点一四〇円とのゴールドマンの予測もおかしくはない水準といえる。

政治家、財界人の間では円安水準を巡って不協和音も出始めているようだが、彼らが考えている「適正水準」などは市場には無視され、仮に市場介入をしたとしてもマーケットの暴走は止めることはできないだろう。それが日本経済にとって「吉」だろうが、「凶」だろうが、マーケットには何ら関係のないことだからである。

すでに、二〇一二年末の水準から見れば五割を超える円安水準にあるが、「いまから円安対応を始めても遅くはなかった」と未来のドル円相場は語っているような気がする。そして、この円安にいち早く対応したものだけが生き残れる「円安社会」の近未来が待ち受けている。

ここでドル円相場をベースに日経平均も予測できる『ドル建て日経平均「一五〇ドルの壁」』の法則をご紹介しておこう。初めて筆者が「ドル建て日経平均」を紹介したのは、いまから二年半ほど前であった。

海外投資家の視点は「ドル建て日経平均」であり、考え方としては、日経平均が二〇〇七年二月一八三〇〇円で高値を記録した小泉内閣当時のドル建て日経平均一五〇・一三ドル前後が現在も「壁」になっているとするものだ。その後、この考え方はマーケットでも浸透してきている。

『ドル建て日経平均「一五〇ドルの壁」』の法則をベースに今後の日経平均を予測すると、

一五〇ドル×ドル円一二〇円＝日経平均一八〇〇〇円、
一五〇ドル×ドル円一三〇円＝日経平均一九五〇〇円、
一五〇ドル×ドル円一四〇円＝日経平均二一〇〇〇円、

このシミュレーションのように日経平均の上値は、二〇一五年にどこまで円安が進むかで決まってくると言っても過言ではない。ゴールドマンが予測する一ドル一四〇円なら最終的に日経平均二一〇〇〇円となるが、それが日米の約束事の「最終ゴール」なのかもしれない……。それは二〇一六年なのか、それとも二〇一七年に実現するのか？

いまから、この水準だけは頭の片隅おいて投資をしていくべきだろう。

金相場一〇〇〇ドル割れはいつ来るのか？

さらにここでは、世界の投資家の羅針盤的な存在であるゴールドマンの金相場に関する見方を紹介しよう。

今年七月二二日、ブルームバーグ・ニュースは、『米ゴールドマン・サックス・グループの商品調査責任者、ジェフリー・カリー氏（ニューヨーク在勤）は金相場について、まだ最悪期に入っておらず、二〇〇九年以来の一オンス＝一〇〇〇ドル割れとなる可能性があるとの見方を示した。

カリー氏は「ドル相場についてポジティブな見方が強まり下落のリスクが低下し始めているため、金をドルに対する資産多様化の一手段として利用する需要は重要度が後退している」と指摘。同氏は二〇一三年に金相場が過去三〇年で最大の下落を示す前に、投資家に対し金を売却するよう勧めた。

年内の米利上げ観測が高まり、他の資産とは違って利息が支払われない金の魅力が低下するなか、金相場は二〇一〇年以来の安値を付けた。中国の金購入量はアナリスト予想を下回り、ドル相場は引き続き上昇している』と報じた。

この他、ＡＢＮアムロ銀行のジョルジジェット・ブーレ氏とソシエテ・ジェネラルのロビン・バー氏も相場が今年一二月までに一〇〇〇ドルに近づくと予測。また、米モルガン・スタンレーは「最悪のシナリオでは一オンス＝八〇〇ドルを付ける可能性もある」との見方を示しているが、これらのアナリストの予測はある意味どうでもいいのではないか。

日本の市場関係者にありがちな「上がれば強気、下がれば弱気」の大衆意見と大差ないからである。商品の予測でもっとも重要なのは、本書において幾度も指摘するように、米ゴールドマン・サックスの予測だけである。

ＩＤ（important date）の重要性

ところで、投資とスポーツには深い共通項が存在する。

ここでは少し旧聞に属するかもしれぬが、二〇一〇年のバレーボール「女子世界選手権」で日本チームに三二年ぶりのメダルをもたらした眞鍋監督の言葉を紹介したい。

「選手には具体的な数字で示して指摘する。良い、悪いを鮮明に評価し、アバウトは禁物」とにかくデータ重視。重要項目をすべて数値化してチームで共有するとともに、妥協を一切排し、緻密さを徹底追求したのが彼の「ＩＤ（important dateの造語）バレー」であった。

「ＩＤ」戦略が求められるのはスポーツに限ったことではない。いまは投資の世界であれば「ＩＤ投資・運用」、企業であれば「ＩＤ経営」、そして政治の世界では「ＩＤ政治」が求められている。

筆者のＴ-Ｍｏｄｅｌが目指すのがまさしく「ＩＤ投資・運用」であることは先に述べた。単なるデータ分析ではない、「ＩＤ」なのである。

いま、世間で評価されているモノ・コト、会社や組織で評価されているヒトは本当に正しい評価軸で評価されているのだろうか？　あらゆる分野において、独自の新指標で見直すときがきていると筆者は考えている。

いまから七年前の二〇〇八年二月三日に放送されたＮＨＫスペシャル『日本とアメリカ』の第三回「日本野球は〝宝の山〟～大リーグ経営革命の秘密～」は実に興味深かった。経営難に陥っていた大リーグの名門ボストン・レッドソックス球団を買収した、ヘッジファンド社長であったジョン・Ｗ・ヘンリー氏にスポットを当てた番組だった。

我が意を得たりとはこのことであったからだということもあった。

ヘンリー氏のプロフィールはこうだ。一九八〇年に独自のトレーディングシステムを構築した彼は一九八一年にジョン・W・ヘンリー・アンド・カンパニーを設立。その後、六つのトレーディングシステムを使用し、通貨から穀物まで多種にわたるトレードを行い、約三〇億ドルの資産を運用していた（現在は運用から引退）。

世界でもっとも優れたトレーダーの一人であるヘンリー氏は投資家として培ったデータ分析を野球にも応用して球団運営を行い、就任から六年間で売り上げを二倍に伸ばすと同時に、チームを常勝球団へと育て上げた。そして二〇〇四年には八六年振りに世界一に導いた。

ボストン・レッドソックス成功の二つの指標

その秘訣は松坂大輔選手のように年俸の高いスーパースターを獲得すると同時に、岡島秀樹選手のような比較的年俸が低く優秀な選手を発掘することにあった。安くて優秀な選手を多く獲得すれば全体の予算に余裕ができ、その資金でスター選手の高額な年俸をまかなえる。

そのために、まず大リーグの全試合のプレーをデータ化している会社と契約、次に「打率」や「防御率」といった従来のものとは異なる新しい「業績評価指標」を見つけて選手を再評価し、従来の指標では隠れて見えない才能を見つけだした。

一般的には、打者に関する最適な業績評価指標は打率（＝安打／打数）。だが、打率よりも優れた打者に関する新たな業績評価指標「第二の打率」を創った。四球と長打力、進塁を〝評価〟するこの指標で獲得した選手の一人がデビッド・オルティーズ選手だった。

一方、投手に関する最適な業績評価指標は防御率（＝自責点／投球回数）だが、防御率の良否はチームの守備力も影響を受けるため、「三振／四球（K／BB）」を投手を獲得する際の重要業績評価指標「第二の防御率」として採用した。

この指標で獲得した投手の一人が岡島秀樹投手である。巨人時代、同指標は二・九五だったが、日本ハムへ移籍後は四・五〇へ向上、大リーグ平均値二・〇を大きく超えていた。

それでは大リーグのなかでK／BBでずば抜けた記録を残している投手とは誰か？

今年も四〇歳という年齢にもかかわらずレッドソックスのクローザーを務める上原浩治投手だ。彼がいかにすごい投手であるのかは、二〇一三年の「K／BB」一一・二二をみればわかる。上原選手は四球を一個出すまでの間に三振を一一個以上取っているわけで、あのクローザーの神と言われたヤンキースのリベラでさえ六・〇〇だった。これほど安心して試合を任せられる投手はいないわけである。

いま世間で評価されていること、会社や組織で評価されている人は本当に正しい評価軸の基に評価されているのだろうか？　いま一度、独自の新指標によって見直すときが来ているのではないだろうか。

この「ＩＤ」を身に着けているジョン・ヘンリー氏が二〇一三年一〇月、これまた名門と言われる一八七二年創業の老舗新聞ボストン・グローブを買収した。同氏は、ブランド力を高め、サポートする価値があると思われる媒体にしたいと語っているそうだ。

八六年間も世界一と無縁だったレ軍を再建した手腕を名門新聞の再建にどう生かすのか。筆者は楽しみにしている。

第三章

サイクルがすべてを決める

規則的に循環する経済現象

以下は筆者が作成した「日本における六〇年・三〇年・一五年・五年ごとのサイクル表」である。

60年サイクル	15年サイクル	相場	15年電機株	大不況
創業期（15年）春	1950～1954年	値嵩株相場		
	1955～1959年	低位株相場		
	1960～1964年	混乱		証券不況
保守期（15年）夏	1965～1969年	値嵩株相場	カラーTV相場	
	1970～1974年	低位株相場		
	1975～1979年	混乱		第2次石油ショック
因循姑息期（15年）秋	1980～1984年	値嵩株相場	VTR相場	
	1985～1989年	低位株相場		
	1990～1994年	混乱		バブル崩壊・複合不況
崩壊期（15年）冬	1995～1999年	値嵩株相場	ITバブル	
	2000～2004年	低位株相場		
	2005～2009年	混乱		リーマン・ショック
創業期（15年）春	2010～2014年	値嵩株相場	スマホ相場	
	2015～2019年	低位株相場		
	2020～2024年	混乱		オリンピック不況？

この表は、経済現象が一五年を一単位として、易経が説く「春夏秋冬」からくる「六〇年サイクル」であることを示している。

「創業（春）→保守（夏）→因循姑息（秋）→崩壊（冬）」と進み、「一五年サイクル」×4で「六〇年サイクル」の一サイクルが閉じるという考え方で、これは前著『そして大恐慌が仕組まれる』においても紹介した。

たとえば、一九九五年から二〇〇九年は最終の「崩壊期」にあたった。一九九七年のアジア通貨危機、日本の金融システム危機、二〇〇一年米国での9・11同時多発テロ、二〇〇七〜〇八年のサブプライムローン崩壊とリーマン・ショック等々。この一五年間はまさしく「崩壊」と言う言葉にふさわしい様々な衝撃的な事象が起きた。

ではその六〇年前の最終崩壊期には何があったのか。一九三五年から一九四九年には、第二次世界大戦による破壊と戦後の混乱の時期で、やはり世界が凄まじい困難に直面した一五年間であったのである。

一方、この表には記していないが、相場の歴史を振り返ると、一九七〇年代は金・石油などの「コモディティ」の時代、八〇年代は「株式・土地」の時代、九〇年代は「債券」の時代、そして二〇〇〇年代は再び金・石油の「コモディティ」の時代に戻ってきて、二〇一〇年代は

「株式・土地」の時代ということになる。

世にいう「グレート・ローテーション」とは、この三〇年一サイクル（循環）を言い換えた言葉に過ぎない。

要は、一〇年ごとに見事に投資テーマが移り変わり、そしてその投資テーマは「一〇年×3」の三〇年サイクルで循環しているわけである。

実は、こうした「一〇年×3」の三〇年サイクルが起きるのも、世界の物価が大きく影響しており、一九七〇年代が「インフレ」、八〇年代が「ディスインフレ」、九〇年代が「デフレ」、そして二〇〇〇年代が再び「インフレ」、二〇一〇年代が「ディスインフレ」と規則的に循環しているためである。


現在の金・原油価格をはじめとするコモディティ価格の下落は、「コモディティの時代」が終了した現在においては当然の結果と言えなくもない状況だ。今後はあらゆる商品が低迷する時代を迎える可能性があり、資源バブルで潤ったオーストラリアやブラジル、中東諸国などの資源国をはじめ、企業、個人もその修正を余儀なくされる可能性が高いのである。

「資源高」を前提にこれまで成功してきた体験や考え方、戦略などをいち早く切り替えられる国、企業、個人こそがいま始まっている新たなサイクルで成長を享受できるのだと思う。

サイクルをないがしろにしてはいけないことは歴史が証明している。

これから四〇年はドル高円安時代が続く

前章で、世界の物価のトレンドを決めている世界的商品指数の代表「CRB指数」と連動性がきわめて高い「中国の消費者物価指数」がともに低水準で推移しており、「商品サイクル」終了を示唆していることを記した。

前表に示していないサイクルに、これも筆者が見つけたドル円「四〇年サイクル」というものがある。

このサイクルの起点となるのは一九七一年八月一五日のニクソン・ショックである。この世紀の一大事件、アメリカが金本位制を放棄した瞬間から四〇年間におよぶ円高時代が始まった。したがってニクソンショックから四〇年後の二〇一一年あたりがドル安のボトム、円高のピークだと筆者は二〇一二年に主張した。

これも歴史をさかのぼれば、サイクルに則っていることが理解できる。一九七一年のニクソン・ショックの四〇年前に何が起きたのか？　一九三一年一二月、時の大蔵大臣・高橋是清が「金輸出禁止」、日本の金本位制を止めたため、当時一ドル＝三・九六円だった円の価値はその

円高40年の終了と円安40年の始まり

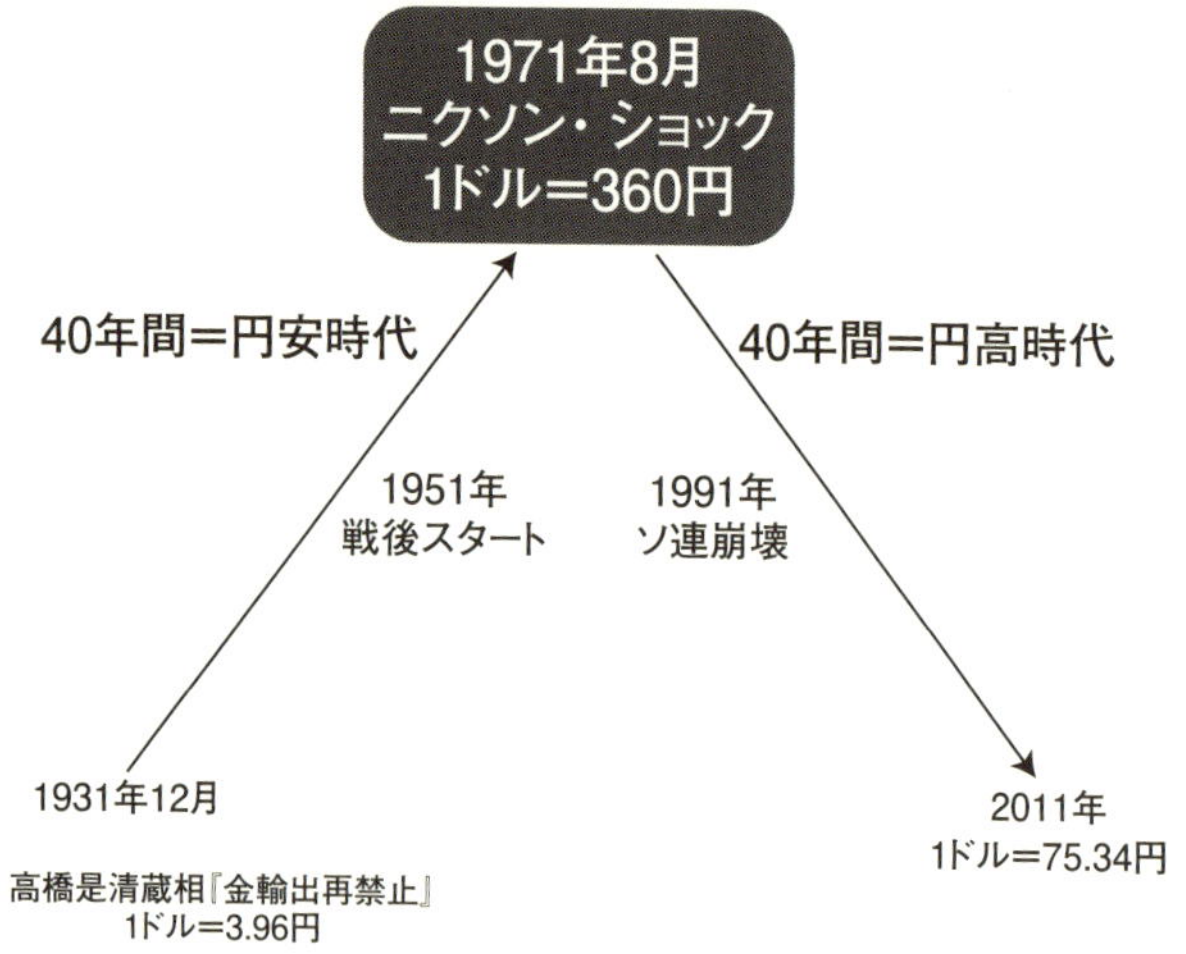

出所：T-Model作成

後、どんどん下落していき、円安時代がちょうど四〇年続いた。円高時代と円安時代は四〇年間ずつの対象形になっているわけである。

ここで面白いのは、この四〇年サイクルの半分の二〇年後に世界の歴史を左右する出来事が起きていることだ。円安時代が始まった一九三一年の二〇年後の一九五一年、日本はサンフランシスコ講和条約締結によって、主権が回復され、独立国として認められた。

そして円高時代が始まった一九七一年の二〇年後の一九九一年、ソ連が崩壊し、冷戦時代が終焉を告げた。

二〇一一年当時の話に戻すと、筆者がいくら円安時代の到来を唱えても、まだまだ円高に進むと反論する向きが多かった。だが、あれ以来、二度と七五円台の円高ピークなど訪れないし、やはりサイクルに従って円安傾向を強め始め、ここ一年では一二〇円台、一二五円あたりまでドル高円安になってきた。

このドル高円安サイクルは、今後、紆余曲折はあるにせよ、基本的に四〇年間続くことになるわけで、日本が貧乏になっていく時代に入ったといえる。日本人はもはやこれまでのように気楽に海外旅行になど行けない時代になってしまったのである。

政府、産業界、メディアがあまりにも円高イコールデフレで、円高は悪いことなのだと鼓吹してきたものだから、多くの日本人はそれに洗脳されたかのようだが、それが間違いであったことをこれから痛感させられるのだろう。

次のグラフは、GOLD（NY）を米CPI（消費者物価指数）で割った数値の推移である。これが何を表しているのかというと、インフレを調整した後の「実質の金価格」ということになる。つまり、物価が上昇すればその分だけ金価格も上昇するのだから、その分をアジャストしたもので、これも筆者のオリジナルの指標である。

一九八〇年一月に七〇〇ドル弱でピークをつけたときの同数値は八・三九倍。それが二〇〇一年三月をボトムに上昇していき、二〇一一年八月に金価格は一九〇〇ドルをつけ、その時点におけるGOLD（NY）を米CPIで割った数値は八・三二倍に達した。

米CPIで割った実質NY金価格

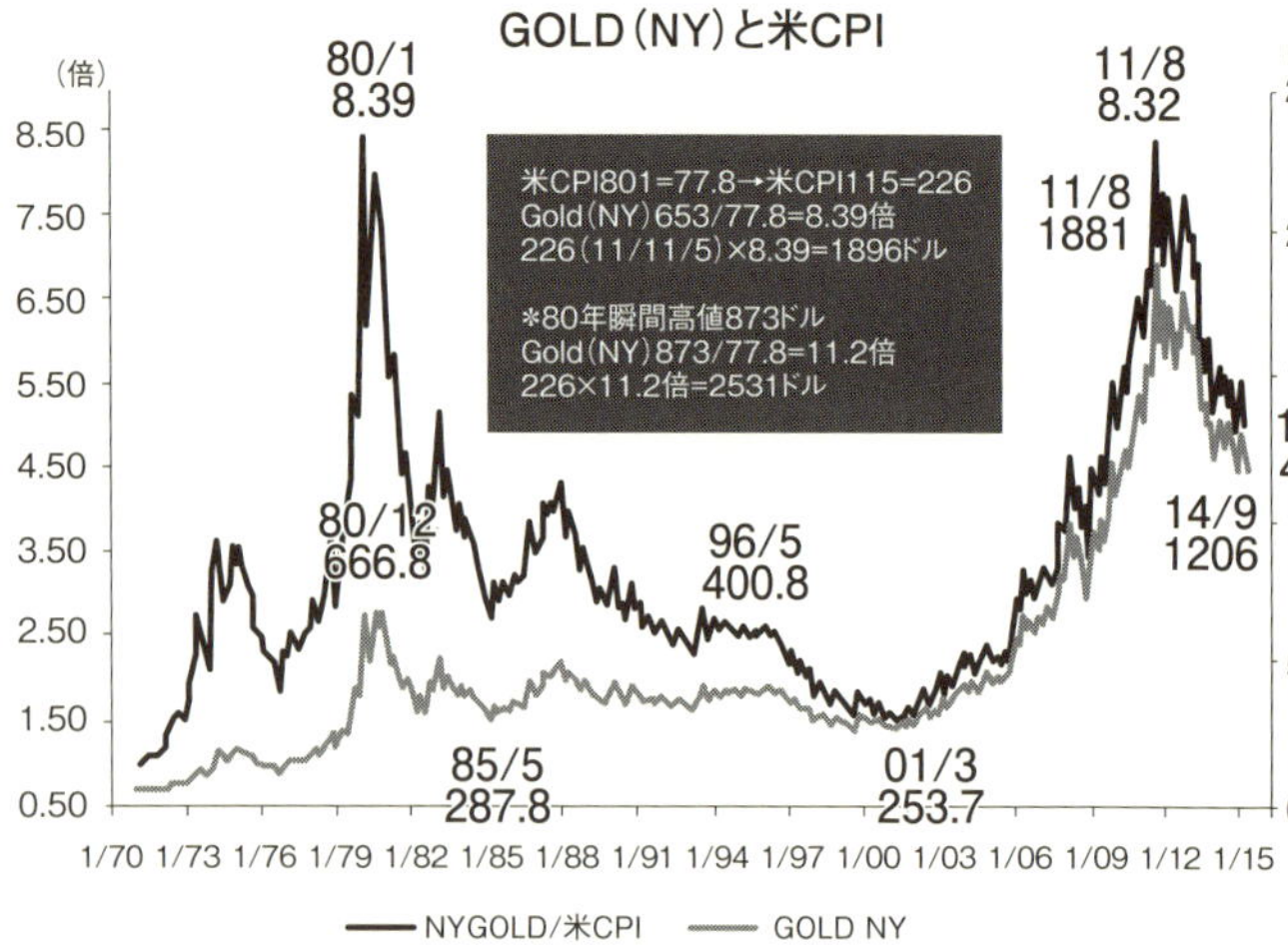

出所：T-Model作成

「サイクル論」のわかっている人ならば、とりあえずここでピークを打ったと思うはずである。これ以上、金価格が上昇するには、このサイクルを崩す何か大きな要因がなければならない。その要因を発見できない限り、サイクル崩しに乗ってはならない。すなわちそれは「リスクを負う」ことになるからである。同指数はサイクルどおり、一五年九月四・六八倍まで低下した。

金価格が一九〇〇ドルを超えた二〇一一〜一二年に、「金価格は今後五〇〇〇ドル、いや七〇〇〇ドルへと向かっていく」と予測した市場関係者が山ほどいた。それを著書にしたため人までいたことを記憶しているが、現在は周知のとおり一一〇〇ドル台にまで急落した。今年から来年にかけてさらに下落し、筆者のT2分析では一〇〇〇〜八〇〇ドル台にまで下落する可能性すらある。

ピークの半分以下まで落ちようとしている金に対して、四年前に七〇〇〇ドルまで上昇すると予測していた人たちは今頃、投資家に向けて何を語っているのだろうか。

同グラフをみれば、実質金価格が「グレート・ローテーション」の「三〇年サイクル」で動いていることが納得できよう。


株や債券やコモディティを売買することがリスキーだと言う人がいる。だが、サイクルさえ理解するならば、リスクを怖れることはないのではないか。本当にリスクが生じるのは、せっかくわかっているサイクルをないがしろにして、無謀な投資に向かうことである。

したがって、この場合、その時点でサイクルを崩す何か大きな要因を発見できない人は、いったん「これまでありがとう」と売ったほうがいい。サイクルとはそういうものなのだと理解すべきだと思う。

筆者もその時点で手持ちのゴールドをすべて売却して、利益を確定した。

電機株は15年ごとの「電機株サイクル」どおりにピーク？

業種別日経平均株価（電機株）対TOPIX相対株価（電機株指数/TOPIX）

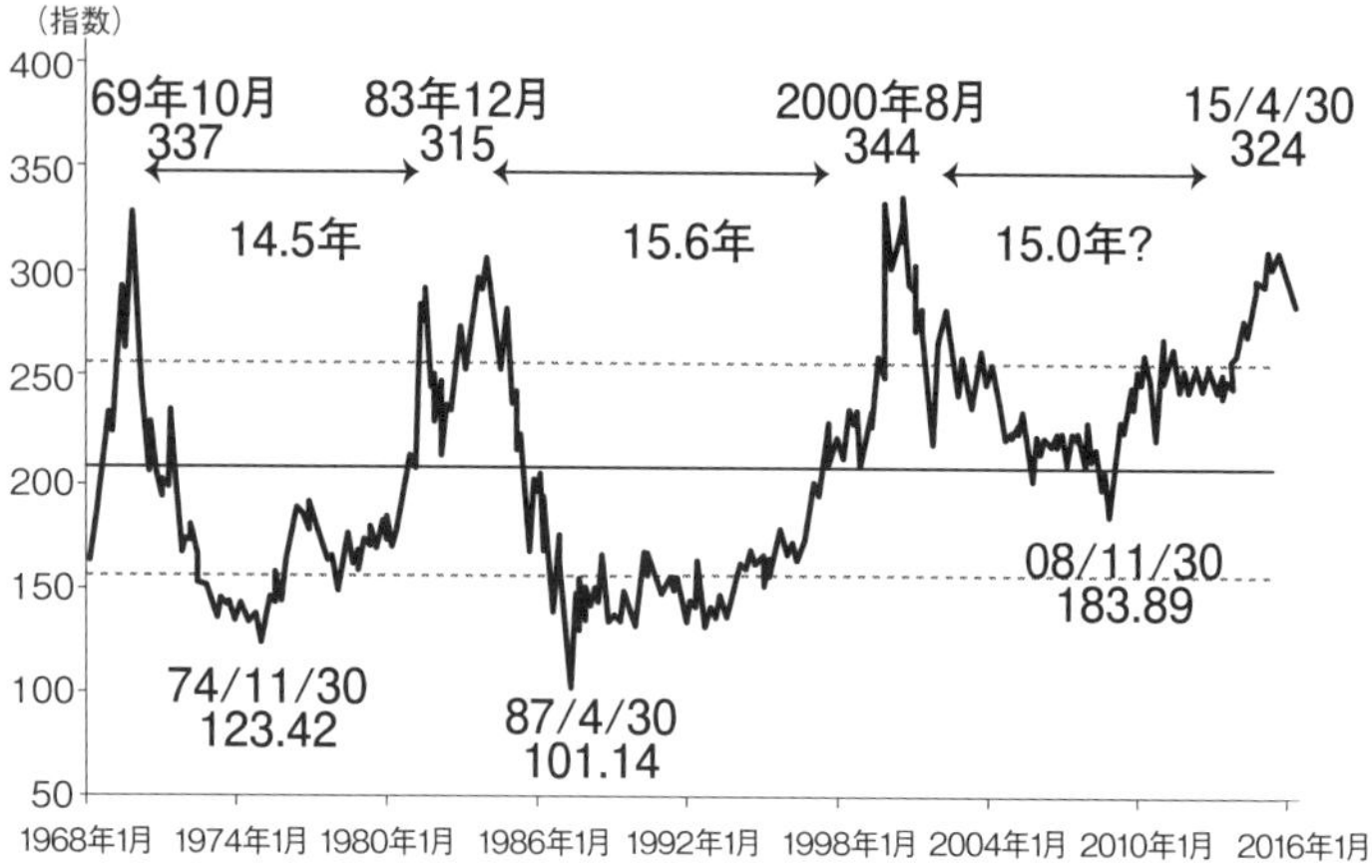

出所：T-Model作成

一五年サイクルと連動する電機株サイクル

冒頭のグラフを見てのとおり、二〇一五年は六〇年サイクルのなかの一五年サイクルの創業期にあたり、これまで五年間続いてきた値嵩株相場から低位株相場に転じる時期帯である。

つまり、これまでは値段の高い株ほどより上昇していた相場であったのが、今後は値段の低い株ほど上昇する時代に入ってくるというサイクルに移行する。

筆者がときどき講演会で質問を受けるのが、「小型株」と「低位株」の違い。なかには同じものだと誤解している人もおられるようなので、少し触れておきたい。小型株とは、時価総額の小さい会社の株のことで、どちらかというと成長株が多い。また、数千円、数万円の値嵩株が多いのも特徴だ。一方、低位株は一〇〇〇円以下、五〇〇円以下の株価自体が低い会社の株のことを指す。

日本の株式市場においては、対TOPIXで電機株がピークを付ける時期の周期性を表す「電機株サイクル」なるものが存在している。

一九六〇年代からの業種別日経平均株価（電機株）対TOPIX相対株価（電機株指数／TOPIX）を見ると、一五年サイクルと値嵩株相場が連動し、電機株も必ずピークを付けてきた。また興味深いのは、電機株がピークを付けるときには毎回時代を象徴する電機製品のブームが訪れていることだろう。

一九六九年一〇月はカラーテレビブームの絶頂期であったし、一四・五年後の一九八三年一二月にはVTRブーム、それから一五・六年後の二〇〇〇年八月はケータイブームであった。

ただ二〇一五年にかけての今回が通常の「電機株サイクル」と異なるのは、ブームとなる電機製品が存在しないということだろうか。強いて挙げるとすれば「スマホ」が牽引役なのかもしれないが、それほどの強いインパクトをわれわれに与えてはいない。多分、今回の「電機株サイクル」は何か画期的な単品商品が普及したというよりも、自動車、住宅などすそ野の広い産業にデジタル化技術が普及した時期だったのではないだろうか。電機メーカー、特に家電メーカーは表舞台から縁の下の力持ちへと変化した。

今回の電機株の一五年サイクルは多少のズレはあるにせよ、対ＴＯＰＩＸでは今年中にはピークを迎える。たとえばアルプス電気などはボトムから四倍程度に値上がりし、ソニーにしても一〇〇〇円を切った株価が四〇〇〇円近くまで上昇したが、大半の市場関係者は「まだ上がる」と発破をかけるだろう。株価水準の高い銘柄ほど「もっと上がる」と推奨するだろう。

だが残念ながら、もうすぐこの「電機株サイクル」は終焉する。電機株保有者は売り時をシビアに考えなくてはならないし、これから電機株を買うのは禁物と言わざるを得ない。実際、同指数は今年四月、ピークとなった可能性が出てきている。

日本株全体の趨勢には関係なく、電機株自体が下げのサイクルに移行する時期にあることのみを意識すべきなのである。そのことが来年の相場を乗り切る重要なポイントになるだろう。

さらに言えば、われわれが意識すべきは、低位株相場の時期を抜けたあとに待っている二〇二〇～二〇二四年の混乱期をどう生き抜くかだろう。東京五輪直後だけに、おそらく「五輪不況」と呼ばれることになるはずだ。これはサイクル的にもぴたりとはまるだけに、まず不可避であろう。

「商品」から「株」へのグレート・ローテーション

TOPIX/CRBレシオとCRBインデックス

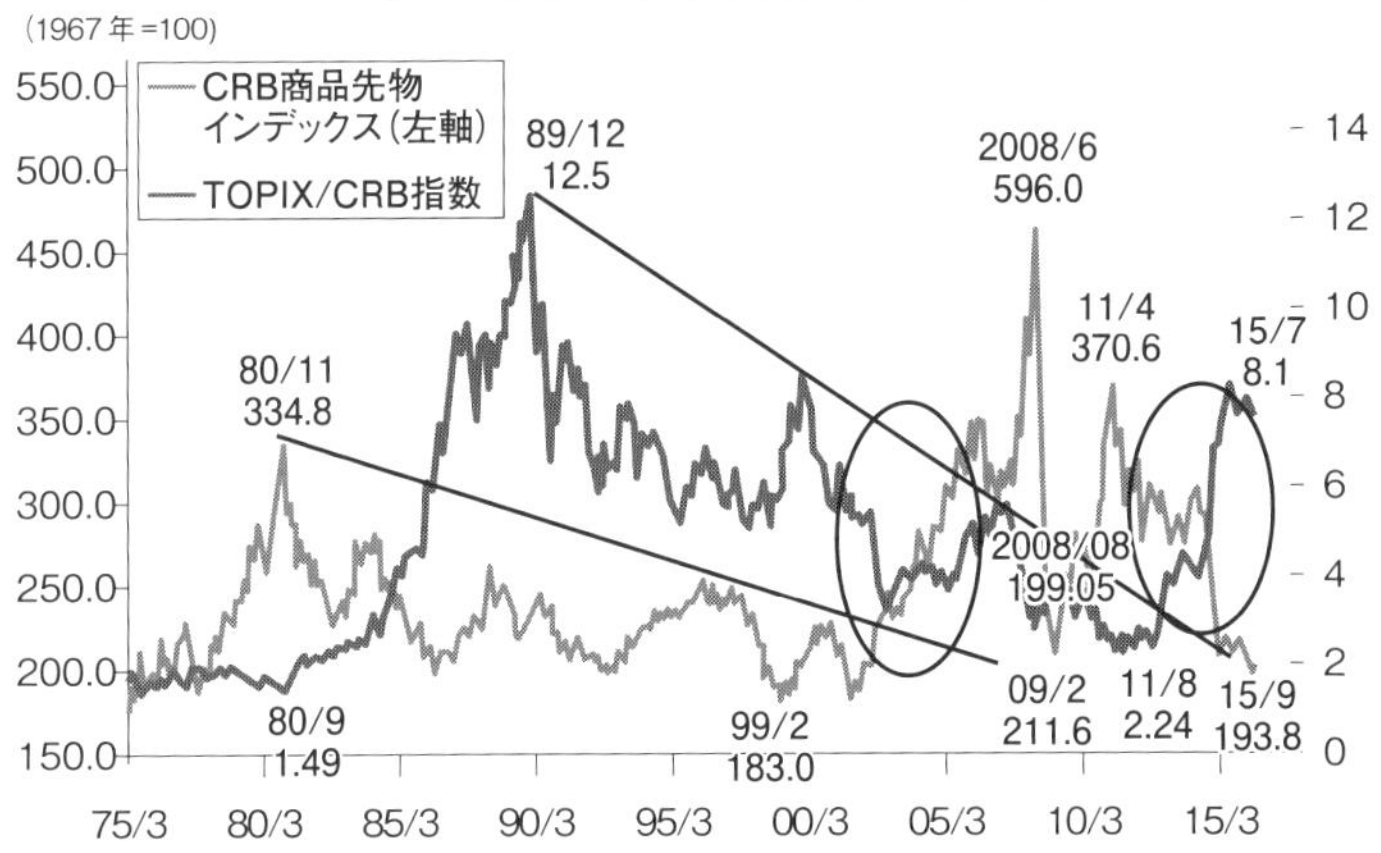

出所：T-Model作成

商品から株へのグレート・ローテーション

上記は一九七五年から今年二〇一五年まで四〇年間におよぶTOPIX／CRBレシオとCRB商品先物インデックスを示したグラフである。

CRBインデックスについて、野村證券は同社の証券用語解説集で以下のように説明している。

『アメリカのNYFEで取引されている代表的な商品先物指数のひとつ。正式には「ロイター・コアコモディティーCRB指数（＝Thomson Reuters／CoreCommodity CRB Index）」と呼ばれ、米国と英国の各商品取引所の先物取引価格から算出される国際商品指数。本指数は、一九五二年に米国のCRB社（Commodity Research Bureau）により二八品目の指数として開発され、二〇〇五年九月に「ロイター／ジェフリーズCRB指数」という名称となった。一九六七年＝一〇〇として算出している。

CRB指数は、エネルギーや貴金属、農産物などのコモディティを幅広く網羅し、世界的な物価や景気の代表的な指標として使われ、特に製品原料として使う商品を多く含むため、物価上昇率（インフレ動向）の先行指標として国際的に注目されている』

商品マーケットでもっとも重要な指標の一つであるCRB指数は一五年九月一九三まで下落し、リーマンショックのときにつけた二〇〇九年二月二一一を下回って、ピーク後の最安値を更新した。誰の目にも下落トレンドであることは明白であり、これもグレート・ローテーションの法則に従っているのだ。

投資商品の値動きには前述のようにサイクルがある。昔から「十年一昔」といわれるとおり、これまでの相場を振り返ると、一九七〇年代は「金・石油」に代表されるコモディティの時代であり、八〇年代は「株式・土地」の時代、九〇年代は「債券」の時代、そして二〇〇〇年代は再びコモディティの時代へと、一〇年ごとに投資テーマが移り変わっている。

また、それは「一〇年×3」の三〇年を一サイクルに循環しているのである。仮に、この循

株価は10年前の実質NY金価格のボトムの時期

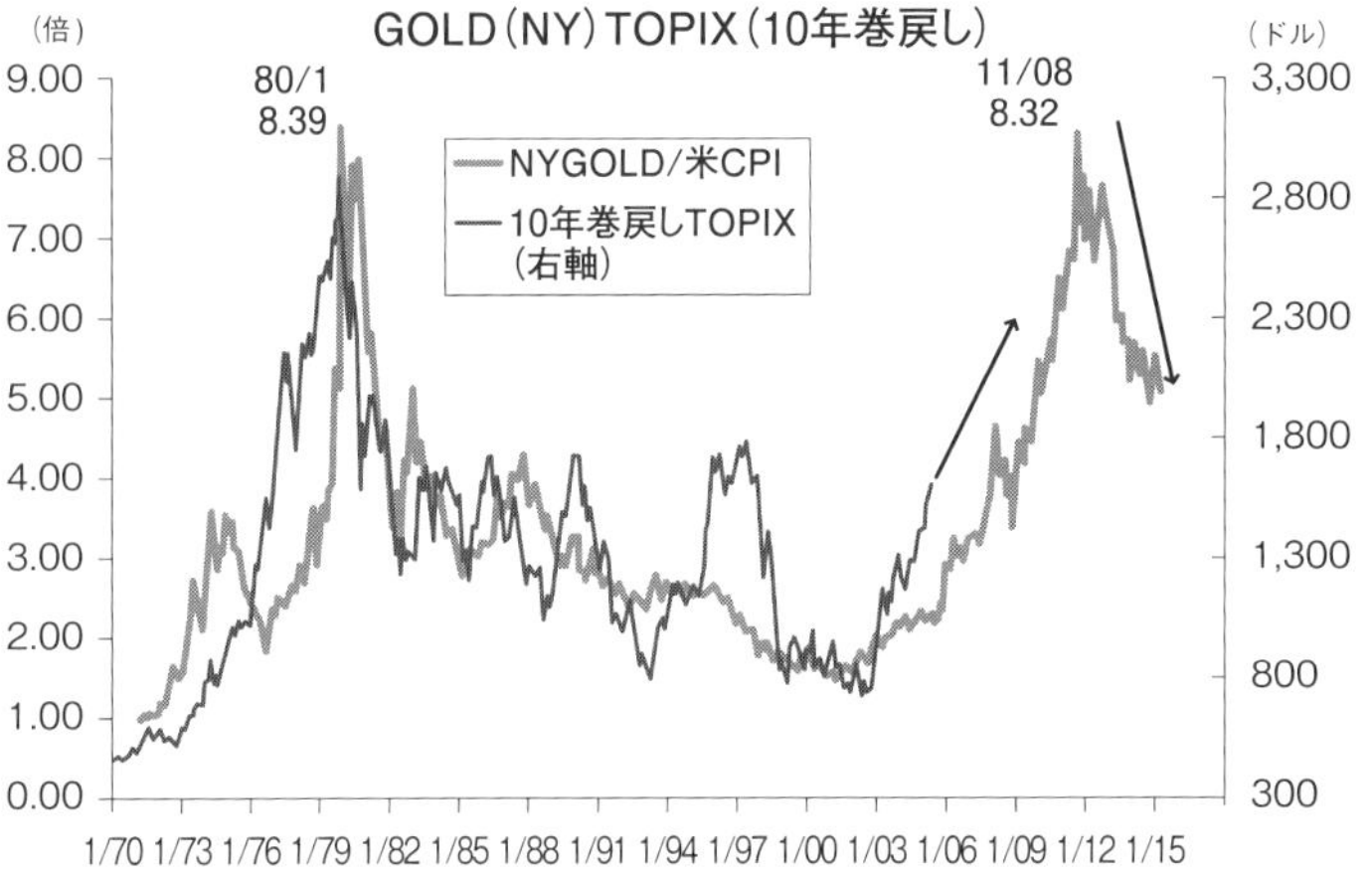

出所:T-Model作成

環が今後も続くとすれば、二〇一〇年代は「株式・土地」の時代ということになるし、アベノミクスによる株高政策もサイクルから見れば必然。確実にそれが到来することが見て取れる。

だから、グレート・ローテーションとそれに準ずるサイクルを知っている人から見れば、二〇一〇年代に株が上がることは常識だったはずだ。

同グラフも商品から株への移行、グレート・ローテーションを如実に表している。

CRBインデックスは二〇〇〇年から買われ始めて二〇〇八年の六月に五九六のピークを打ち、二〇一一年には株・土地の時代へとバトンタッチされた。

「TOPIX/CRBレシオ」は株式相場が商品相場よりも強いときに上昇し、弱いときには下落する性格なのだが、二〇一四年一〇月に同指数がCRB指数を上回りブレイクした。すべてはサイクルどおりに動いているのだ。

前ページのグラフも株の時代へのグレート・ローテーションを力強く補強している。GOLD（NY）／米CPIと一〇年巻き戻したTOPIXの動きを表したものだが、一〇年前の実質金価格をTOPIXがなぞって上昇していることがよくわかる。

サイクルとはこういうものである。ただ一〇年遅らせただけで同じような動きを発見できるわけで、これもまた株の時代が到来し、株に世界のお金が集まっていることの証左なのである。

ドル・インデックス・サイクルが予告するもの

世界の金融市場の方向を推察するうえでもっとも重要な指標が「ドル・インデックス（Dollar Index）」。貿易量などを踏まえ、ユーロ・円・ポンド・スイスフランなど相対通貨に対する米ドルの価値を総合的に弾き出した指数である。ドル円のように一通貨のみの為替レートに比べて、ドルの価値をより正確に算出できることで信頼性に長ける。

次のグラフは一九六五年以降の米ドル・インデックスの動きを示したものだ。

『15年サイクル』でピークを付ける『ドルインデックス』

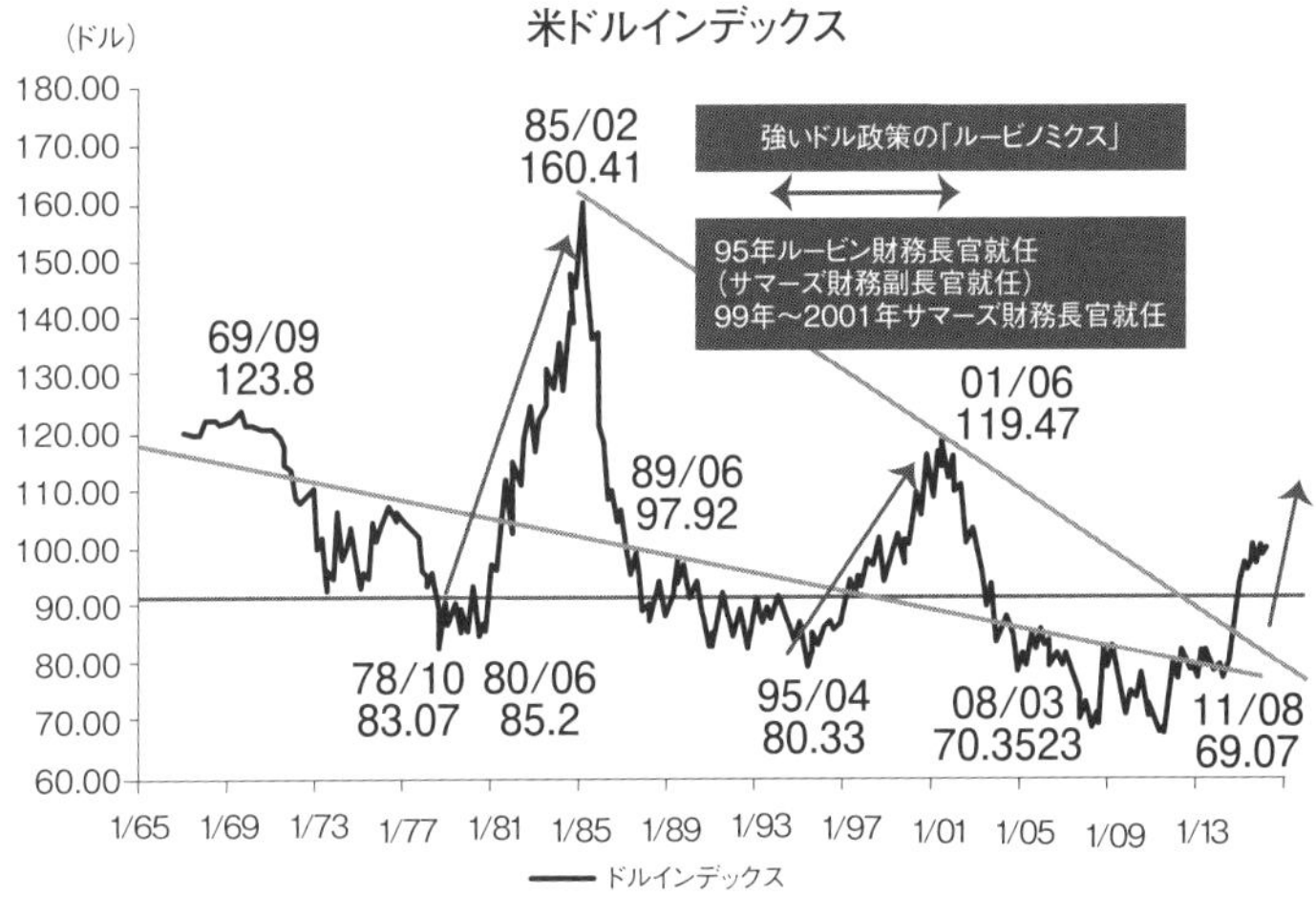

出所：T-Model作成

見てのとおり、ドル・インデックスはなだらかな下向きを示していることから、ドルの価値はトレンド的に下降していることがわかる。

ところが、突如としてピークを付けている瞬間がある。一九六九年九月、一九八五年二月、二〇〇一年六月、そして今回、ピークを付ける過程のような動きを見せている。

大づかみにいえば、ドル・インデックスは「一五年サイクル」でピークを付けていることになる。この法則に照らすならば、次のドル・インデックスのピークは二〇一五〜一七年であることが予測できる。

しかし不思議なのはドル・インデックス自体のトレンドが下向き、つまりドルの価値が落ち続けているのに、なぜ突然、米国はドル高政策をとり始めるのか。

歴史をひも解いてわかるのは、米国が約一五年おきに突如として金融面・通貨面での「ルール変更」に踏み切ってきたことである。

米国はドル高政策を行って、最後の最後にこのルール変更を実行する。引き付けて引き付けて、ドカンという形を取ってきた。今回もおそらくこの手法を踏襲するのであろう。

まず一九六九年のドル・インデックスのピークを付けた二年後の七一年八月、ニクソン・ショックを起こした。つまりドルの切り下げを行ったわけだが、その後、ドル・インデックスがピークからボトムへと進む過程で第一次・第二次の二度のオイル・ショックが世界を襲った。

次のピークの一九八五年にはプラザ合意によるドル切り下げが行われ、その後、ボトムを付ける過程で円は史上最高値を付け、日本は阪神淡路大震災に見舞われた。

二〇〇一年にピークを付けた直後には9・11同時多発テロが発生した。ボトム時の二〇一〇年には欧州債務危機が勃発した。

まるでドル・インデックスがピークを打ち、その後ボトムに進む過程で、不幸を世界中にばら撒いたかのようだ。そしてドル・インデックスのピークからボトムまでの期間は九～一〇年で、それだけの長期間、世界にダメージが残るのである。

ドル・インデックスが今回、ピークを打つのは二〇一五～一七年と仮定すると、世界や日本が大迷惑を被るのは二〇二〇～二七年あたりまでだろうと予測できる。

104ページの表をもう一度見ていただきたい。二〇二〇〜二七年あたりということは、「日本における六〇年・三〇年・一五年・五年別のサイクル表」の一番最後の部分、六〇年サイクルの創業期（一五年）の混乱期、つまり大不況期にちょうど当たる。このようにわれわれはサイクルからは逃れられないようになっているのだ。

筆者はこれこそが「予測」だと確信している。時期がわからないような不確定な予測は予測でもなんでもなく、個人的な想像や思いに過ぎない。なぜなら時期を明確にしなければ当たったのか外れたのかの検証ができないからである。もっとも重要なのは、それが〝いつ実現するのか〟なのだ。

世の中には、「いつかはそうなるでしょう」的な予測が蔓延している。だが、本来はいつごろ何が起りそうだということがわからない限り、予測とは言えないのではないだろうか。そうでなければ、投資だけでなく国の予算や企業戦略にも使えないからである。

五輪開催国を待ち受ける一〇年後の危機

ところで、わが日本においては新国立競技場をはじめとする五年後に迫る東京五輪のインフラ建設問題ですったもんだしているが、実は、五輪を開催した国はその後あまり良い目に遭っていないことのほうが多い。

五輪疲れでは片づけられない、ここにも何か因縁のようなサイクルが存在しているような気がしてならない。とりわけ独裁国家は五輪開催後、確実に崩壊の憂き目を見てきた。それも開催後一〇年程度しかもたない。

一九三六年にベルリン五輪を開催したドイツは九年後の一九四五年に敗戦を喫し、東西ドイツに分割された。

一九八〇年にモスクワ五輪（日本は不参加）を開催したソ連は、九年後の一九八九年のベルリンの壁崩壊後に急速に勢力を失い、九一年末に解体された。

一九八四年にサラエボ冬季五輪を開催したユーゴスラビアは、ボスニア内戦ぼっ発により連邦内の紛争が本格化した。九一年にクロアチアとスロベニアが、九二年にボスニア・ヘルツェゴビナが独立し、ユーゴ連邦は瓦解した。

では現在、世界の強国では唯一独裁（共産党一党独裁）とされる中国はどうなるのか。すでに二〇〇八年に北京五輪を開催済みなので、サイクルに従えば、二〇一八年までに何かが起きることになる。それが先輩たちに倣い、血で血を洗うような壮絶な形になるのか、中国共産党が解体しいくつかの国に分裂する形になるのか、現時点では知る由もない。

かたや独裁国家以外の国家についても、五輪開催後一〇年を待たずに、過酷な運命が待ち受けている場合が多いのである。

一九〇八年にロンドン五輪を開催した英国は、六年後の一九一四年に第一次世界大戦に参戦、塗炭の苦しみを味わった。

日本にしても一九六四年の東京五輪を成功させたものの、一九七三〜七四年には第一次オイルショックに見舞われ、エネルギー小国の悲哀を散々経験した。

一九八八年に東京に次ぎアジアで二番目にソウル五輪を開催した韓国は、九七年に深刻な経済危機に陥り、ＩＭＦの管理下に置かれた。

二〇〇四年にアテネ五輪を開催したギリシャなどは典型的なケースであろう。六年後の二〇一〇年にはギリシャ危機を起こし、以降、ＥＵのお荷物となってきた。

二〇二〇年に二度目の東京五輪を開催する日本はどうなるのか。おそらく二〇三〇年までに何かドラスティックな事件が起きることが大枠で読めてくる。

第二のリーマン・ショック再来のシグナルとなる〝恐怖〟の三点セット

ここでは二〇〇八年九月に起きたリーマン・ショック時を振り返ってみたい。

このとき、先に記したドル・インデックスが急上昇していたのである。同年三月に七〇だったのが一二月には八七まで一気に二四％もの上昇を見たのだ。要は、重大な経済危機に直面した金融市場では強烈なクレジットクランチ（信用収縮）を引き起こすということである。その決済のためにドルキャッシュの需要が急激に高まり、ドル高となるわけだ。

とりわけ大きな経済危機に直面すると認識した場合、投資家は株式や金・原油などの国際商品をすべて売却してドルキャッシュの確保に雪崩打つ。これにより「株安・国際商品安・ドル高」の組み合わせという「〝恐怖〟の三点セット」の構図に発展する。

リーマン・ショック後、二〇〇九年三月あたりまで最悪期の「三点セット」の構図が続いた。当時の金の暴落も三点セットのなかの国際商品安の一部に過ぎない。

だが、どこかで株高を支えられなくなったときに「第二のリーマン・ショック」に襲われるのだ。

「Gold・Silverレシオ」が80を超えると警戒シグナル

出所：T-Model作成

第二のリーマン・ショックが訪れるのかどうかを国際商品の指標で予測してみよう。有効なのは、再度掲載するこの「GOLD（NY）／SILVER（NY）」レシオである。

GOLD（金）とSILVER（銀）はどちらも通貨鋳造に使われる。ただし、世界的な経済危機時にはGOLDが強力な求心力を発揮する。したがって、ここでも真実を示す「割り算」が登場する。GOLD（NY）÷SILVER（NY）の値が具体的に「八〇」を超えてくると、世界経済は警戒水域に達したということになる。

「GOLD（NY）／SILVER（NY）」レシオの八〇超えには必ず結果がともなっていた。一九八七年から一九九一年の急上昇はベルリンの壁崩壊から始まるソ連崩壊と日本ではバブル崩壊、一九九九年から二〇〇三年は9・11同時多発テロ後の経済停滞、二〇〇六年から二〇〇八年はリーマン・ショックが待ち受けていた。

現時点は七五前後をうろうろしているのでまだ少し余裕があるとはいえ、この「GOLD（NY）／SILVER（NY）」は常に注視しておくべき指数だと肝に銘じてほしい。八〇に急接近するようならば、危険な時間帯に入ってきたわけで、八〇を突破すれば間違いなくレッドゾーンに突入したと判断すべきである。

より確かな予測を得るためには、第二章で取り上げた、世界景気を占ううえでの最強の先行指標となる銅価格をWTI（原油価格）で割った「Copper／WTIレシオ」と併せてチェックすることをお勧めしたい。

トリプル・デイトとミニトリプル・デイト

これまでさまざまなサイクルを取り上げ、それがいかに重要なのかを説いてきたが、サイクルのなかでもっとも長いものが西暦を一〇〇〇年で区切ったミレニアム・サイクルである。

ミレニアムの区切りには年と月と日がゾロ目に並ぶ現象が起きる。たとえば西暦一〇〇一年一月一日には「一・一・一」から一〇一二年一二月一二日には「一二・一二・一二」の三つの数字が並ぶ一二年間があった。

筆者はこのように年・月・日が並ぶ現象を「トリプル・デイト」と名付けている。このトリプルデイトが生じる時期には真の文明の大転換と呼び得るような事象が生じている。

また、一〇〇年の区切りにも一二のトリプル・デイトがあり、筆者はそれを「ミニトリプル・デイト」と呼んでいる。

いずれも区切りである〇〇年からの一二年間に起きたことがその一〇〇年を〝集約〟するという法則を持っていることがわかる。さらにその世紀を決定づける、とどめのような事象が中間点である五〇年までに起きることになっている。

たとえば一九〇〇年から一九一二年に何が起こったのであろうか。一九〇四年に日露戦争。一九〇八年にわが国は初めて経済恐慌に見舞われた。一九一〇年には日韓併合がなされた。そして、一九一二年には明治天皇が崩御され、時代は明治から大正へと移っていった。

一九〇〇年から一九一二年までのミニトリプル・デイトの期間に起きた事象は、二〇世紀が「戦争の世紀」であることを物語っていた。このため日露戦争は第一次世界大戦の呼び水となり、経済恐慌は軍部の台頭を招いて、日本を第二次世界大戦へと向かわせた。

以下は西暦二〇〇〇年というミレニアムの区切りに生じたトリプル・デイトの一覧だ。

……二〇〇一・一・一　二〇〇二・二・二　二〇〇三・三・三　二〇〇四・四・四　二〇〇五・五・五　二〇〇六・六・六　二〇〇七・七・七　二〇〇八・八・八　二〇〇九・九・九　二〇一〇・一〇・一〇　二〇一一・一一・一一　二〇一二・一二・一二……

二一世紀に突入して一二年までの、トリプル・デイトに世界は何を経験してきたかを列挙してみよう。

二〇〇一年　9・11米国同時多発テロ
二〇〇四年　スマトラ沖大地震
二〇〇八年　リーマン・ショック
二〇〇九年　非自民の鳩山政権誕生
二〇一〇～一二年　ギリシャ・欧州債務危機
二〇一一年　東日本大震災

どうやら二一世紀は自然災害、金融崩壊、そしてテロの世紀となるのだろう。

自然災害については、日本では地震の頻発をはじめ、御嶽山、箱根などの火山活動、異常気象が起きているので、実感できるはずだ。

金融崩壊についても、これは避けられないものなのであろう。いまいくら中央銀行が必死で支えていても、どこかの時点で限界まで膨張したマネー資本主義が瓦解する時期がやってくる。おそらくこれも法則に従って、もっとも遅くても二〇五〇年までに、「その時」は訪れる。

テロの時代を象徴するのは、中東地域で大暴れして世界を震撼させているISISだろう。

非自民の鳩山政権が誕生したことは、二〇五〇年までに日本の政界が相当変動することを予告しているわけである。

第四章

勝つのは「値上げ力」のある企業

政府統計のなかでもっとも頼れる景気指数

内閣府が毎月発表する「景気ウォッチャー（街角景気）調査」は株価の一～二カ月先の先行指標となることから、実態との乖離することが多い政府統計のなかではもっとも有効であると断言してもよい。

伝統的な経済統計が景気の動きを映しづらくしている原因は、かつては電力使用量と景気が連動していたりしたものだが、いまは必ずしも連動していないからである。

そこで景気指標として注目されるのが二〇〇〇年から始まった経営者やコンビニ店長、タクシー運転手など景気動向に敏感な立場の人たちの心理を調べた景気ウォッチャー調査。繰り返しになるが、これを元に指数化した景気指数（ＤＩ）は大袈裟でなく、政府統計で唯一頼りになるとも言われている。

これを見ると、一五年四月五三・六をピークに、五月、六月と二カ月連続で落ち、八月、九月は景気判断の分かれ目になる五〇を二カ月連続で下回った。筆者がこだわっている移動平均との乖離幅も七月以降、三カ月連続でマイナス圏に落ち込んでいる。つまり、日本全体の足元の景気は明らかに後退していることを示しているのである。

2ヵ月連続で景気の別れ目50%を下回る

景気の現状・先行き判断DIと平均乖離幅

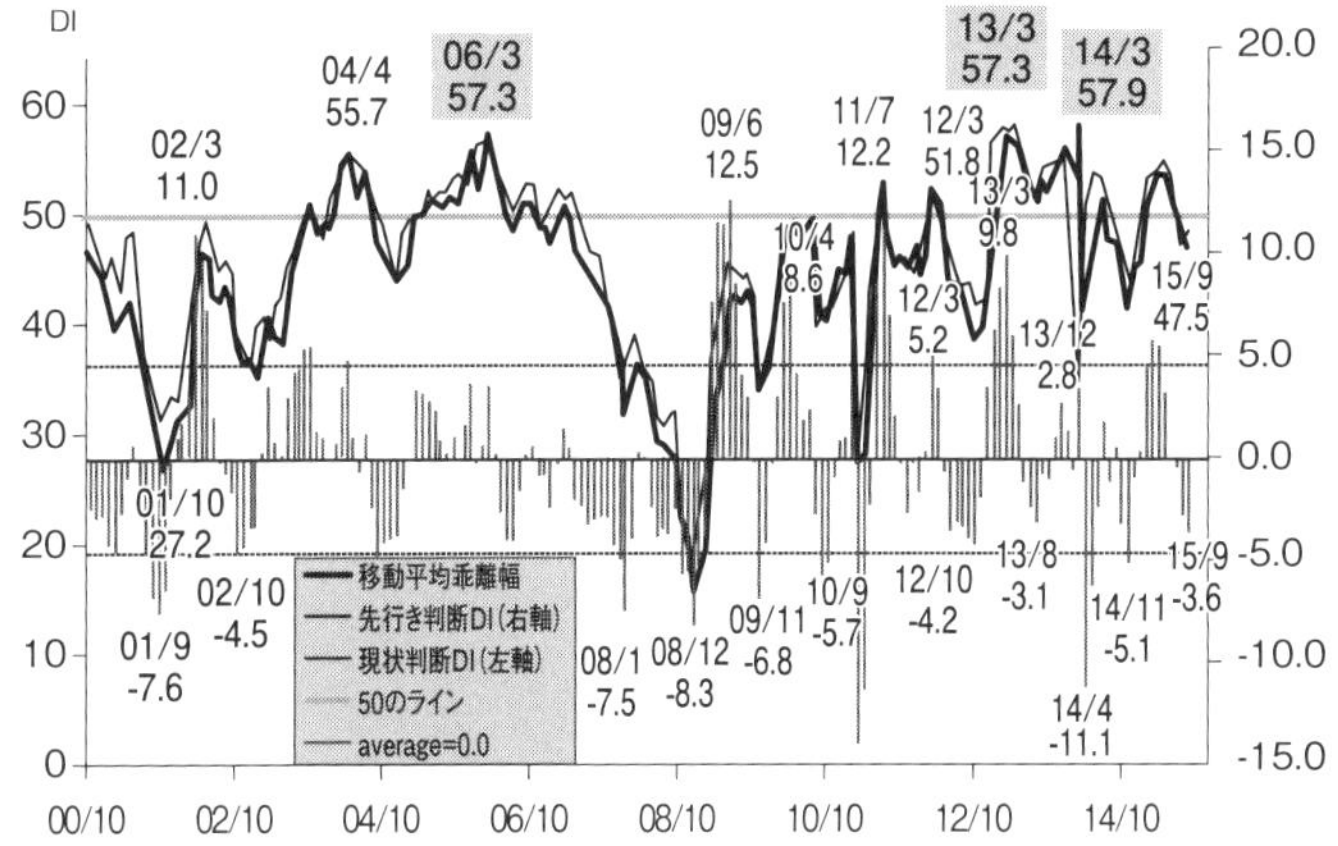

出所：内閣府「景気ウォッチャー調査」、T-Model作成

関東は5月でピークアウトか？

先行きDI（関東ー全国の移動平均）

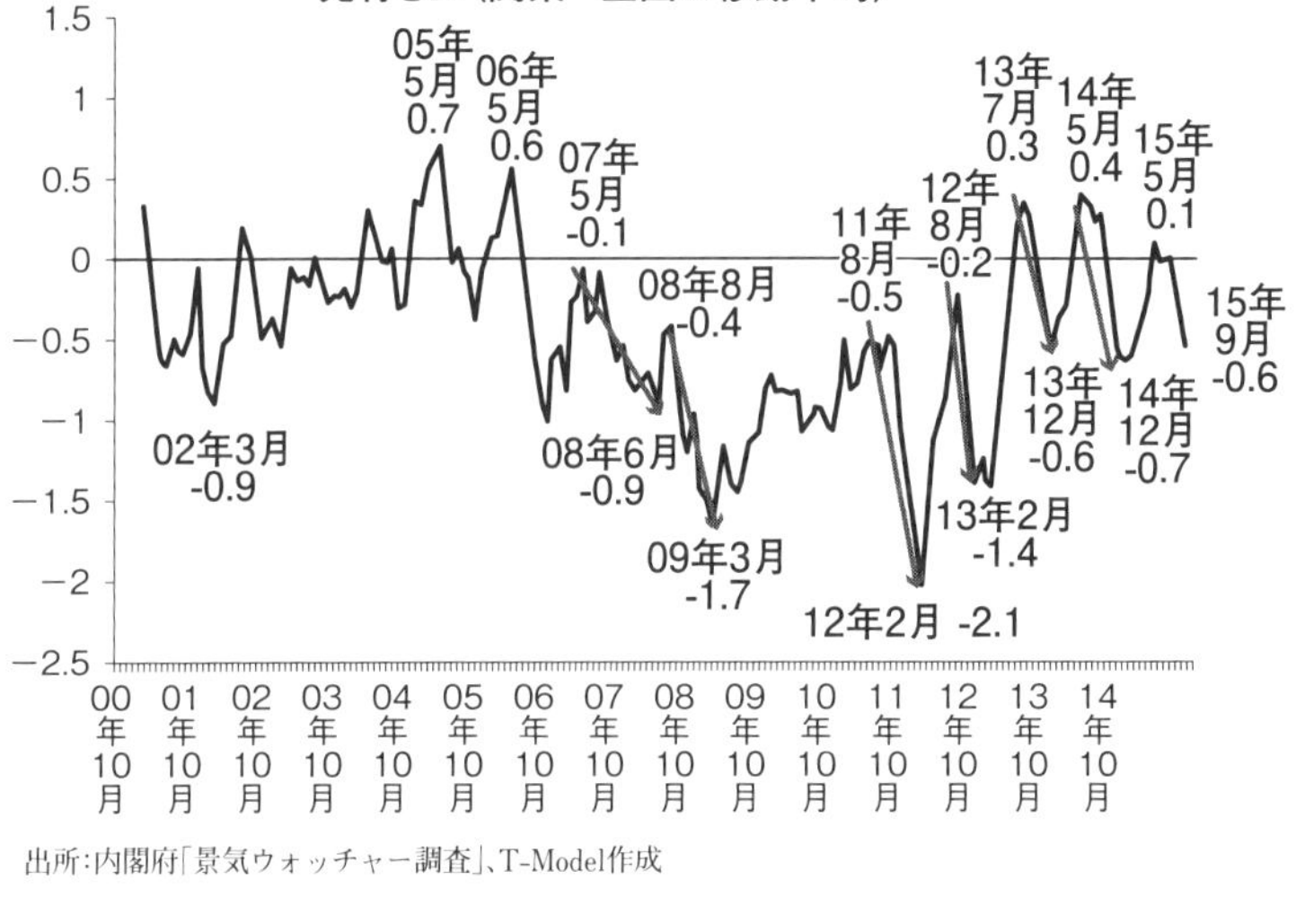

出所：内閣府「景気ウォッチャー調査」、T-Model作成

ＤＩの動きを地域別にチェックしてみると、より細かな違いが浮き彫りとなってくる。関東は今年五月でいったんピークアウトした模様で、全国平均よりも関東の勢いが落ち始めたことを示している。つまり東京の景気が下向きとなってきたことを示すが、現段階ではまだそれほど深刻には捉えなくてもいいだろう。

このグラフで重要なのは、たとえば二〇〇七年五月から二〇〇九年三月、二〇一一年八月から二〇一二年二月のようにＤＩが急激な下降を示したときで、この時期、リーマンショックや欧州債務危機に見舞われたように毎回世界的な金融危機に直面していることを表しているからである。

東海はリーマン・ショック以降、水面下に沈み、ずっと不振が続いており冴えない。中国ビジネスに業績を左右される自動車産業を中心とする企業が多いことから、これは中国の景気の悪さがもろに響いていることを表している。東海のＤＩがプラスになってこない限り、中国の実態経済の回復はないということにもなる。足元はようやく悪化の勢いが止まったことがこの調査結果で読み取れ、「チャイナショック」も一息ついていることを示している。

東海と対照的に比較的好調を維持してきたのが関西圏だ。ブレはあるものの、プラス圏内で動いている期間が長く続いている。「爆買い外国人」の恩恵をもっとも受けているのが関西といえるだろう。ただ今回の中国株バブルの崩壊で爆買いツーリストの財布のひもが縮まってき

東海はリーマン・ショック以降、不振続く

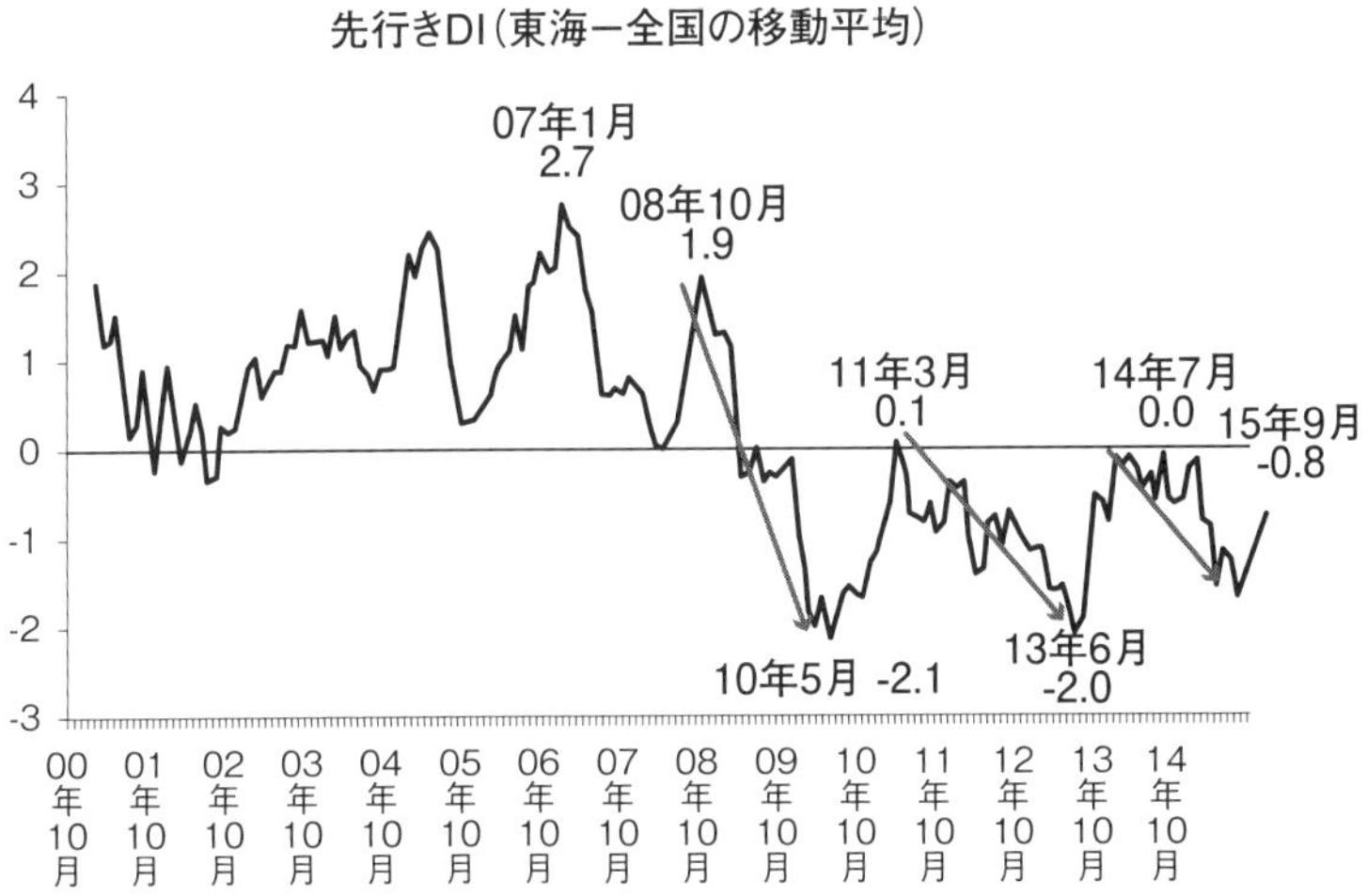

出所：内閣府「景気ウォッチャー調査」、T-Model作成

好調続く関西圏

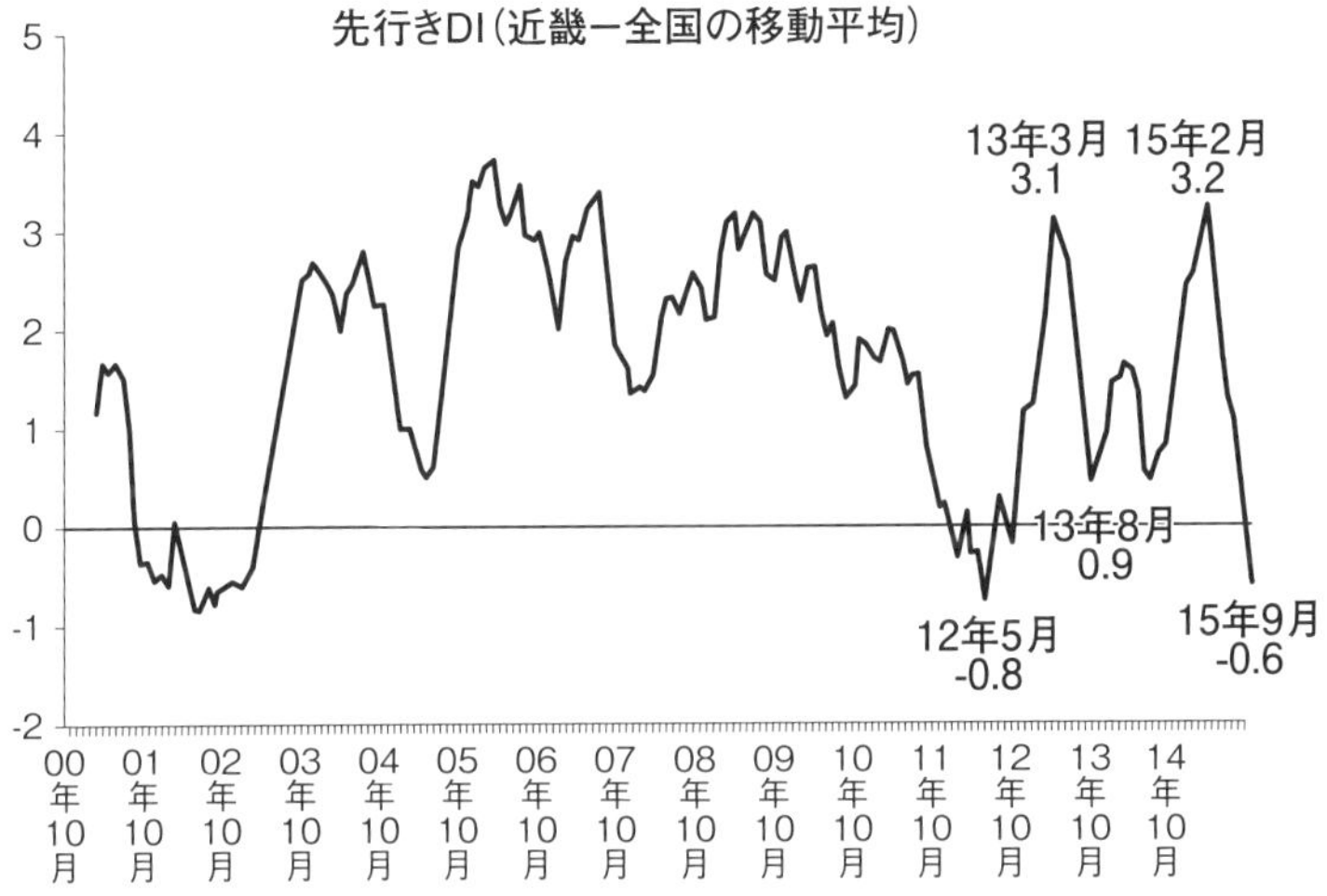

出所：内閣府「景気ウォッチャー調査」、T-Model作成

アベノミクスの縮図である北海道は回復基調

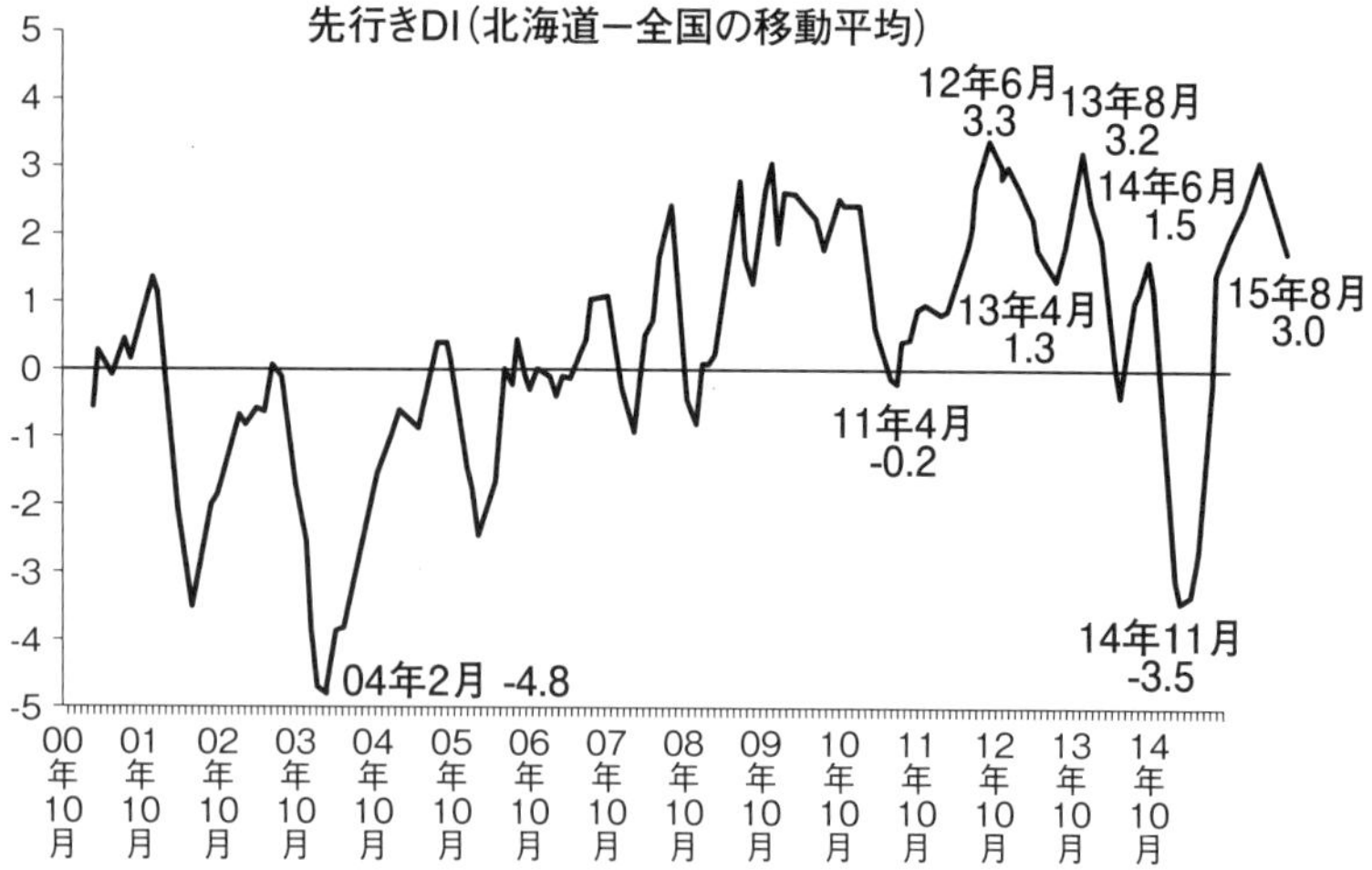

出所:内閣府「景気ウォッチャー調査」、T-Model作成

たことを、久々にマイナス圏に突入したことが示唆している。要警戒である。

一方、北海道も関西同様、比較的好調だった。北海道は「アベノミクスの縮図」と言われる地域で、景気テコ入れのための公共投資が経済の先行きを明るくしているものと思う。

シニアが牽引する日本の消費

JNTO(日本政府観光局)によると、二〇一五年上半期の訪日外国人数の前年同期比四六%増の九一四万人に達し、これまで過去最高であった二〇一四年上半期の訪日外客数六二六万人を二八八万人余り上回った。

二〇一五年上半期の訪日外国人数が過去最高を記録した国は、以下のとおりである。

小売り業全体はアベノミクスでは浮上していない？

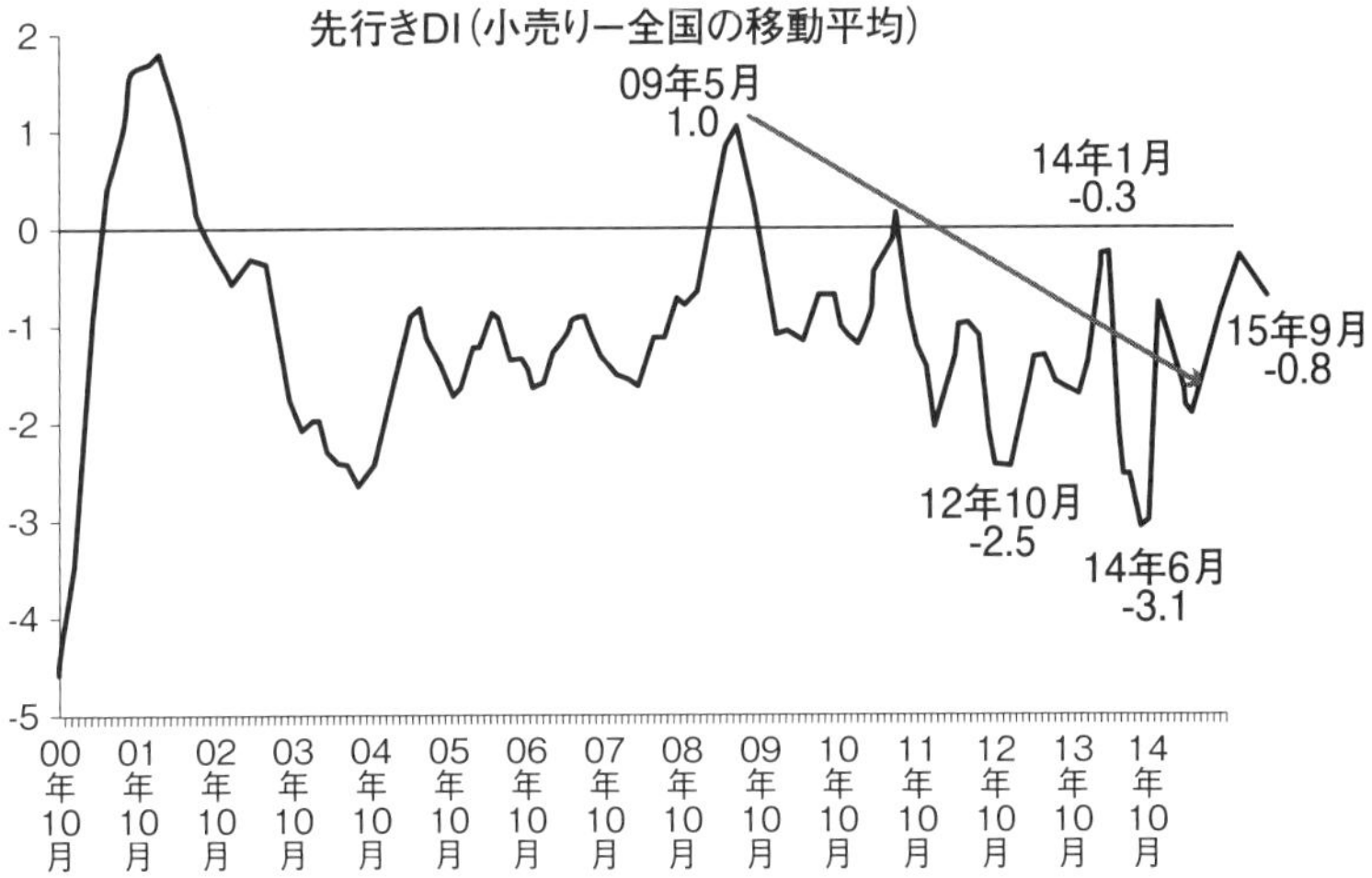

出所：内閣府「景気ウォッチャー調査」、T-Model作成

韓国、中国、台湾、香港、タイ、シンガポール、マレーシア、インドネシア、フィリピン、ベトナム、インド、豪州、米国、カナダ、英国、フランス、ドイツ、イタリア、スペイン。

これは長らく光明を見い出せなかった日本の百貨店業界にもかなりの追い風となったようである。

ここでは百貨店をはじめ日本の小売業について突っ込んだ考察をしてみたい。

ここでも引き算を使ったグラフ、「先行きDI（小売りー全国の移動平均）」が登場してくる。

アベノミクス以降も、小売業全体はずっとマイナスで推移してきた。決して良くはない。あれだけ中国人観光客が爆買いしているのに、マイナス圏で推移している。その原因は、百貨店、

百貨店は訪日外国人で潤う

「T（Tsukazawa）－消費指数」（紳士服既存店伸び率－婦人服既存店伸び率（移動平均））

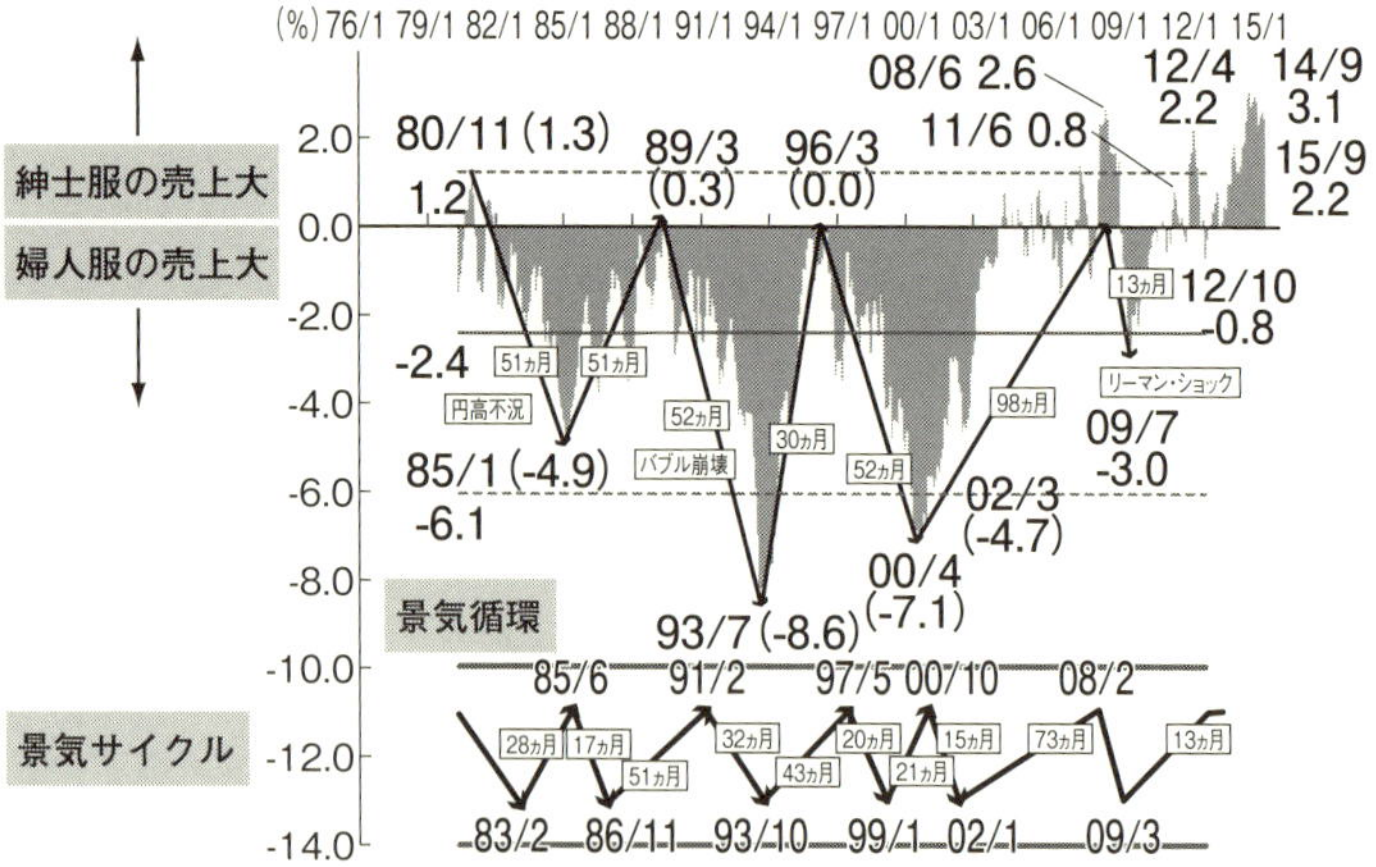

出所：日本百貨店協会、T-Model作成

スーパー、コンビニ、外食など小売業のなかで生じている「格差」にある。

上記のグラフは筆者がアナリスト時代、独自に開発した消費指数の動向を表している。消費が良好だと上に向き、消費が悪いと下に向く。

小売業のアナリスト時代が長かった筆者が編み出した法則は、百貨店の紳士服と婦人服の伸びのスプレッド（差異）という身近なデータから消費を予測することである。

「紳士服既存店伸び率―婦人服既存店伸び率（移動平均）」

つまり、グラフが下を向くのは紳士服が婦人服に負けている状態を示している。

紳士服は景気が良くなってからようやく動き

出す。つまり一番最後に動く商品。だから、「紳士服既存店伸び率－婦人服既存店伸び率（移動平均）」がプラスになるのは、婦人服よりも紳士服の売れ行きが好調なことを示すことから、景気が良い状態であることを教えてくれるわけだ。

二〇一三年以降、ずっと同指数はプラス圏での推移が続いているので、基本的に百貨店は比較的堅調を保っているといえる。過去このように数年間もの期間、プラス圏で推移することはなく、いかに「爆買い」の恩恵が大きいかがわかる。

また、このグラフのピークとボトムは三、四カ月先の小売業や食品など内需系の株の先行指標になっているので、参考にしてほしい。

窮地に立たされているデフレの勝ち組

外食産業にも格差が如実に表れてきた。

一番調子が良いのがディナーレストランで、続いてファミリーレストラン。そしてファミレスに追随して上昇中なのが喫茶店である。一方で低迷するのがファストフードとパブ・居酒屋。外食のなかでもこれだけ極端な格差ができてしまっている。

なぜこんな格差が出てきたのか？　筆者は、お金を使える人と使えない人の格差が強く出て

シニア消費が引っ張る日本の消費

消費に占める年齢層別比率

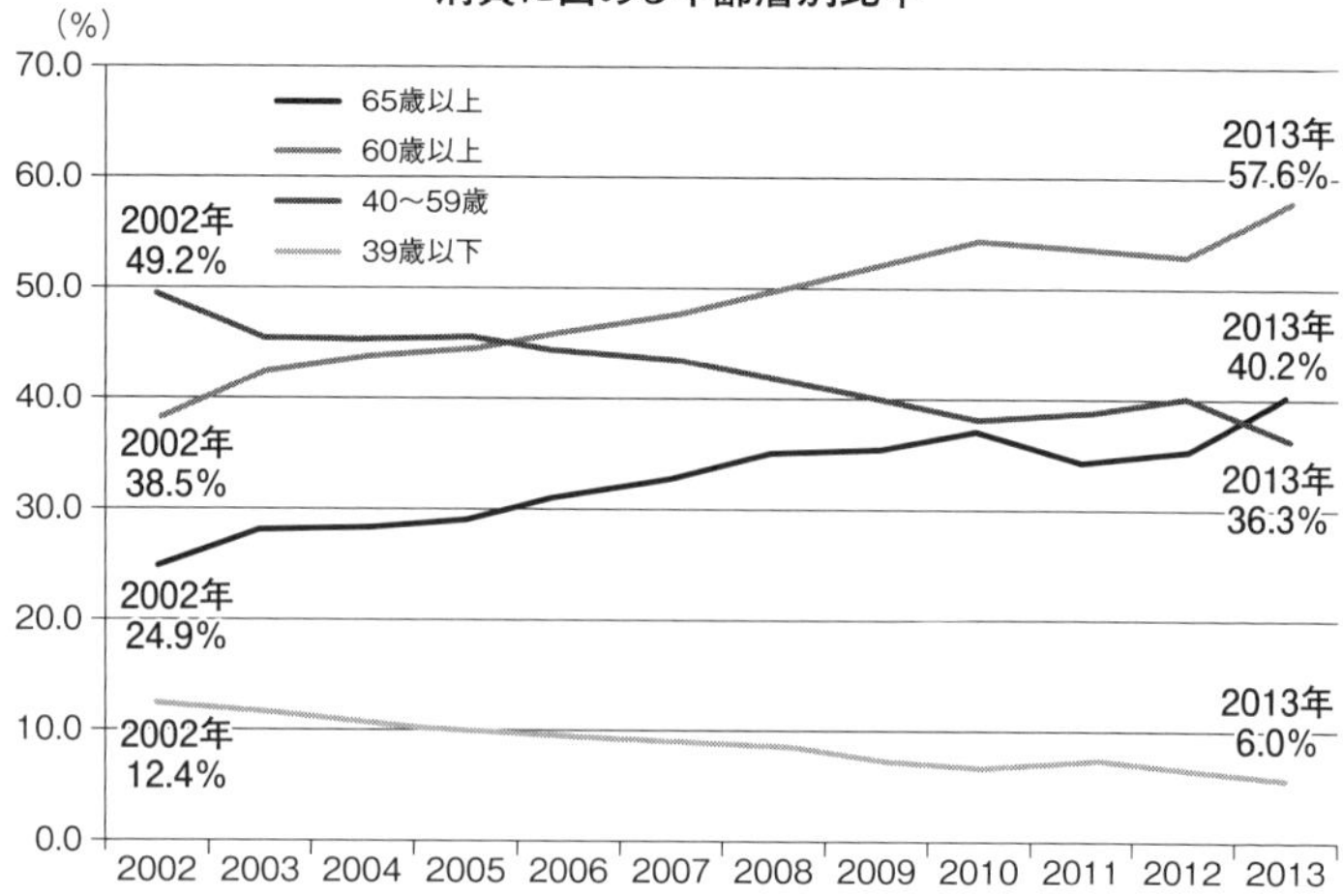

出所：総務省、T-Model作成

きているのだと思う。それを証明するのが上のグラフである。

二〇〇二年には消費に占める年齢層別比率で「四〇～五九歳」が約四九％を占めてトップだった。それがずっと下降線をたどり、二〇一三年には三六・三％にまで落ち込んだ。

逆に二〇〇二年に三八・五％だった「六〇歳以上」が五七・六％まで伸長した。

たしかに日本人の高齢化も進んではいるとはいえ、それ以上に消費の主役を担っているわけである。

特に筆者は「三九歳以下」の若年層の二〇一三年の日本全体に対する消費ウエイトはわずか六％しか占めていないのを見て愕然とした。これだけ若い層の消費が縮小しているのを目の当たりにして、ちょっと背筋が寒くなった。

ディナーレストラン、ファミレスでは個人金融資産が豊富なシニア層が消費してくれている。単価は高いがゆったりできる「コメダ珈琲」が伸びているのも、限られたお金を使えるシニア層に支持されているからである。

昨年の「すかいらーく」の八年ぶりの再上場は、ファミレスの〝復権〟を象徴するかのようであったし、構造的に増え続ける「シニア消費」が後押ししていると言っても過言ではない。客単価一〇〇〇円前後のファミレスはデフレ下では苦戦を強いられたが、アベノミクスによる消費者心理の改善や株高効果もあり、居心地を重視するシニアなどの取り込みで来店客が増加しているためである。

逆に、デフレ下で拡大してきたファストフードや低価格が武器の牛丼チェーンや回転寿司チェーンなど「デフレの勝ち組」は窮地に立たされている。

消費の主役に躍り出たシニア層が日本の外食産業や小売業の形を変えていく起爆剤になっていくことは間違いないが、同時に非シニア層の消費が縮小していることを意味している。この点は、日本の活力が低下している深刻な問題点であることを認識しておかねばならない。

「値上げ力」を持つ企業と持たない企業の差が浮き彫りになる脱デフレ時代

このところ悪い話題しか提供しないと言っていい日本マクドナルドは、二〇一三年七月二日に新製品投入の発表を行った。投入されたのは、毎週土曜日に一日限定（種類を変えながら三週連続）で一個一〇〇〇円で販売する超高級ハンバーガー「クォーターパウンダージュエリー」シリーズだった。

日本マクドナルドの狙いは明白だった。この高級品投入により、客単価の嵩上《かさ》げ、実質的な値上げを試みたわけである。

小売業の株価を左右するのは「客単価」であることを小売アナリスト時代から筆者は何度も指摘してきた。家具量販大手ニトリもディズニーの夜間パスを値上げするオリエンタルランドも値上げ発表後、株価が大きく上昇していることからも明らかだろう。こうした「値上げ」発表後の株価の反応は、小売り・外食業界にとどまらず、メーカーやサービス業などすべての産業に共通するテーマなのである。

ただ、注意が必要なのは、すでに小売り各社にも表れているように、客単価が上昇する一方、客数の低迷が目立っているところが増えていることだ。

当然だが商品力、ブランド力、サービス力などをともなわない〝安易〟な値上げは命取りになりかねない。値上げに耐えられる商品・サービスを有する「値上げ力」を持つ企業と、そうでない企業では今後、益々格差は広がっていくことは間違いない。デフレ時代ではわからなかった商品力・サービス力の差が浮き彫りになるのも「脱デフレ時代」の特徴の一つだからである。

その陥穽に見事に嵌《はま》ったのが日本マクドナルドであったということになる。

「値上げ力」を持たない企業の典型とされるマクドナルドに、世間を騒がせた「中国食肉加工会社が使用期限切れ鶏肉を使っていた問題」が重なった。

売上げの大きな落ち込み、赤字決算は、筆者に言わせれば、「値上げ力」のない企業の実態が表面化したに過ぎない。

メディアの報道を見ると、「中国食肉加工会社の問題」がマクドナルドの売上減少の原因のようにも映るが、実際の売上悪化は二年前の一三年九月頃から始まっていたように思われる。

何故なら、過去、客単価回復が先行する形でその後、それを追うように既存店売上回復、逆に、客単価が先行して悪化した後、既存店売上が悪化というかたちを繰り返してきたが、今回は二〇一四年一月まで客単価が回復していく過程で、既存店売上は二〇一三年九月をピークに後退し始めているからである。

日本マクドナルドは最悪期を脱せるか？

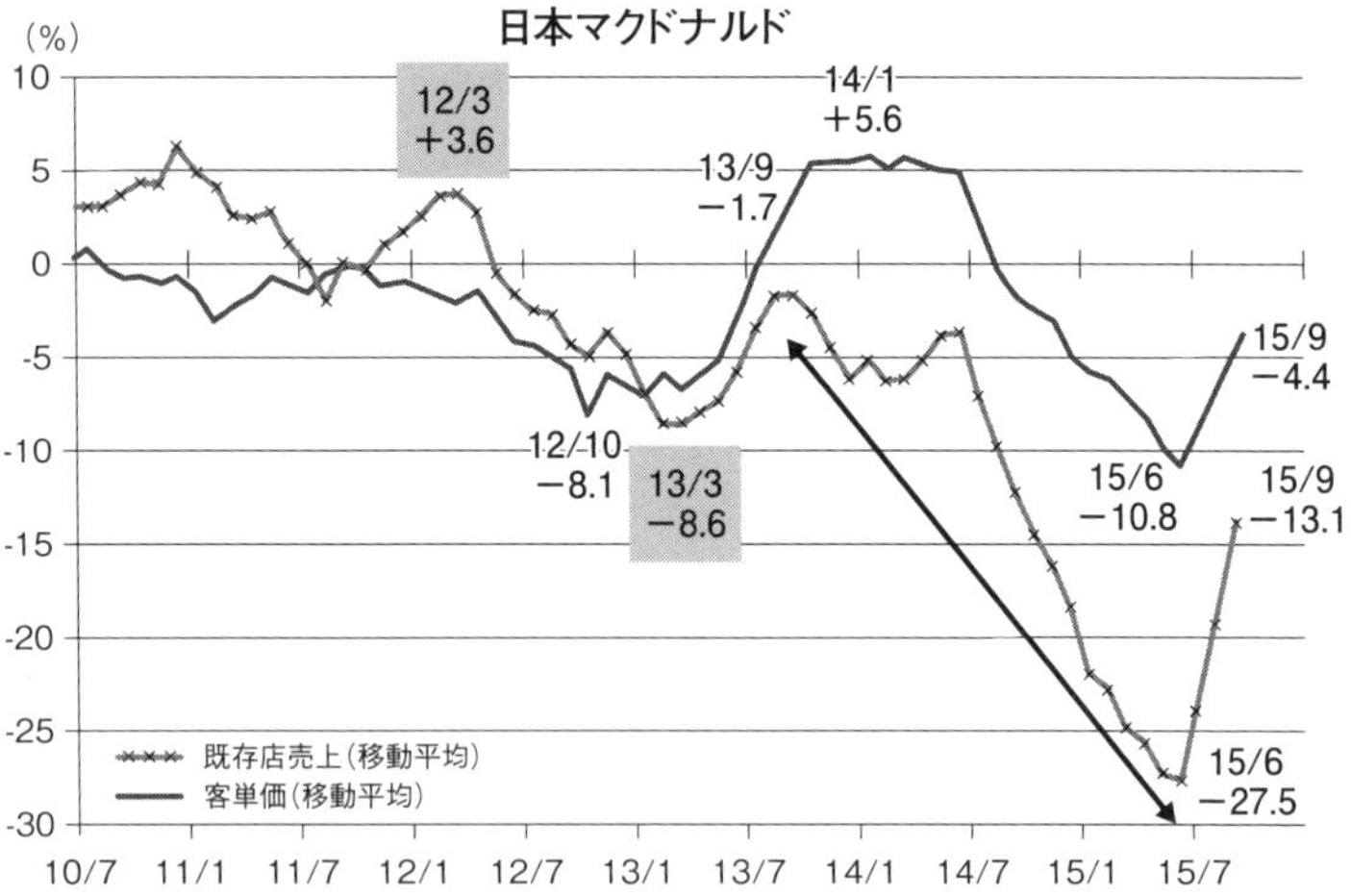

出所:会社資料、T-Model作成

実は、マクドナルドの不振は日本だけにとどまらない。米国のマクドナルドも新興勢力に押されてどんどん客離れを起こしている。

世界的に見てもマクドナルドは「値上げ力」に欠かせない商品力、ブランド力、サービス力が劣化していることが浮き彫りになっている。

高飛車な態度に見える日本マクドナルドのカサノバ社長もさすがに「日本流謝罪」でお辞儀をして「顧客の信頼回復が最優先事項」と述べたが、信頼回復は一朝一夕にはできない。

一般的に外国人経営者はそのような地道な仕事が苦手な上、マクドナルドの不振が「異物混入」だけだと考えているようでは、苦悩は今後も続くことになるだろう。

一般的に、このような状況に陥った小売り業や外食産業はどう対応するだろうか？　基本に立ち返り、根本から改革して客足が戻るよう地道な努力するのか、外資系企業が得意とする不採算店舗閉鎖へと安易に進むのか、のどちらかである。

さて、日本マクドナルドはどちらの道を選択するのか？　前の原田ＣＥＯならば前者もあり得るが、外国人が経営者となっている現在、後者を選択する可能性が高い。今後の注目点は日本マクドナルドの店舗数が何割閉鎖されるかに移ってきた。

案の定、今年四月時点の発表によると、一三一の不採算店が閉鎖され、フランチャイズ契約満了などによる閉店を含めると、年内に約二〇〇店舗が消滅する模様だ。

だが閉店の数が少なすぎる。いまの日本マクドナルドの状態であれば、もっと閉店を増やさなければ傷を深くする、というのが筆者の率直な感想だ。

日本マクドナルド全店のＦＣ比率は七割以上だから、これだけ既存店が不振だと、まずＦＣオーナーは増やせない。既存のＦＣオーナーは不満いっぱいだから、よりブランド力は落ちる、サービス力も落ちる。負のスパイラルはさらに深まっていくだろう。

だが問題は、ＦＣ本部には迅速に適正店舗数に減らす改革は難しいということだ。ＦＣの場合、一軒ごとに閉店交渉をせねばならず、直営店のように大ナタをふるうわけにはいかないためである。

このような苦悩をする日本マクドナルドの動きは「値上げ力」を持たない日本の小売り・外

食企業の将来を暗示しているといっても過言ではないだろう。

客離れの「マクドナルド」と行列ができる「シェイク・シャック」

今年一月三〇日、米国のマクドナルドを追い詰める新興勢力の一番手と目されるハンバーガーチェーン「シェイク・シャック」がNY証券取引所に上場を果たした。

シェイク・シャックは「ファストカジュアル」チェーンの一社。二〇〇一年にホットドッグ・スタンドとして始まり、現在はNYを拠点に、米国内外に計六六店舗を展開するハンバーガーチェーンである。

NYベストバーガーの呼び声が高いシャック・バーガー(ShackBurger)は、ビーフ一〇〇%の肉汁たっぷりのハンバーガー。シングルで五・一九ドル、ミルクシェイクのベーシックタイプ五・二五ドル。マクドナルドのチーズ入りデラックス・クウォーターパウンダー四・六九ドル(五六〇円)と比べると多少高めで、イメージは「スターバックスのハンバーガー版」といったところだろうか。

行列のできるハンバーガーと客離れのハンバーガー。両極端な二つのハンバーガーチェーンを比べると、いまの米国経済の実態も垣間見える。つまり、原油価格の下落で多少懐が暖かくなり始めた米国庶民が、多少高めでも美味しいハンバーガーを求めているということだろう。味が陳腐化しているマクドナルドのハンバーガーに米国庶民は「ノー」を突きつけているのかもしれない。

シェイク・シャックの勢いを象徴する数値が「一店当たりの時価総額」に表れる。マクドナルドは世界に三万六二五八店舗、時価総額約九一〇億ドルで一店当たり時価総額は二五〇万ドル（二・九二五億円）。それに対し、シェイク・シャックは二六〇〇万ドル（三〇・四二億円）と約一〇倍の開きがある。シェイク・シャックは一店舗平均でマックに比べ利益を一〇倍稼ぐと現在のマーケットは評価していることになる。

現在の日本市場は高齢化の進展によって「マック離れ」が進むアメリカ市場よりも難しい市場となっていることは間違いない。二〇一五年八月、一九カ月振りに既存店売上がプラス圏に浮上したが、九月は再びマイナスへと落ち込んでいる。日米でどう建て直しを図るのかが注目される。

大塚家具のお家騒動はコーポレートガバナンスのあり方を巡る争い

経営権を巡る父娘の対立が激しさを増し、大塚家具はメディアの晒し者になった。一見、親子の喧嘩に見える騒動だったが、事の本質は株式公開企業の経営体制、つまり「コーポレートガバナンス」のあり方を巡る考え方の違いにあった。

久美子社長が主張する「あるべきガバナンス体制」「オーナー会社から社会の公器へと移行」の考え方は正しく、個人商店流の経営を続けようとしているようにも見える大塚勝久元会長はワンマン経営と世間に映り、久美子社長側に加担する人も多かったようだ。だが、創業からのオーナー経営者は「会社は子供のようなもの」と考えている人も多く、わかる気もする。

だが、そもそもこのようなお家騒動に発展した理由を考えると、やはり業績不振が大きいのではないだろうか？

原因の一つは、住宅着工件数の減少。一九九〇年台中盤のピークに年間約一六〇万戸もあった住宅着工戸数は、近年一〇〇万戸を大きく割り込んでいる。

二つ目は、同業他社との競合。低価格～中価格の家具はイケアやニトリ、高級家具ではカッシーナなどが台頭している。

同社は一九九〇年から会員制を導入し、店員がマンツーマンでショールームを案内し、高級家具のまとめ買いの手法で年商約七〇〇億円にまで急成長し、一時は国内最大の家具販売会社に成長した。

だが、二〇〇五年から〇八年まで売上高が約七〇〇億円で停滞し、成長が止まった頃、外部にいた久美子氏を大塚家具創業四〇周年の〇九年に社長に起用した。社長就任以降の一〇年からは売上高は約五五〇億円前後で停滞し、経営改革にいそしむ久美子社長に業を煮やし、一四年七月の社長解任劇となった。

久美子氏が社長に就任した〇九年からはいったん、円高・ユーロ安となって欧州高級家具が多い同社には、仕入れコスト面では改善したものの、リーマン・ショックで売上面では厳しくなったことは不運としか言いようがないが、それも経営者なら乗り越えなければならないハードルである。一つ言えることは、経営者の大事な仕事の一つである次期社長を大塚会長はきちんと育てていなかったということにもなる。仮に大塚会長が社長に復帰して業績が上がっても世間のイメージは良くなかっただろう。

ある経済誌のインタビューで大塚勝久氏が気になる言葉を発していた。

「だれかに操られているとしか思えない。何か良い話を持ちかけられたとしか考えられない」

大塚久美子社長は上場企業である以上、個人技ではなく組織として広く外部から声を聞ける体制づくりが急務である。勘よりもデータ、創業一族よりも専門家をと、取締役には弁護士、マーケティングのプロ、金融機関出身者などを揃えたが、そのなかに今回のお家騒動を画策した者がいたとしたらどうだろう。

「だれかに操られている」の誰かは知る由もないが、「ステークホルダー（stakeholder）」、日本語では利害関係者の考え方でいけば、消費者（顧客）、従業員、株主、債権者、仕入先、得意先、地域社会、行政機関などのなかに利益を得る者が今回のお家騒動を操っていることになる。少なくとも大塚勝久氏と久美子社長、そして従業員と顧客は損をしているステークホルダーであることは間違いない。

大塚家具のようなお家騒動の泥仕合は、雪国まいたけ、小僧寿司などでも起きている。高齢化とともに創業者個人で引っ張ってきた組織のゆがみが露呈しているのだろうが、今後、多くの日本企業が直面する問題ではないだろうか。だが、そのお家騒動の裏には、利益を得ようと画策している者がいるということだけは忘れないことである。

大塚久美子社長勝利を陰でニヤリと微笑んでいる者がいる

経営権を巡って会長と社長が対立していた大塚家具は三月二七日、東京・江東の本社で定時株主総会を開催。会社が提案した大塚久美子社長らの取締役選任案を六一％の賛成票で可決した。

接戦が予想されていたが、結果的に大きな差がついたのは金融機関の大株主が会社提案への賛成に回ったためとみられる。たとえば六%を保有する日本生命などだ。

今回、大塚久美子社長は株主というステークホルダーには認められたが、他の従業員、また取引先で約三%を持つフランスベッドなどのような仕入先の一部には認めてられていない可能性もある。

さらに言えば、今回のマスコミ報道で知名度が上がり、一度も大塚家具を利用したことのない小口ユーザーの「一見客」は見物がてらに来客するかもしれないが、勝久氏が築いてきた大口顧客である会員制による強固な顧客基盤の一部は崩れ去った可能性もある。

それは株主総会で株主からの「家具は幸せを売るはずだ」という言葉に象徴されている。ステークホルダーでみると、株主は味方でも、従業員、取引先、顧客の一部に見離された状態で経営の立て直しができるのだろうか。まさか久美子社長は「あるべきガバナンス体制」が構築できたらそれが実現できるなどとは思ってはいないだろうが。

父親の後ろ盾がなくなった経営はもっと泥臭い経営を今後、要求されるし、仮に業績回復が実現できなければ、唯一の味方である株主は手のひらを反して退陣を要求してくることは明らかだろう。

八月六日、大塚家具の二〇一五年一~六月期の業績が発表された。従来予想が一億二〇〇〇万円強の赤字だったのを、単独税引き後利益三億五九〇〇万円の黒字と逆転してみせた。全国一六店舗で展開した「おわびセール」が奏功した形だが、今後はそうした安易な手法が通用しないのは、久美子社長も株主もわかっているはずである。

ユニクロと良品計画の現状

小売業、外食産業の将来性を判断する最大のポイントが客単価にあるのは論を俟《ま》たない。

客数が上がる→客単価が上がる→客数が下がる→客単価を下げる→客数が上がる

このような循環を繰り返している小売業、外食産業の業績は非常に伸びている。

今年の秋冬物から一〇％値上げをアナウンスしているユニクロ、「ファーストリテイリング」はどうだろうか？　ファーストリテイリングは昨年も五％値上げしたが、業績は順調に拡大してきた。

ところが今年六月、既存店の売り上げと客数が一〇数％減となり、ピークアウトの兆しが出てきた。本来であれば、こうした局面においては客単価を下げるべきであるのに、すでに同社は秋冬物から一〇％値上げを決定済みである。客離れを起こさないのだろうか？

三九八〇円のジーンズが四九八〇円になると、ちょっと高めだなという印象を抱くが、売り

秋冬物から＋10%値上げは大丈夫？

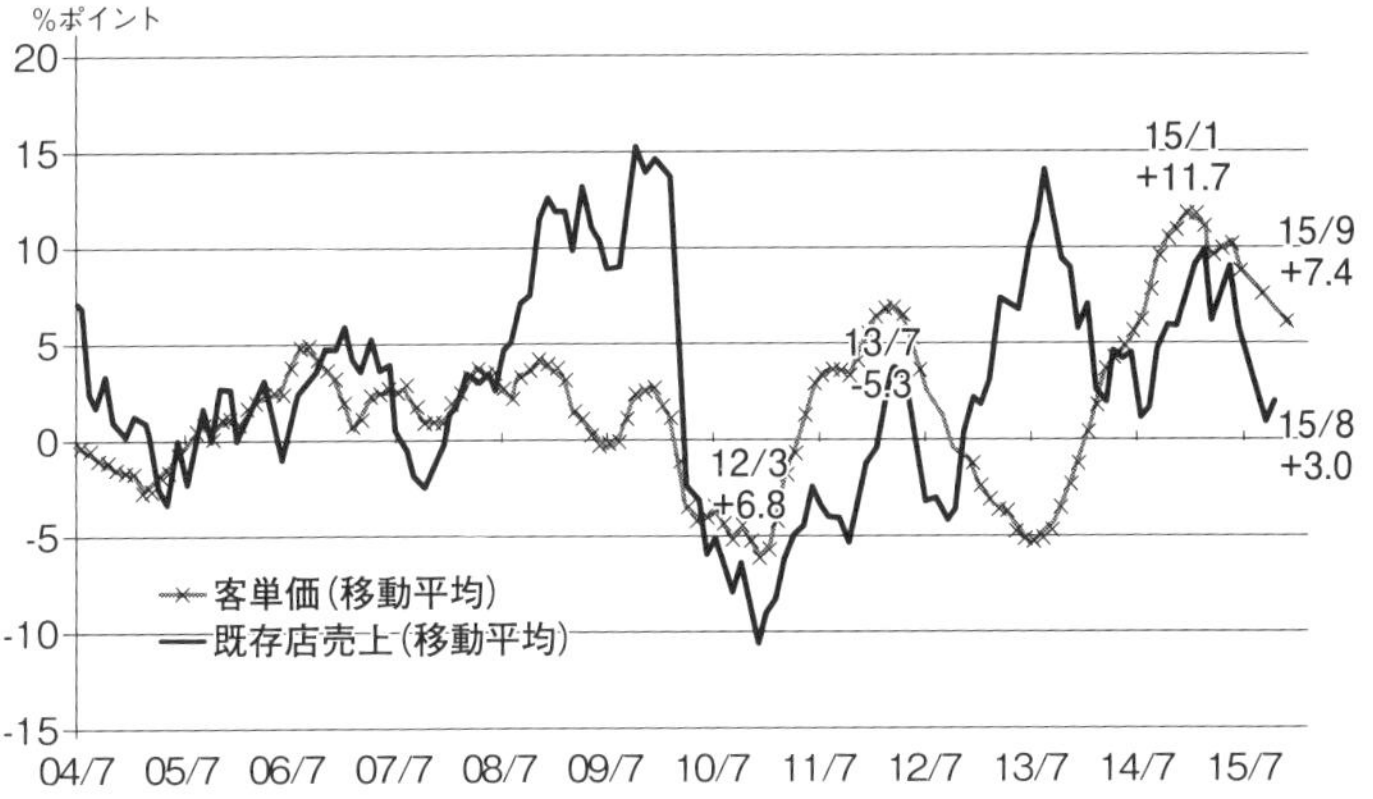

出所：会社資料、T-Model作成

良品計画は10年振りの高水準に客単価が上昇

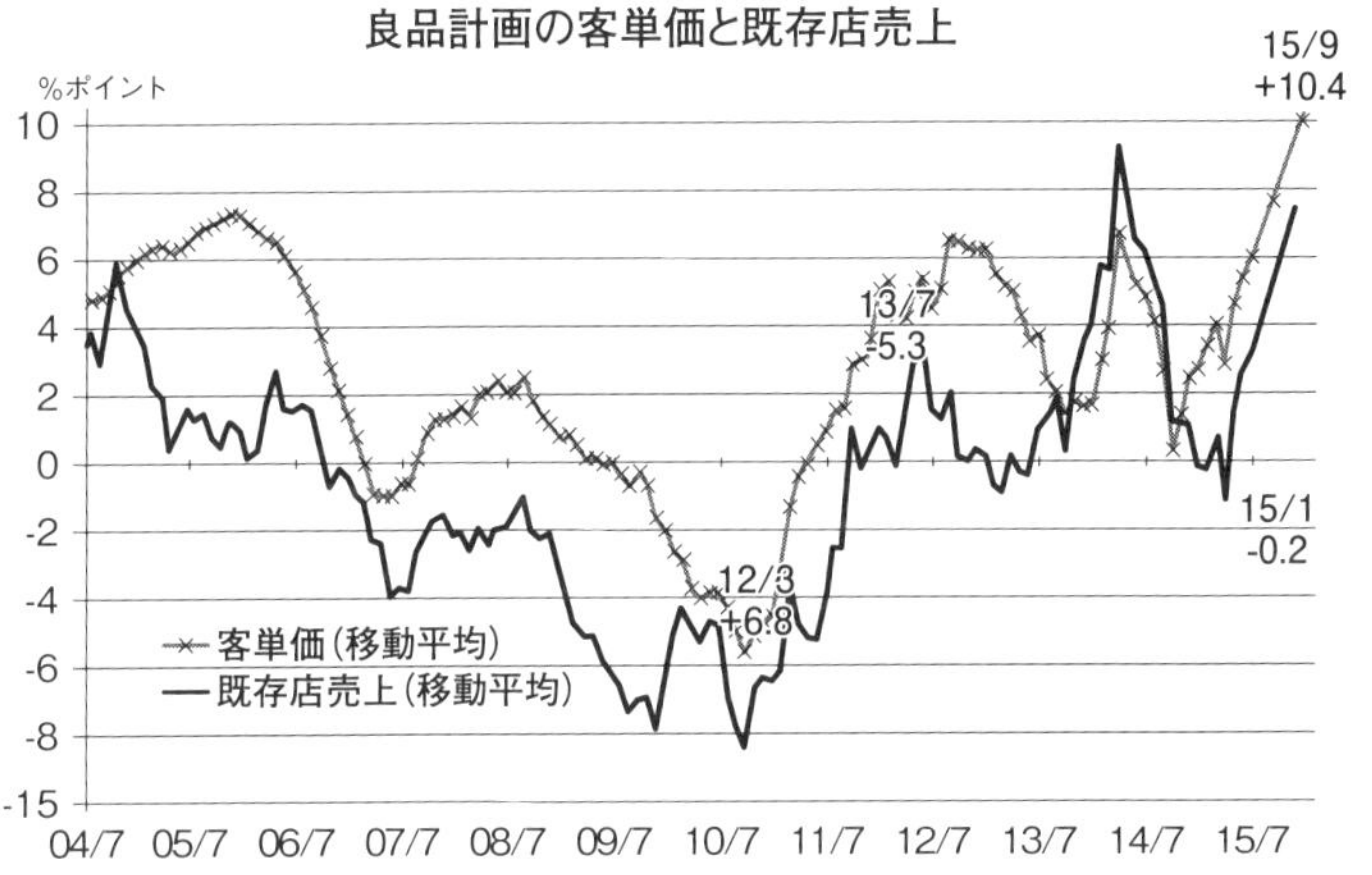

出所：会社資料、T-Model作成

上げと客数がピークアウトしたときに値上げをすると、下降を加速させる危険性がある。実際、二〇一五年一月に客単価がピークアウトするなか、売上も勢いをなくしてきている。

一方、二〇〇四年以降で最高となる二ケタの伸びの客単価を記録した「良品計画」は至って良好な状態である。良品計画の場合、客単価が上がっているわりに、客数がそんなに落ちていないことがそれを示している。

小売業、外食産業にとって、客単価が上がることは利益率が上がることを意味する。利益が上がるのではなく、利益率が上がる。同社の株価が上がっているのも、そういう点を評価されているのであろう。

では客単価を上げるにはどうすればいいのか？　客単価は、**客単価＝一品単価×買い上げ点数**の式でできている。

単なる一品単価の値上げならば、日本マクドナルドの轍を踏むことになるだけだ。客単価を引き上げる戦略を徹底的に考えるしかない。

この原稿を書いていた八月、衣料品店「ユニクロ」の七月の国内既存店の売上高が発表された。前年同月比一・五％減で、二ヵ月連続のマイナスとなった。客数が六・一％も減ったことが大きく、どうやら筆者の懸念が当ってしまったかもしれない。結局、一五年八月期は会社の計画にも届かず、一六年八月期もアナリスト予想を下回る計画を発表した。同社の柳井社長は

「消費は決して良くない。むしろ停滞、ないしは縮小している」と一〇月八日の決算説明会で語ったが、「値上げ」の影響はないのだろうか。「ユニクロ一人勝ち」を築いた柳井社長だからこそ、この現実を見て今後どう戦略を転換してくるかが注目される。

マーケットシェアの時代からカスタマーシェアの時代へ

いまの世の中は価値観がみんなバラバラである。何が売れるかわからない時代においては、「化学式的戦略」が不可欠といえる。

戦略は二つに分かれる。一つは「化合物」をつくりだすことだ。

A＋B→C

既存のモノを組み合わせて新たなモノをつくり出す発想である。たとえば、家電量販店のビックカメラとアパレルのユニクロがコラボした「ビックロ」などはそれにあたる。

筆者がなるほどなと唸らされたのは、青春小説とビジネス書を化合させた『もし高校野球の女子マネージャーがドラッカーの『マネジメント』を読んだら』で、三〇〇万部の大ベストセラーになったことだ。

もう一つの化学式的戦略は「分解」である。

C→A＋B

Cという物質をA＋Bに分解する。Cさんという消費者のなかには、安いモノが欲しいCさんと贅沢をしたいCさんの両方が共存しているという発想である。実はその両方の心理にアプローチをかけられる方法なのである。

これまでわれわれはマーケットでシェアを上げるという発想に縛られてきたが、これは考えてみれば〝雑〟だった。それよりも、一人の人間が使うお金のなかで何％のシェアをとれるのかとする発想である。

国内消費全体が縮小するなか、マーケットシェアの時代からカスタマーシェアの時代へ移行しつつあるということだ。一人の人間の中のシェアを上げることが、これからは非常に重要になってくる。

同時に重要なのが「ビッグデータ」への取り組みであろう。

二〇一三年にNTTドコモが東急百貨店などと組み、スマートフォンの位置情報や来店履歴を基にクーポンを配信するなどのサービスを始めるなど、「ビッグデータ」の応用力が問われる時代になってきた。

日本の消費関連企業の勝者と敗者を分けるカギはまさに、この「ビッグデータ」をどれだけ使いこなせるかにある。

前述のとおり、「マーケットシェア」で議論する時代は終わりを告げ、いよいよ「カスタマーシェア」で議論する時代が始まろうとしているが、その議論に加われるのは「ビッグデータ」を使いこなすことのできる限られた企業だけかもしれない。

これだけ違う「二〇世紀」と「二一世紀」の価値観

二〇世紀とは筆者が言うまでもなく、「戦争の世紀」であった。他国、他者を力ずくで押しのけても、競争に勝たなければ生き残れない世紀だったように思う。

その証拠に二〇世紀に急膨張した金融業界ではストラテジー（戦略）、タクティクス（戦術）、ターゲット（標的）、オペレーション（作戦）、シンクタンク（戦略室）など戦争用語ばかり使われている。

二〇世紀には成長なくして繁栄なしとする成長神話が宿り、みなが画一的で平板な価値観を持ったため、幸せについても至極限定的なものになってしまっていた。

一方、二一世紀は生命、生物の時代に変わってくる。二〇世紀末頃からインキュベーション、

二〇世紀	
社会	成長社会、戦争の世紀、使われる言語はストラテジー、タクティクス、ターゲット、オペレーション、シンクタンクなど戦争用語
幸せの正解	良い大学を卒業して「大企業」に就職する。疑似「幸せ」の洗脳社会
必要な能力	試験処理能力
決める時	就職・転職・進学は「判断」
思考方法	良いか悪いか、損か得か、正しいか正しくないか
価値観	客観的

二一世紀	
社会	成熟社会、生命（生物）の社会 使われる言葉はインキュベーション、ハイブリッド・コラボレーション、オーガニック、フェロモン、ウイルスなどの生物学用語
幸せの正解	正解がない時代。良い大学を出ても、大企業に就職しても……。
必要な能力	クリエーション能力
決める時	「正解がない変化の時代」だから悩んでいても正解はない。「判断」ではなく「決断」するしかない。 「決断」の時代は「結団」の時代に通ずる。
思考方法	好きか嫌いか、信じるか信じないか、愛するか愛さないか
価値観	主観的。だから「自分軸」が必要。

コラボレーションなど生物学用語が広く使用され始めたことがそれを示唆している。そして二一世紀で求められるのは「クリエーション能力」だ。二〇世紀に重要な能力だった何でも早くこなせる「試験処理能力」を競う時代ではなくなった。それらはコンピュータやロボットに置き換わってしまう。すなわち付加価値を上げる、新しいモノを創ることがもっとも評価される時代であり、だからこそ本物のプロの時代の到来を意味している。

これだけ価値観を含めてすべての考え方が異なるわけだから、消費者に対する企業のアプローチも変わって当然であり、そのアプローチの差が企業の優劣を決めていくはずである。

二〇二〇年から始まる世帯数減の危機

日本の労働人口がピークアウトしたのは二〇〇五年で、人口がピークアウトしたのが二〇一〇年だった。

この二つがピークアウトしても日本経済は悪いながらも、なんとか持ちこたえてきた。何故か？　世帯数が漸増していたからだった。世帯数が増えると、高価なモノは買わなくても、それなりの需要は発生する。

本当の危機は2020年から始まる？

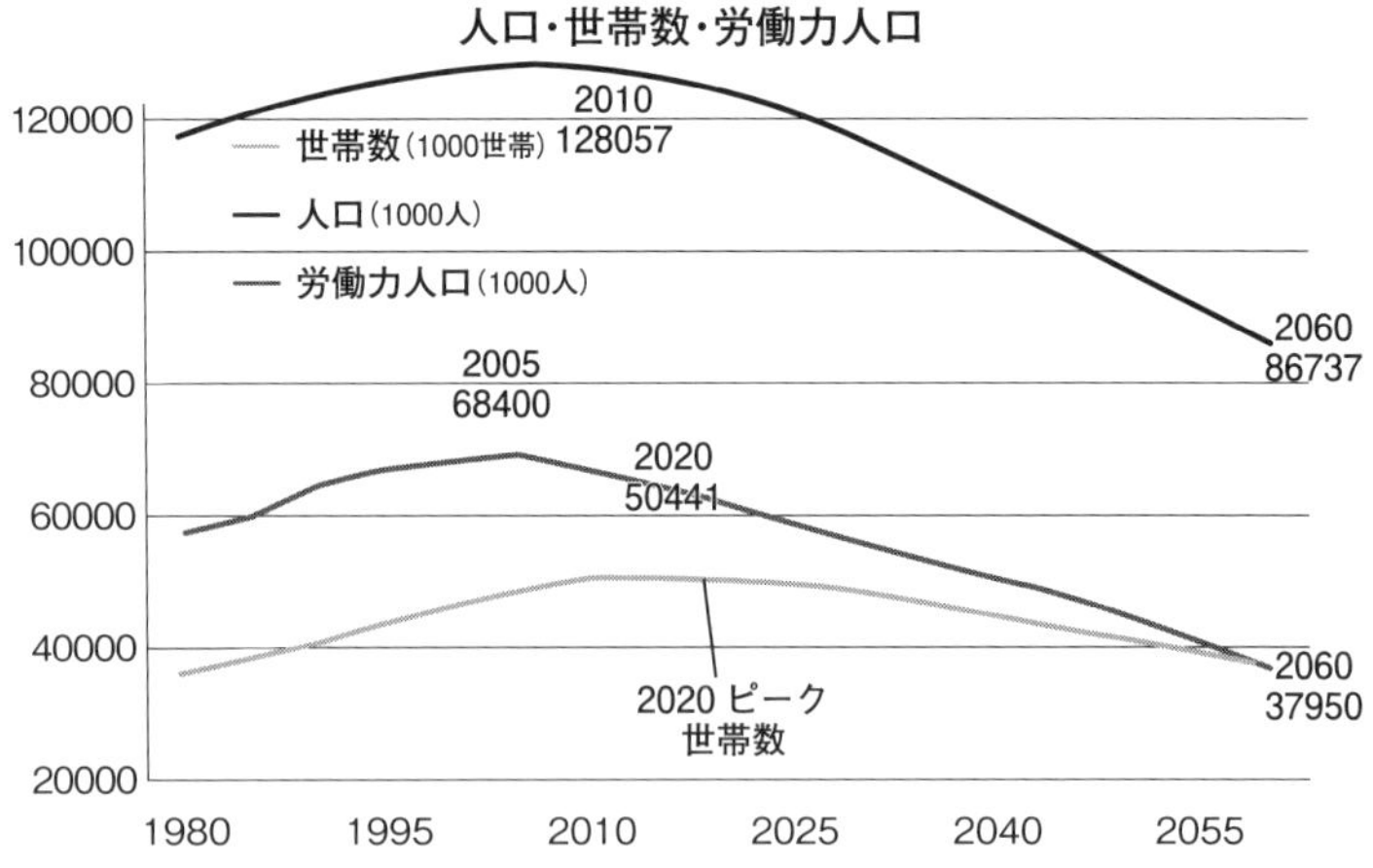

出所：T-Model作成

だが問題なのは、この世帯数が二〇二〇年にピークアウトすると予測されていることで、これはほぼ間違いなさそうである。二〇二〇年を境に、本当の意味での日本における消費の縮小が幕を開ける。

奇しくも二〇二〇年は東京五輪の年。仮に東京五輪が開催されたとして、その直後から日本は、人口減などよりはるかに深刻なステージに移っていく。

本気で爆買いをしてくれる訪日外国人をどれだけ増やしていくか。そういうことも含めて、われわれには従来の消費スタイルを問い直すときがもう間近に近づいてきているといえるだろう。

第五章

日本劣化の正体

サラリーマン比率の高まり過ぎが日本を駄目にした

前章で日本経済は六〇年サイクルで流れ、それは一五年ごとの四期（創業期・保守期・因循姑息期・崩壊期）の順序を踏むものであると説明した。

実際に戦後の焼け野原から復興した日本はサイクルに従って推移し、ふたたび創業期に戻っているのを表している一つの証左が、この新車販売に占める軽自動車比率なのだと思う。

一九六八年　三二・八%
一九八六年　二八・三%
一九九四年　一九・二%
二〇一二年　三四・〇%

まだ軽自動車しか買えない人が多かった一九六八年の同比率を二〇一二年に上回ってしまっているのだ。軽自動車は日本特有の枠組なので、これを発展途上国にあてはめると中古車にあたる。発展途上国の人たちが新車は高くてとても買えないので安い中古車で我慢している構図

戦後60年をかけてサラリーマン化した日本

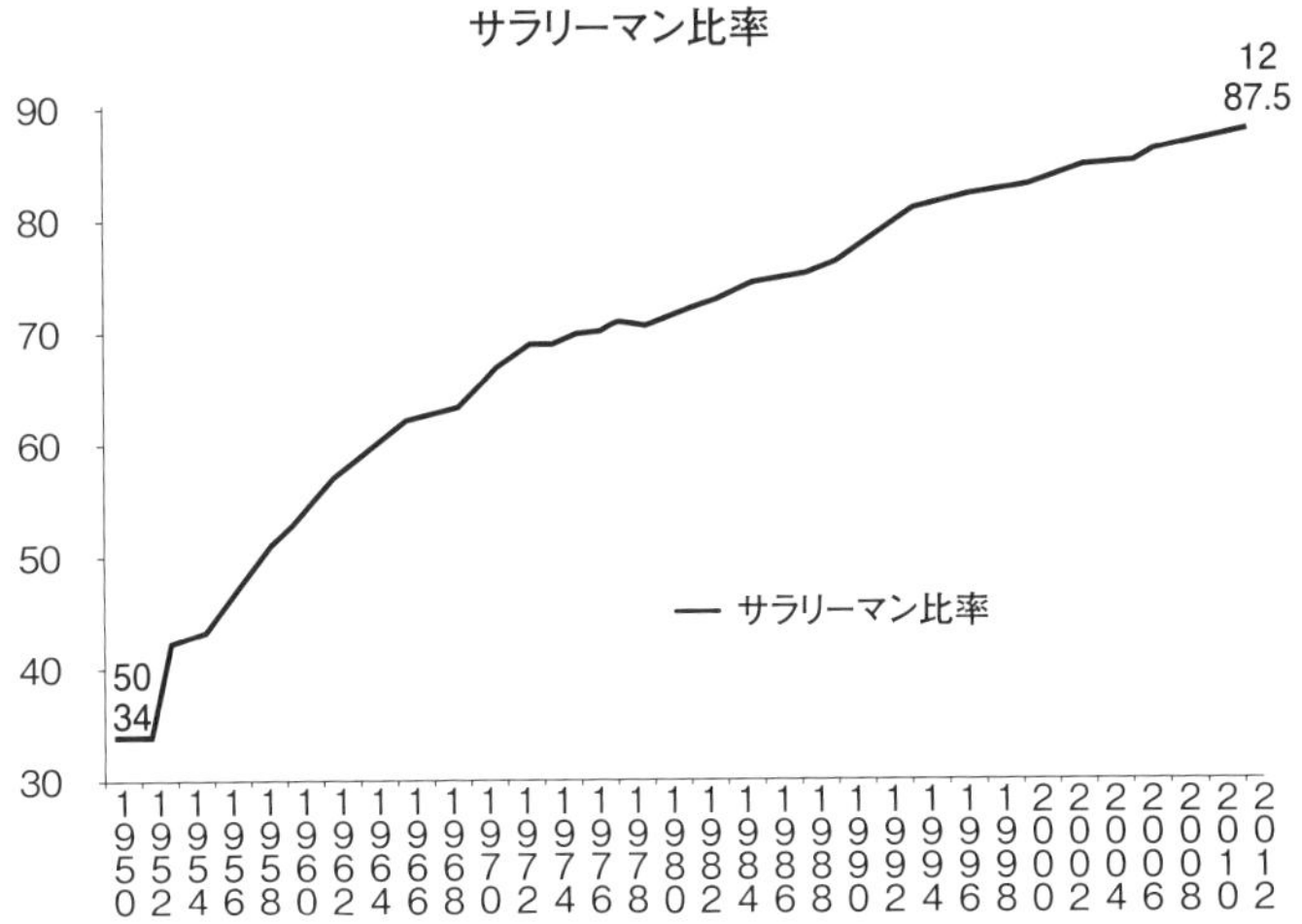

出所:T-Model作成

と等しいのではなかろうか。

その一方で、戦後から右肩上がりで今日まで一方的に伸び続けているデータがある。それは「サラリーマン比率」だ。戦後は三四％にすぎなかったサラリーマン比率は上昇し続け、二〇一二年段階で八七・五％、約九割にまで伸びている。

これだけは戦後直後に戻っていない。実はこれが問題なのだ。他のものは六〇年サイクルの下、戦後の焼け野原の時代に巻き戻されているのに、それに抗うかのように逆方向へ進むのがサラリーマン比率なのである。

サラリーマンとはごくシンプルに言うと、分業を担う人々ということになる。サラリーマン比率の上昇は、分業化が進み、効率的な社会と

日本の非効率はサラリーマン化が原因

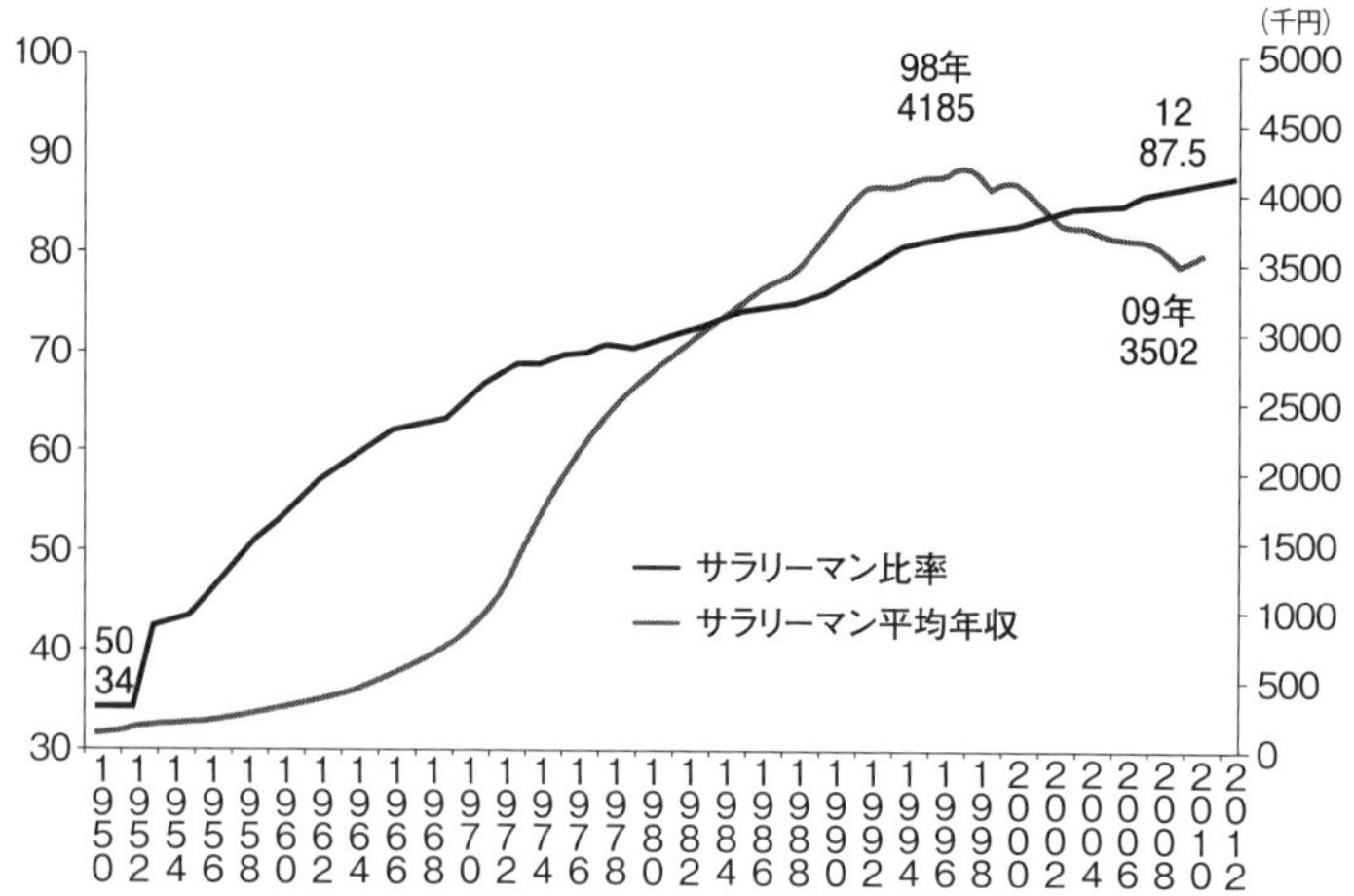

出所：T-Model作成

なっていることを表している。

企業のなかで生産から販売まで、川上から川下まで、全部一人の人間が担うのではなく、それぞれの領域・部署を専門的に担うのがサラリーマン。そうすると効率化が進むからで、日本企業は一丸となって効率を追求し、サラリーマン社会が急速に構築されていった。

効率化は、大量生産が可能になり、大量消費を促し、企業の従業員の年収も右肩上がりという好循環をもたらした。ところが、そうした好循環も一九九八年までは続いていたが、その後は逆転現象が起きている。

何故か。日本企業が分業化をしすぎたために、今度は分業が非効率化を招いてしまったからである。大袈裟でなく、工場で製品の部品を造っている人が、自分が何を造っているのか、完成

61年振りに過去最多を更新した『生保受給者』

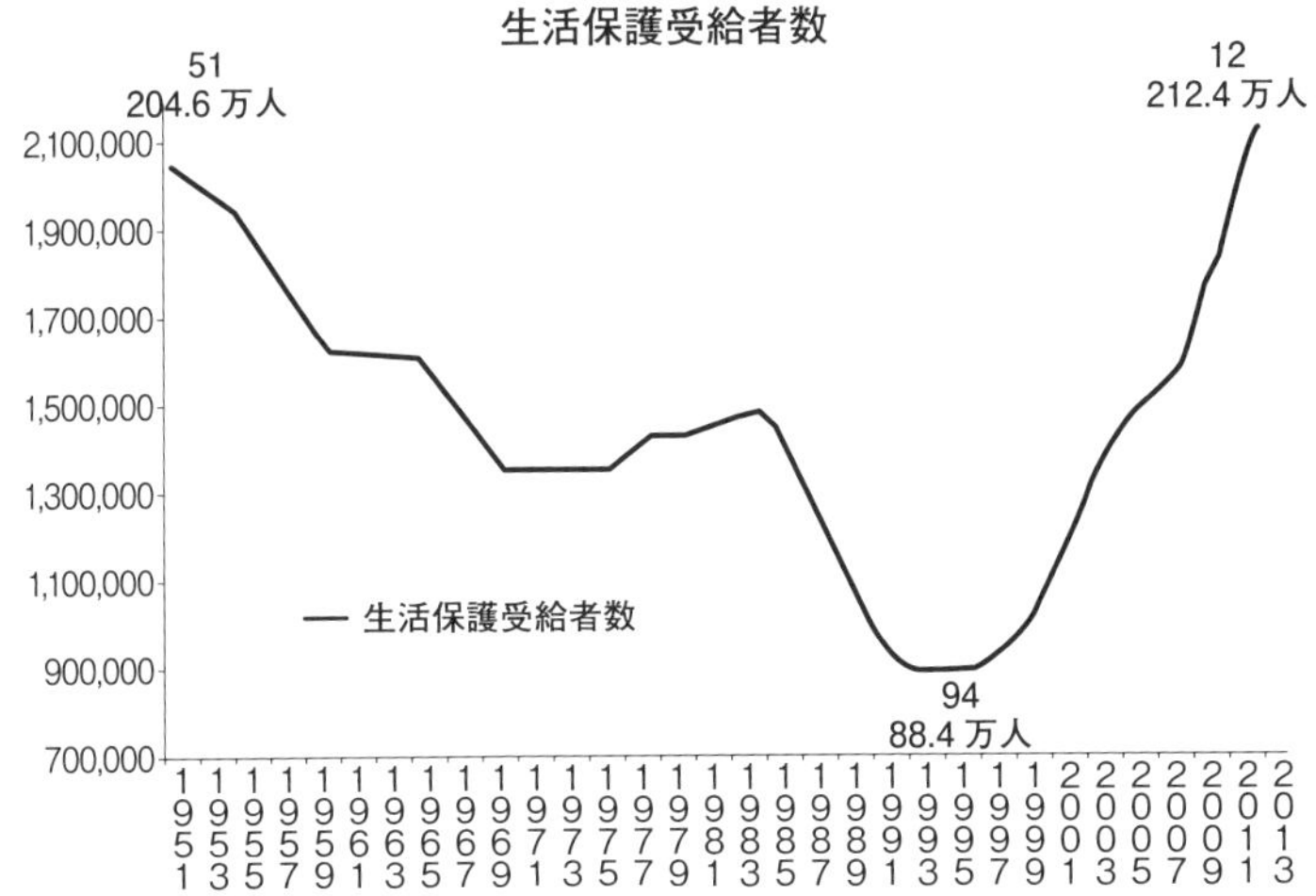

出所：T-Model作成

品の形がわからないような状況になっているのだ。

　仕事の分業化、細分化が進みすぎたことが原因なのは明らか。つまり、サラリーマン比率を下げることこそが今後、効率化を進める一つの道となるのだ。

　あとで取り上げるつもりだが、過剰な分業体制の確立がもたらした最大の弊害は、日本のサラリーマンの付加価値の〝劣化〟につながったこと。それでサラリーマンの給料も下がってきたわけである。

　これだけサラリーマン比率が高まれば、自分のやりたいことなど二の次になってしまい、世の中を活性化させる、ブレイクスルーするエネルギーがどんどん萎んでしまう。だから閉塞感に覆われる世の中になってしまうといった負のスパイラルを招いてしまっているわけである。

ではサラリーマン比率がどの程度ならば適正と言えるのだろうか。筆者はサラリーマンの平均年収の伸びが大きかった一九七六年あたりの水準、七〇%程度まで下げれば、日本の効率化が復活するのではないかと思っている。

また生活保護受給者数もこのところ急ピッチで増加している。二〇一二年にこれまで受給者数過去最多であった一九五一年の二〇四万人を六一年振りに更新したのだ。ボトムは一九九四年の八八万人。

ここにも戦後の『焼け野原』の時期に逆戻りしている日本の姿が浮き彫りになっており、未来に進むどころか過去へ、過去へと引きずり戻されているのが日本の現状である。つまり、見た目は近代化された日本経済であっても、その中身は「戦後の焼け野原」と似た状況、いやそれよりもひどい状況となっているのかもしれない。

ギリシャのことを笑えない日本人

したがって、政府は高くなりすぎたサラリーマン比率を下げる政策をとるべきであろう。サラリーマン比率を下げれば、おのずと付加価値は高まり、所得の上昇につながる。

失業率ばかりに目を向ける安倍政権は順番が逆だと思う。本来は、サラリーマン比率を下げる政策を徹底的にやらなければ、日本は本当の意味での復活はない。しかもこれを実現するには、相当な時間と反発がかかるだろう。

何故なら、サラリーマン比率を下げることは、サラリーマンの人数が減ることを意味する。サラリーマンから足を洗った人の受け皿は「独立」である。独立する人を際立って優遇しなければ、そうした時代はやってこない。だから一方では、大企業に属していることが優遇されない世の中にする必要が出てくる。

これまでのようにあまりにも大企業優遇策をとり続けていると、日本人の「寄らば大樹精神」のサラリーマン化は止まらない。国民の四分の一が公務員という公務員天国のギリシャのことを、日本人は笑っていられない。

日本人には厳しい調査結果を紹介しよう。

二〇一三年一〇月八日、世論調査会社ギャラップ社は、国別の仕事に対する意欲について発表した。調査対象は世界一三万人の会社員。


まずは世界の平均値。

1．意欲があり、積極的に仕事に取り組む　一三％
2．意欲がない　六三％
3．意欲を持とうとしない。仕事が嫌い　二四％

〈米国〉
1．意欲があり、積極的に仕事に取り組む　三〇％
2．意欲がない　五二％
3．意欲を持とうとしない。仕事が嫌い　一八％

〈中国〉
1．意欲があり、積極的に仕事に取り組む　六％
2．意欲がない　六八％
3．意欲を持とうとしない。仕事が嫌い　二六％

〈日本〉
1．意欲があり、積極的に仕事に取り組む　七％

2. 意欲がない　六九％
3. 意欲を持とうとしない。仕事が嫌い　二四％

日本人の労働意欲は世界平均の半分でしかなく、ほぼ中国と同等であることがわかる。日本人がこのような心持ちになっているのは、滅茶苦茶に多い労働時間に対して収入がともなわない人が増えていることが影響していると思われる。それでやる気をなくし、また収入が減るといった悪循環に陥っているのだろう。

政府はアベノミクスでデフレを脱却すれば、次の段階には給与が上がり、消費が増えて、日本は好循環の経済となるとアナウンスするが、働かなくなった日本人の低賃金化はこれからも進む。

この調査結果はアベノミクスが〝根底〟から崩れていることを物語っているような気がする。

営業利益でドイツ勢に大きく差をつけられている日本の自動車メーカー

先刻、日本企業が分業化をし過ぎたために、日本のサラリーマンの「付加価値の劣化」を促し、ひいてはサラリーマンの給料も下がってきたと論じた。

付加価値の劣化は、当然ながら、日本企業にも当てはまる。

世界の代表的な自動車メーカーの「一台当たりの営業利益」を見ると愕然とする。ポルシェ、ベンツ、BMW、アウディのドイツ勢が軒並み高い営業利益を叩き出しているのに対して、日本勢はきわめて低い水準であるのがよくわかる。販売台数では日本勢とドイツ勢は拮抗しているものの、肝心の利益率についてはドイツ勢に席巻されている。

高級車路線において、トヨタはレクサス、ホンダはアキュラ、ニッサンはインフィニティを投入しているが、二〇一四年の高級車販売台数は、トップが独BMW約一八一万台で、独アウディ約一七四万台、独メルセデス・ベンツ約一六五万台に次いでレクサスが約五八万台と辛うじて健闘しているのみ。日本車に付加価値が備わっていない現実を突き付けられた格好だ。

下の表が、「国別の時間当たりの労働生産性」である。

日本が年間一七三五時間働いているのに対して、自動車を筆頭に、企業がずば抜けて高い付加価値を生み出しているドイツは一三八八時間。ドイツのほうが三〇〇時間も労働時間が短いにもかかわらず、GDPは世界第三位の日本とそう大きくは変わらない。

こうした数字は、日本の時間当たりの労働生産性が異常に低いことを表している。付加価値の低い仕事を長時間かけてやっているからに他ならない。

ご覧のように、日本の時間当たりの労働生産性はOECD三四カ国の平均よりも低い。勤勉

代表的な自動車メーカーの1台当たりの営業利益(2014年)

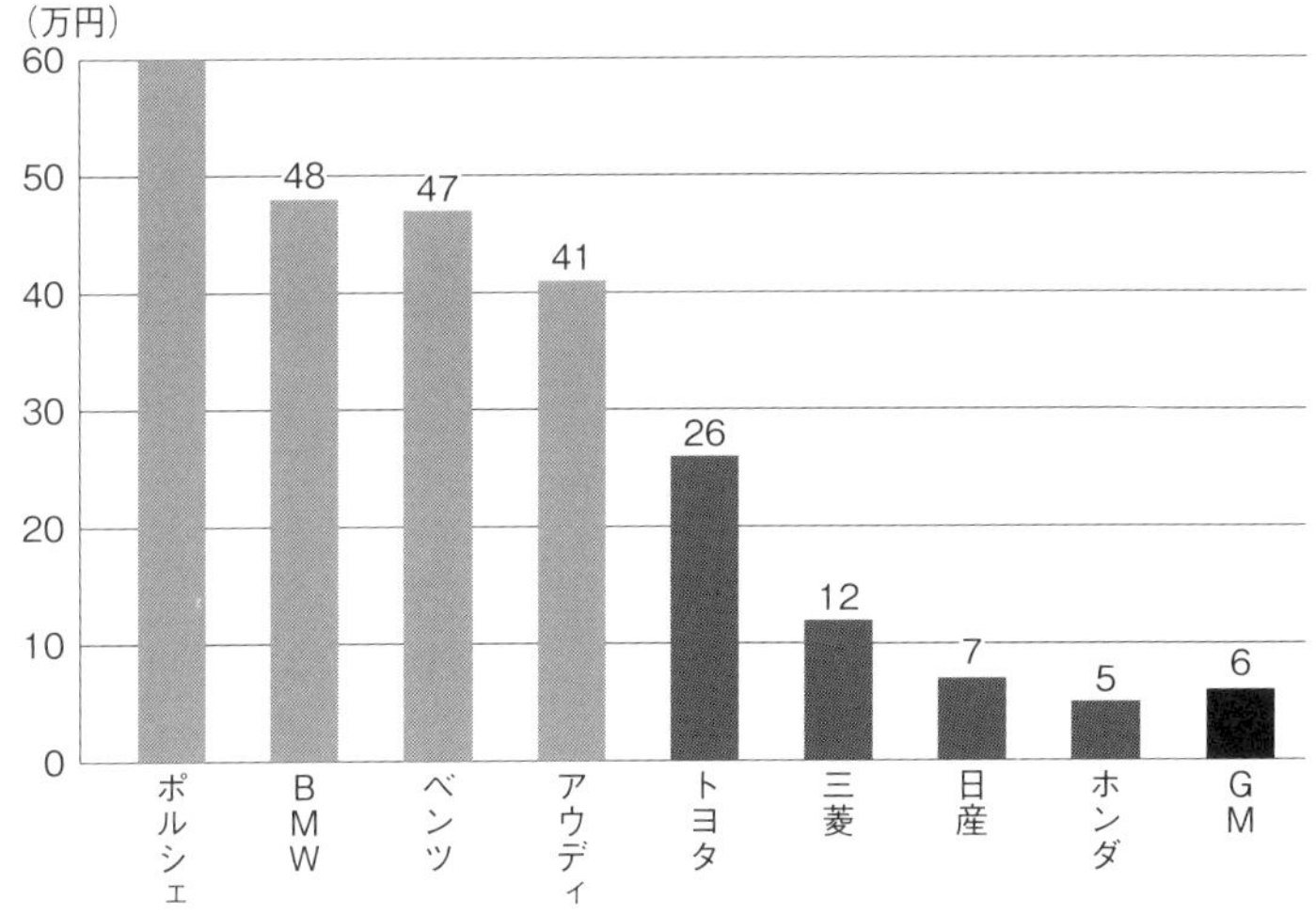

出所:TV東京資料等よりT-Model作成

時間当たり労働生産性(2012年)

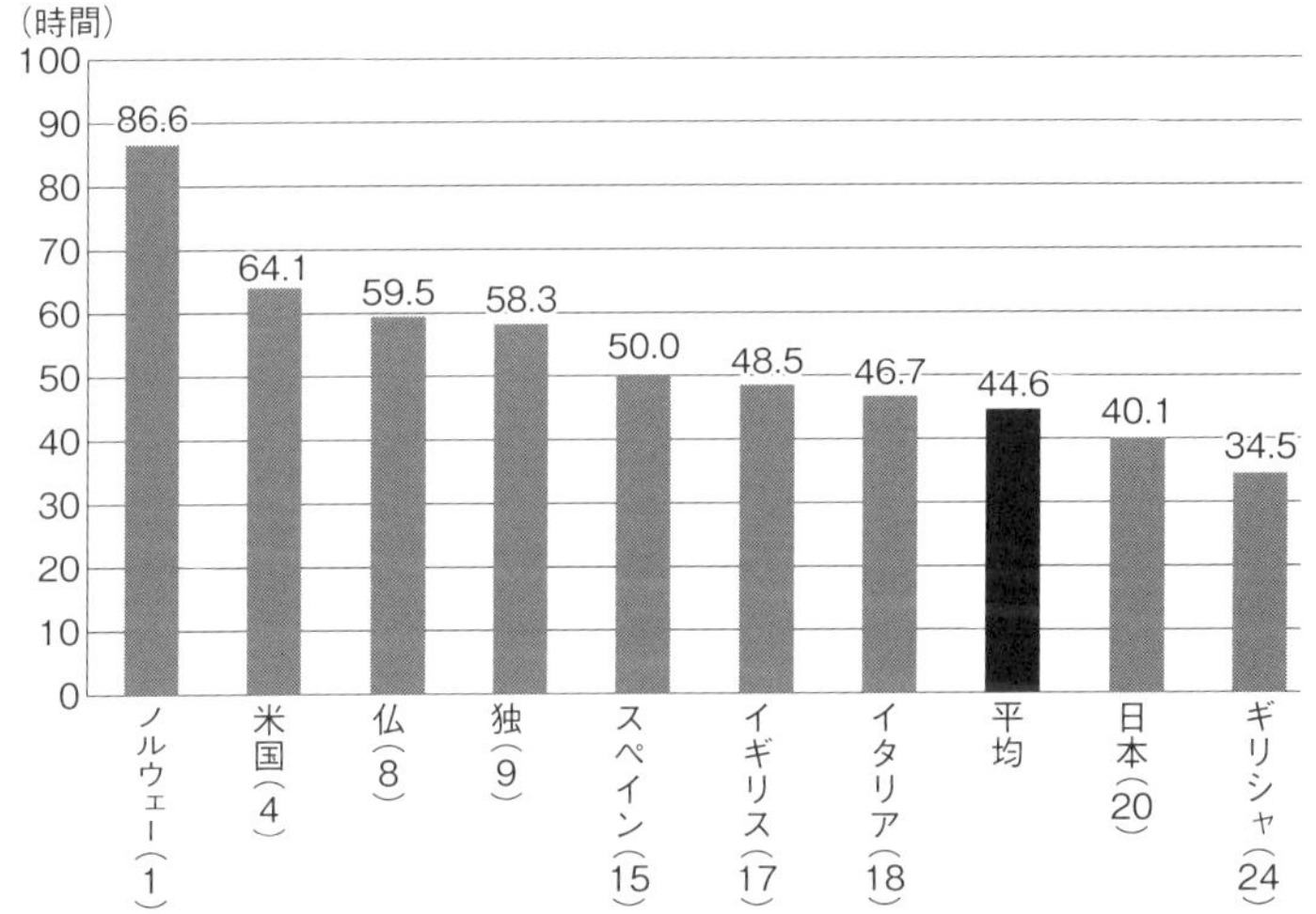

出所:OECD加盟国34か国よりT-Model作成
注)( )内は順位

のイメージからはほど遠いスペイン、イタリアにさえも日本は負けており、先進国としてまったくお恥ずかしい状況だ。

さらに言えば、日本の時間当たりの労働生産性はデフォルト危機のギリシャのそれとほぼ互角で、先述したように、日本人はギリシャ人のことを決して笑えないのが現状である。

アベノミクスに警鐘を鳴らしたジム・ロジャーズ氏

アベノミクスに懐疑的なのが著名投資家のジム・ロジャーズ氏である。筆者がいまでもはっきりと覚えているのが昨年一一月一七日、テレビ東京「モーニングサテライト」におけるインタビューだ。

ここで彼は、歴史的緩和の結末、投資の秘訣を独自の視点から予想し、安倍総理の政策は日本経済、国民にとっては良くないと警鐘を鳴らしたのだ。以下はそのあらましである。

「安倍首相は投資家に対しては良い仕事をしてくれている。しかし、長期的な観点から見ると、日本の債務は多く、人口も減っており、彼のやっていることは日本を破滅させる方向に導いている。

子供たちへは他の国に移住するよう勧めたい。（こんな経済状況では）消費増税はするべきじゃない。逆に、減税して消費を増やしたほうが良い。カットしなければいけないのは政府の支出のほう。人口が減るなか無駄な公共投資はやめて、債務を減らすべきだろう。

（投資に関しては）敬遠されて割安、かつ変化の兆しがある市場をみつけることが成功の秘訣です。他の人が手を出さないところに投資する。他の人にとってはリスクがあるように見えるだろう。しかし、私にとっては割安に見える。最高値更新が続くアメリカのほうがよほどリスクがある。行く末を考えると恐ろしいし、みんなそのように考えておくべきで最悪の結末が待っているからです。

二〇一七年か二〇一六年か、状況が変化したときリーマン・ショック以上の悲劇が起こりうる。生き抜くためにそのときに備えておくべき。資産はいくつかの国に振り分けて保有している。資産は自分の国だけでなく、海外にも持っておくべき。それだけではなく、分散の方法として、海外の保険に入るのも良いだろう。また、実物資産も持っておくべきでしょう。いま買い増しているわけではないが、万が一に備え、金と銀を持っている」

さらにロジャーズ氏は農業を行うことも勧め、「自分で食料を確保することはこれから生き残るためには特に重要」と述べた。これは二〇一二年に出版した拙書『そして大恐慌が仕組まれる』（ビジネス社）で指摘したポイントの一つでもあった。

二〇一二年当時、ロジャーズ氏は金への投資ばかりを強調していた印象があったが、今回の近未来予測は、私がこの本のなかで描いてきた未来予測とかなり近いものに変化している。

最後に、ロジャーズ氏は別のメディアのインタビューでこのように述べている。

「歴史的にみても、自国通貨安で〝本質的〟に経済が救われた例はない。欧州や南米の様々な国が試みたが、一時的な刺激にはなれど、長期的には成功しなかった。年金資産の運用見直しや少額投資非課税制度（NISA）導入など、投資家にとって良い政策もあった。だが、大きな流れを誤っており、あのときにお札を刷りすぎて問題を深刻にしたのだと一〇年後に振り返ることになるのではないか」と。

マイナス続きの実質賃金

労働組合の賃上げ要求である春闘に対する企業の回答を集計した経団連「春季労使交渉・大手企業業種別回答状況」によれば、昨年の妥結額は二・五九％増（定期昇給分を含む）。一昨年の妥結額二・三四％に比べて〇・二五％程度のベースアップとなったとされる。

今年三月一六日の日本経済新聞に『相似形を描く株価と賃金』といった興味深い題名の記事が掲載されていた。

実質賃金が上がらないのは？

実質賃金指数（前年比、移動平均）

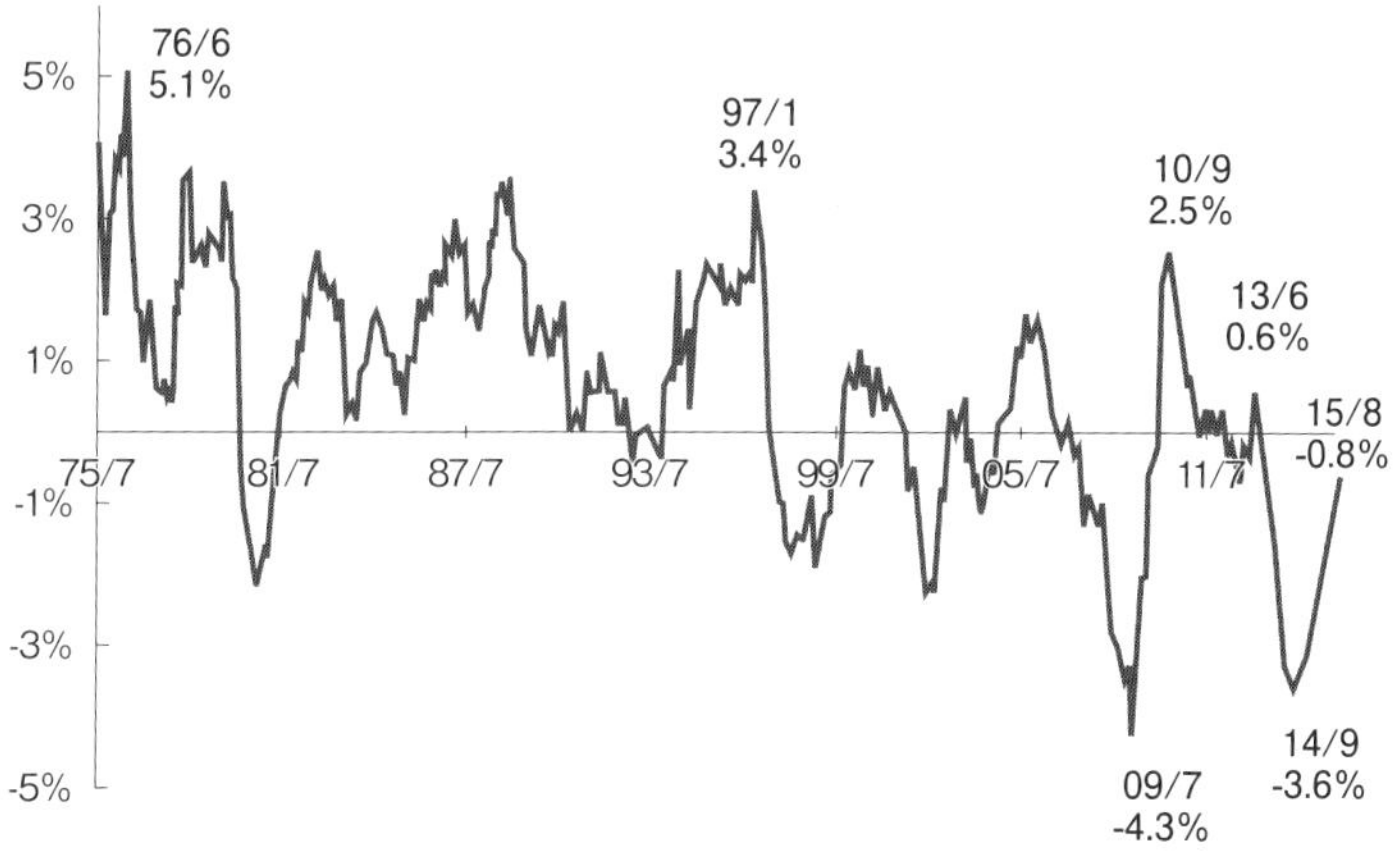

出所：T-Model作成

『厚生労働省の毎月勤労統計によると、一月の基本給が一五年振りの増加率を記録した。そういえば、日経平均株価も二月に一五年振りの高値を付けたばかり。株価と賃金には連動性があるのだろうか。

双方の一五年間の長期グラフをつくって重ねてみた。結果は春闘による一斉賃金改定などの季節要因を除けば、かなり相似形に近い軌道を描いていることが分かった。相似形を描く最大の要因は、双方とも企業業績に大きく左右される指標だからだ。

株価と連動して賃金が増えれば消費は活性化し、景気の好循環につながるはずだ。だが、国会の論戦ではアベノミクス批判として「円安・株高で資産家が恩恵を受けるだけで、賃金の増加が伴っていない」という意見を耳にする。消費者心理も賃金の増加率ほど改善しているとは言い難い。

原因は物価上昇分を引いた実質賃金の減少だ。昨年の賃上げ率は大企業で二・〇%と、昨年四月の消費増税による消費者物価押し上げ分と同程度。』


実質賃金指数前年比（移動平均ベース）を見ると、二〇一三年六月を直近ピークにして二〇一四年九月にマイナス三・六%まで低下。リーマン・ショック後の二〇〇九年七月にはマイナス四・三%と過去最高まで落ち込んだ後、一五年八月にマイナス〇・八%までマイナス幅は縮小しているが、依然マイナス圏で、まだまだ回復の実感はない。名目と実質の差は歴然である。

政府がアベノミクスで物価上昇を二%にすると言うのならば、実質賃金が二%以上にならないと実質賃金指数はプラスにならない。実質賃金指数がプラスにならない限り消費は増えるはずもない。

ただし、一応は誤魔化しが効く。株高で就業者数が増えて、毎月発表する有効求人倍率が一倍を超えているわけだから、国民は何か経済が好転しているのではないか、増えていない給料がひょっとしたら増えるのではないかと淡い期待を抱くかもしれない。そうした人たちは政府によってある種洗脳されてしまったのであろう。

だが、給料は増えない。実質賃金が増えない限りは、どうしたって消費は増えにくい。一部消費を増やしている人たちがいるにはいるが、それは株高の恩恵を受けて、資産をめまぐるしく増やしている人だ。

フローの給料で消費を増やすのは、いまの状況では不可能に近いと思われる。

日本人の賃金はそもそも低いのか？

だが、そもそも考えておかなければいけないのは、日本の企業の給与は相対的に低いのだろうか？という点である。そうでなければ、現在の賃金上昇は企業の競争力を低下させ、日本経済全体を停滞させる原因にもなりかねないからである。

それを見る上で重要な指標となるのが「労働分配率」である。

日本のメディアの報道を額面通り受け取ると、日本の労働者は「過酷に安い給料で働かされてる的」な印象を受けてしまいがちだ。「日本の給料って低いんだな。だから上げる上げると政府はしゃかりきになって言っているし、会社側もできるかぎり努力すると応じている。そうか、やはりデフレが続いたから給料も安くなったのだ」そのような印象を持ったとしても不思議ではない。

それを見るのがこの労働分配率。これは企業が稼いだ付加価値に対して人件費はどれほどな

各国の労働分配率

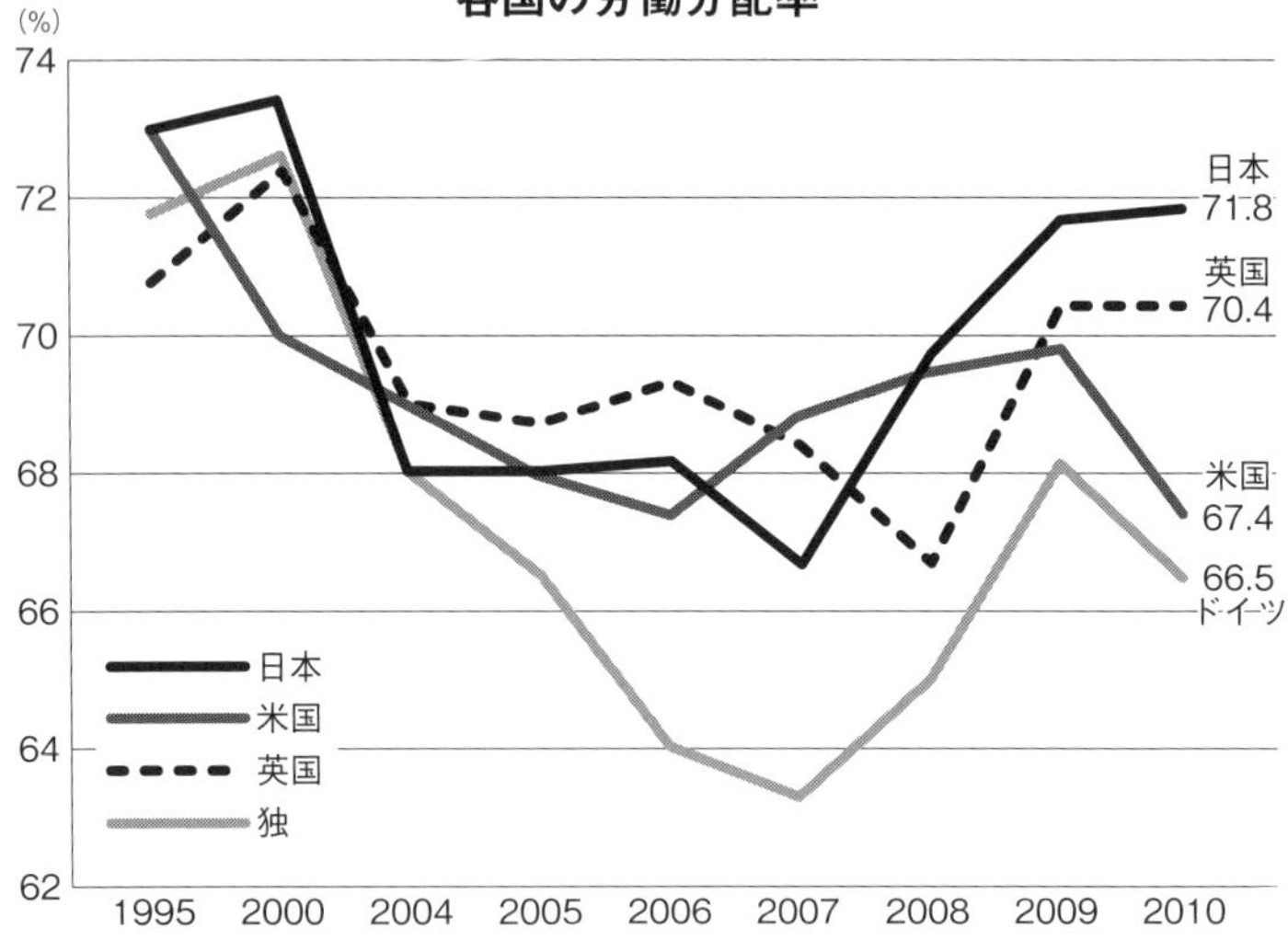

出所：内閣府資料よりT-Model作成

のかという比率である。

労働分配率（%）＝人件費÷付加価値額

二〇一〇年データとやや古いが、日本は七二%で、英国七〇%、米国六七%、ドイツ六七%の欧米先進国と比べるともっとも高い水準である。直近のデータではないため何とも言えないが、これ以上人件費を引き上げるとグローバル競争からどんどんと取り残されることは明らかだろう。

欧米諸国に比べて高い給与をもらっているとの印象がない日本の企業なのに不思議である。何故このように「労働分配率」は欧米諸国に比べ高いのか？ 答えは分母の付加価値が〝低過ぎる〟からに他ならない。したがって、いま、政府が見直すポイントは、目先の賃金上昇ではなく、先に筆者が指摘したように、日本の企業の付加価値を上げることにあり、また付加価値の高い企業を増やすことだろう。

ただし、次のような見方ができるのも事実である。全体的には日本人の賃金は安くない。ただそこには当然格差がある。若い人たちの給料がすごく下げられて、特定の人たちがずっと高い給料をもらい続けているため、トータルでは欧米先進国から見ると割高になっている。これも一つの要素ではないだろうか。

NHKの「預金封鎖」報道の怪

今年二月一六日、「NHKニュースウオッチ9」において、六九年前に実施された預金封鎖に関する特集が組まれた。

歴史を振り返るのなら七〇年といった節目の年がふさわしいが、六九年前という実に中途半端な年にわざわざそのようなものをテーマにして報じなければならなかったのか？　不思議に感じたのは筆者だけではなかったろう。

たしかに数年前から預金封鎖の話題がたびたび浮上していた。今回のNHKのニュースは「戦後の焼け野原」との認識のない日本国民に対しメッセージしたのではないか。筆者はそう捉えた。

その内容はざっとこんなものであった。

・いまから六九年前の一九四六年二月一六日、預金封鎖は開始された。

・現在の政府債務残高は名目ＧＤＰ比で二〇一四年で二〇四％、二〇一五年には二三二％にもおよぶ。

・預金封鎖を経験した人たちへのインタビューで、ある人は「堤防に生えている草などを食べて飢えをしのいだ」と証言。

・預金の引き出し制限や給与の一部強制預金など利用条件が設けられた。

・預金封鎖と同時に「新円切り替え」が実施され、封鎖預金から新円引き出し可能額は、一カ月に世帯主で三〇〇円、世帯員一人各一〇〇円。（現在価値換算で世帯主一二万～一五万円、世帯員一人各四万円まで）

・預金封鎖は激しいインフレ抑制が目的であった。だが、戦費捻出で一九四一年三月時点で三一〇億円だった「日本政府債務」が五年間で六・五倍の二〇二〇億円にまで膨張したため、政府の債務削減の狙いもあった。

・また預金封鎖には、「国民全員の資産を把握」するという別の目的もあった。その証拠に、

この預金封鎖実施から〝半月後〟の一九四六年三月三日に「財産税法」が施行された。

・以下は財産税法の主な課税内容。

一〇万円超～一七万円の資産保有世帯は二五～四五％の課税。

一七万円超～二〇万円の資産保有世帯は一律五〇％の課税。

一五〇〇万円以上の資産保有世帯は一律九〇％の課税。

超過累進課税方式により、一五〇〇万円の資産があった人の資産はわずか一五〇万円になった。

すでに日本では住民基本台帳ネットワークシステムが導入されているが、今年一〇月からは「番号法」、通称「マイナンバー」導入による「国民総背番号制」がスタートした。

当然ながら、これは国民の資産把握への布石でもあり、野放図な財政運営や国債暴落により日本政府の債務返済がにっちもさっちもいかなくなれば、われわれ日本国民は六九年前同様、べらぼうな資産税をかけられるのであろう。

強い心構えが肝要である。

いつかは必ず終了する日銀の金融緩和策に備えよ

心構えと言えば、われわれは日銀が金融緩和終了をした後の状況を予測しておき、そのときに備え、対応しなければならない。

いつになるかは不明だが、将来日銀は緩和終了を行おうと考え、その前には当然FRBのように緩和策を徐々に縮小していくテーパリングを宣言せざるを得ない。

米国でさえ市場に凄まじい動揺を与えたために延期したテーパリングを、日銀が粛々と行えるのだろうかという疑問が湧くが、それはクリアするとして、正式に緩和終了となった場合、日本の金利はいったいどこまで跳ね上がるのだろうか？

筆者にも予想はつきかねるが、おそらく上がり始めたら、想定の範囲を超えるのではないか。とはいえ、日銀の金融緩和はいつかは終わるわけで、筆者がアドバイスできるのは、いまはお金を借りたほうが正解で、しかも固定金利でしか借りてはいけないということだろう。

ただし、それを実行する人は、ちゃんとしたフロー収入を確保してないといけないという条件が付く。何故なら、金融緩和終了で金利が上がれば、景気が相当悪くなるのは当然だからだ。その環境下で自分がそのフロー収入をどれだけ確保することができるかが問われてくるわけである。

金利は固定で借りていれば得だが、毎月返済し続けるフローのお金を稼ぎ続けなければならない。

金利が暴騰するときは、いまと違って、不景気で企業がばたばた破綻しているはずだ。そのときに自分はちゃんと稼げるという自力を蓄えておかねばならない。

現代社会に増え過ぎている「恥ずべきことを恥じず」の日本人

福沢諭吉の『学問のすすめ』のなかにこんな言葉が綴られている。

「独立の気力無き者は人に依頼し人を恐れ諂《へつら》う。ついには、面の皮鉄のごとくなり、恥ずべきことを恥じず、人を見れば唯《ただ》腰を屈するのみ」

福沢の時代の日本人にもこんな人がいたのかと思わせるのと同時に、彼は一〇〇年後の日本社会を見事に言い当てている。現在の日本の閉塞感の一つの原因として、筆者が先に指摘している点の一つは行き過ぎた「サラリーマン比率」であるとの見方に通ずる。

それにしても福沢は、日本にお金と権力に媚びへつらうサラリーマンがあふれ返るいまの日本の状況を予感していたのだろうか。サラリーマンになどなるな、もっと独立の気力、気概を持てと、平成の時代のわれわれを叱咤《しった》しているようである。

いずれにせよ、日本は「国民総サラリーマン化」している状況から抜け出せなければ、日本の明日は拓けてこない。

一九五〇年のサラリーマン比率は三四%だったが、その水準まで戻せとは言わないまでも、先に記したように九〇%近くに達している現在の同比率を少しでも下げていく努力が必要だろう。

政府は昨夏、全国三〇〇カ所に「創業塾」を開き、全国で一三〇〇〇人程度の創業希望者を募ったとされるが、そうした取り組みが絵に描いた餅にならないためにも、金融面・税制面でも支援する仕組みづくりが急がれよう。日本でもいよいよ「サラリーマンよさようなら、株主・オーナーよこんにちは」の時代が始まろうとしているのかもしれない。

昨年、著名投資家であるウォーレン・バフェット氏が率いる投資会社バークシャー・ハザウェイが時価総額で世界のトップ3に入ったことは、時代が「サラリーマンよさようなら、株主・オーナーよこんにちは」に向かっていることを象徴している。

二〇一〇年から一九五〇年~六四年の「創業期」と同じサイクルに入っている日本だが、もう一度、オーナーや株主の力を強くすることが日本再生の近道かもしれない。

そして、筆者は日本の企業人に問いかけたい。

あなたの会社には「核」となる組織はあるのか？　その組織に「核」となる人物はいるのか？　また、その人物に「核」はあるのか？　と。

もう一度、「核」を問い直し、なければそれを追求し、企業・社員がともにそれを「自〝覚〟」することが企業再生への近道なのだと思う。

「核」のない種は籾殻《もみがら》でしかない。「非核三原則」ならぬ「核」をつくる三原則は「汗をかく」「恥をかく」「文章を書く」ことらしい。現代人が忘れた地道でもっとも嫌がられるこれら三原則こそが、実は激変の未来を生き抜く重要な手段なのかもしれない。

「知りません」と国会で答弁する閣僚をはじめ、現代社会に増え過ぎている「恥ずべきことを恥じず」の日本人と自覚した人から、もう一度、「核」をつくる三原則「汗をかく」「恥をかく」「文章を書く」を始めてみるべきではないだろうか。

「汗をかく」はからだを動かすことである。労を惜しまず、フットワークよく仕事をする。「恥をかく」は心を鍛えることだ。「恥」という字は、心に耳と書くではないか。それがいまの日本人は自分が恥をかくのが嫌どころか、恥をかいていても恥と気づいていない人が増えてしまっている有り様である。

「文章を書く」は核を頭で整理して文字にしたためることである。

現代人が忘れた地道でもっとも嫌がられるこれら三原則こそが、実は激変する未来を生き抜く重要な手立てなのかもしれない。

この三つをやり続けると、次第に核ができてくる。そうすると、福沢諭吉が言う独立の気力、気概が生まれてくるのではないだろうか。

現在の日本企業の付加価値の低さはこの福沢の言葉の中に隠されているように思う。前項の『行き過ぎた「サラリーマン比率」』に表れているように、「サラリーマンよさようなら、株主オーナーよこんにちは」に逆行する社会を変えなければ、日本はこのままずるずるとアジアの小国に成り下がってしまうであろう。

第六章

必ずやって来る第二のリーマン・ショック

いきなり中銀ショックに襲われた二〇一五年

二〇一五年入り後、わずか一カ月強の間に、オーストラリア、カナダ、ロシア、インド、ペルー、パキスタン、トルコ、エジプトが予想外の利下げを実施した。

そのきっかけとなったのは一月一五日のスイス国立銀行のフラン相場上限撤廃の「スイス・フランショック」であり、その後、一二日の欧州中央銀行（ECB）の資産購入プログラムの発表の他、デンマークは約半月に四回の預金金利引き下げを実施した。

オーストラリア準備銀行（中央銀行）は二月三日、政策金利を二・五〇%から過去最低となる二・二五%に決定した。利下げは二〇一三年八月以来一年半ぶり。輸出品目である資源価格の下落で企業収益や鉱山投資が打撃を受け、さらに、最大の輸出相手国である中国の景気減速で冴えない国内景気を押し上げるのが狙いだ。

この利下げを予想したエコノミストは、ブルームバーグの調査によると二九人中七人（二四%）、ロイター調査でも二九人中九人（三一%）と低く、サプライズだったということになる。ただ今回の決定を受け、豪ドルは米ドルに対し、一時、〇九年五月一九日以来の安値〇・七六三六米ドルまで下落したものの、すでに金融市場は緩和を織り込んでいたために、下落幅は限定的となった。サプライズだったのはエコノミストだけということになる。エコノミストの予測が外れることは、日本でも二〇一四年七〜九月GDPマイナス・ショックで証明済みだが、こうしたことは世界共通であることを露呈したことになった。

以上のように、年初一カ月の各国中央銀行からのサプライズが市場を動かす主要因となった。サプライズの〝震源地〟が昨年後半からの「原油価格暴落」に代わって、今年一年は「各国の中央銀行」であることを示唆した一カ月であった。

ボラティリティの震源地となり始めている各国中央銀行

今年に入ってからの「中銀サプライズ」を受け、変動幅が大きいのが最近の市場の特徴である。NYダウは一日に二〇〇〜三〇〇ドル動き、ユーロも一日に五円幅で動く日もある。

本来、金融市場のボラティリティを鎮めるはずの中銀が逆に、ボラティリティの震源地となり始めているのである。

今後、米国、中国の「中銀サプライズ」でますますボラティリティが上昇することが予想されるが、それは最終的には金融市場の崩壊へと進むことを意味している。

いまはまだ、その始まりに過ぎず、地震にたとえるなら、大震災の前に起きる小さな地震のようなものである。その裏には、こうしたボラティリティを操り、そのボラティリティを利用して巨大な利益を獲得しようとしている投資家が存在することだけは忘れないことである。個人投資家の「振るい落とし」が始まっている。

上海株暴落は何の前触れなのか？

今年六月一二日に約七年五カ月ぶりに五一七八ポイントの高値をつけた上海総合指数は急転、約一カ月で三五％の下落を見た。これを受けて証券界は「中国株バブルの崩壊」と騒然となったが、筆者は、中国はまだバブル崩壊をさせないと考えていた。それは二〇〇七年の「チャイナショック」に似ていたからである。

六月以降の上海株暴落について業界筋は口をそろえて「中国の株式投資ブームの過熱が原因」と説明している。中国の証券口座数は二億超、全人口の一五％が株式投資を手掛け、ここにきて相場変動を加速しているのが信用取引で、その影響が一気に出たのだという。

ところがこれは株価が下がったからより下げているだけの加速要因であって、そもそもの原因ではない。

中国の信用取引残高は今年七月二五日時点で二兆一七八四億元（約四四兆円）にもなる。ここ一年で五倍増、時価総額に占める割合は三・四％。ちなみにNY市場は二・六％、日本は〇・五％である。

　六月の上海株暴落で二億人以上の個人投資家が一〇〇〇万円以上の財産を失った。それは中国政府が信用取引を緩和したからだ。ただ、そんなニュース解説には何の意味もない。

　気懸りなのは当時、日本のメディアがこれを一過性のものと扱い、ギリシャのEU離脱問題に目を奪われていたことであった。

　いまや売買高世界一位、時価総額では世界二位となった中国株の異変のほうが将来に向けて重要な意味合いを持っているのに、メディアにはまったく危機感が見られず、能天気な対応に終始していたからだ。

　危機とは、本当の危機を危機だと認識しないことから始まるのである。

　そして二カ月後、中国発の世界同時株安が発生した。この事象に対する認識はすでに序章で述べた。もう一度言うと、これは単なる調整であり、その証拠に各国の株価はまだら模様ながらも、一週間後にはほぼ世界同時株安以前の水準に戻った。

　危機の本番は、二〇一七年以降である。そのとき世界経済は最悪の三点セット「株安・商品安・ドル高」に陥っているはずだ。

米国中央銀行でありながら民間銀行であるＦＲＢの不思議

先刻、日銀の追加緩和が一二月に実施される可能性が高いと記した。おそらくその頃には今春同様、欧州系ファンドが今度こそはと日本株を猛烈に買い上げてくるだろうし、大物ヘッジファンドの動向にも目が離せない。

昨年一〇月三一日の日銀「ハロウィン緩和」はＦＲＢがＱＥ３終了決定直後だったことから、米国から日本へ量的緩和のバトンが引き継がれたのではないかと第一章で記したが、次回三度目の追加緩和もそういう重大なバトンタッチが行われる可能性がある。そして、それを決めるのは海の向こうの人たちなので、あちらの事情もよほど掘り下げて考えておく必要がある。

さて世界の注目の的となっている米国ＦＲＢ（連邦準備制度理事会）が誕生して何年になるか？

正解は一〇一年である。一九一四年、ＦＲＢはいまの形で業務をスタートした。

いまから二年前の二〇一三年一一月二四日の日本経済新聞にきわめて興味深い記事が掲載されていた。タイトルは「一〇〇歳迎えるＦＲＢ～謀議の島、批判の原点」。以下はその概要である。

『ジョージア州アトランタから飛行機で一時間。さらに車で三〇キロほど走った大西洋沿岸のジキル島。来月、創設から一〇〇年を迎えるＦＲＢの誕生に向け、ウォール街の大物らが極秘裏に素案を練った場所だ。

島内を歩くと木々が覆う白い屋敷が現れた。モルガン、ロックフェラーら大富豪の冬の社交場として知られる建物だ。ホテルに改装された今も、隠れ屋の趣が漂う。こんな場所でなぜ素案を書いたのか。ウォール街の銀行家の悪巧みか。誕生の前史は今もＦＲＢへの不信の原点をなす。

秘密会議が開かれたのは一九一〇年一一月。当時、上院で金融問題を仕切るオリドリッチ議員が呼びかけ、六人の有力銀行家らが集まった。休暇を装う、名字は使わない。列車で目的地に向かう二日間、一行は世間の目を警戒し続けた。到着後は九日間にわたり作戦を詰めた。

（途中省略）

「ジキル島の陰謀」。米国ではそんなタイトルの映画も撮影に入った。有名俳優が名を連ねた経済スリラーで、秘密会議が下敷きだ。今夏にはＦＲＢ誕生以降の軌跡を批判的に検証した「マネー・フォー・ナッシング」、今春はＦＲＢが支配する超インフレの近未来を警告する「シルバー・サークル」がそれぞれヒットした。

いずれもＦＲＢが隠然たる力を持つ怪しげな組織として描かれる。三〇年代の大恐慌、七〇年代の超インフレ、九〇年代の株価バブル、二〇〇〇年代の住宅バブルと金融危機…。繰り返す米経済の混乱はＦＲＢだけの責任ではないが、世間の不信も無理もない。』

日本経済新聞がこのようなどちらかというとＦＲＢの批判的記事を掲載することは珍しい。同紙が単独の判断で掲載したとも思えず、何かが変わり始めたのか？　それとも批判を避けるためにわざとこのようなことを部分公開しガス抜きを行ったか？　はたまた、ＦＲＢの力が弱まったためか？

最近では、金融危機の発端となった住宅ローン関連の金融商品販売をめぐり、米金融大手ＪＰモルガン・チェースが、米司法省など当局側に膨大な罰金を支払わされたことなどを見ると、ＦＲＢ一〇〇周年を迎え、世界の金融がどこか少しずつ変わり、そして動き始めているような気がする。その微妙な変化を見逃すと後でとんでもない目に遭わされることだけは忘れないことである。

あまり知られていないのが、ＦＲＢとは米国の中央銀行的機能を果たしながら、実際には民間銀行であることだ。ここが日本銀行とは決定的に異なるところで、日本銀行は上場こそしているものの、筆頭株主は日本国、財務省だ。

ところが、米国政府はＦＲＢの株主ではない。一株すら持たされていない。ＦＲＢという民間銀行の株主が誰であるのかは公表されておらず、欧米の伝統的な民間銀行が株主であることが推察される。

このように米国政府とＦＲＢは非常に奇妙な関係にあり、その最たるものは、通貨発行権が米国政府にないことである。通貨発行権についてもＦＲＢに付与されているのである。米国政府がドルを刷りたいときには、ＦＲＢ株主の傘下でドル発行を委託される連邦準備銀行の許可が必要となる。

その際、発行ドル分の米国債を財務省は連邦準備銀行に買ってもらうシステムになっていることから、財務省は連邦準備銀行にその国債分の利子を払わなければならない。要は、米国政府が通貨ドルを刷れば刷るほど民間中央銀行のＦＲＢが潤うシステムができ上がっているわけである。

ビットコインに理解を示したバーナンキ前ＦＲＢ議長

米国金融史とは、米国独立時に端を発した米国政府と欧米民間銀行との闘争の歴史であり、米国政府が自国の中央銀行を正常な形にしたいと切望するのは当然だと筆者は思う。

もうすでにFRBの支配が一〇〇年も続いたのだ。水面下で続けられてきたと思われる二一世紀の米国の中央銀行を巡っての、米国政府と欧米民間銀行の闘いの決着がつくのだとすれば、そのときにはニクソン・ショック時のような制度変更、ルール変更が必ず行われるはずだ。現在のドル高政策のなかで新ドル発行の準備が着々と進められている可能性もあると、筆者は見ている。

少し前のことだったが、バーナンキ前FRB議長が目の敵にしてもおかしくない仮想通貨「bitcoin＝ビットコイン」に対してとても理解を示す発言を行ったことに、新たな時代の到来と、FRBの変化のようなものを感じざるを得なかった。

ビットコインとは国や地域の単位ではなく、ある限られた人々のグループでのみ決済手段として認められた「お金」。現在では、ドルや円にも換金可能で、利用者、取引高は急速に伸長している。

その四割近くは米国の消費者や企業。実際の取引は、消費者とモノ・サービスの提供者が共通の取引所にそれぞれの口座を開設してビットコインを購入し、代金を支払ったり受け取ったりする。

最近の投機的な値上がりに加え、マネーロンダリングや麻薬取引などに悪用される可能性があり、そうしたケースが摘発されるとビットコイン価格が急落する危険性をはらんでいることには注意が必要だろう。

日本においては、今年八月一日、仮想通貨「bitcoin＝ビットコイン」を交換する私設の取引所を運営していたマウントゴックス社の社長が不正操作で逮捕され、ミソをつけてしまった形であるが、海外でのビットコインは着実に進化しているようだ。

一枚の製造原価約二〇円とされる一万円紙幣。この「紙切れ」同然のものに中央銀行である日本銀行が「一万円」という価値を保証して支払い決済で使えるようにしているのが日本円である。「お金」とは何か？　を改めて考えさせられる。

二〇一三年一一月一八日に開いた米上院のビットコインに関する初めての公聴会で、当時のバーナンキＦＲＢ議長はビットコイン取引のリスクを指摘する一方、確実で迅速な決済手段になれば長期的にみて利点がある可能性も認める書面を提出した。

ビットコインが普及すると困るはずのＦＲＢトップが逆に認めるような行動を取ることは実に不思議であった。

だが、ＦＲＢが米国の通貨制度の変更、ルール変更を行って生まれ変わろうとしているのを前提にすれば、話はまったく変わってくる。

七京円に膨張した世界のデリバティブ残高

締めはやはり、逆らうことの許されないサイクルのテーマに戻ろう。
以下は第一次世界大戦以降、日本に大きな影響をもたらした事象の変遷である。

一九一四年　第一次世界大戦
一九一八年　第一次世界大戦終戦
一九二三年　関東大震災
一九二五年　治安維持法施行
一九四〇年　東京五輪（中止）
一九四一年　第二次世界大戦
一九四五年　第二次世界大戦終戦
一九四六年　預金封鎖・新円切り替え
　　　　　　財産税法

二〇〇一年　9・11同時多発テロ
二〇〇八年　リーマン・ショック
二〇一一年　東日本大震災
二〇一四年　秘密保護法施行
二〇二〇年　東京五輪？
？
？
？

改めて歴史を振り返ると、一九一四年「第一次世界大戦」からの流れが、二〇〇一年「9・11同時多発テロ」からの流れと〝共通〟している点が多々あることに気づかされる。

二〇〇一年「9・11同時多発テロ」以降、二〇一一年の東日本大震災と一九二三年の関東大震災と、二〇一四年の秘密保護法と一九二五年の治安維持法、二〇二〇年予定の東京オリンピックと一九四〇年に中止となった東京オリンピック。

一九一四年の第一次世界大戦から一九四五年の第二次世界大戦まで三〇年以上続いた二〇世紀の戦争は、「9・11同時多発テロ」以降、「金融世界大戦」として再現されているのではないだろうか。

こうした構図を見て、歴史は繰り返されるのだなとしみじみ考えさせられる。

次ページのグラフは世界のデリバティブ残高の推移を示したものだ。

現在のデリバティブ残高は日本円で約七京円に達しており、その八割以上が債券を買うためのものになっている。問題は、これがいかに危険な状態にあるのかをメディアが伝えてないことだろう。

なぜこんな状態になってしまったのか。債券デリバティブが米国の長期金利を低下させる、金利上昇を押さえつける役割を担っていたからである。

世界のデリバティブ残高

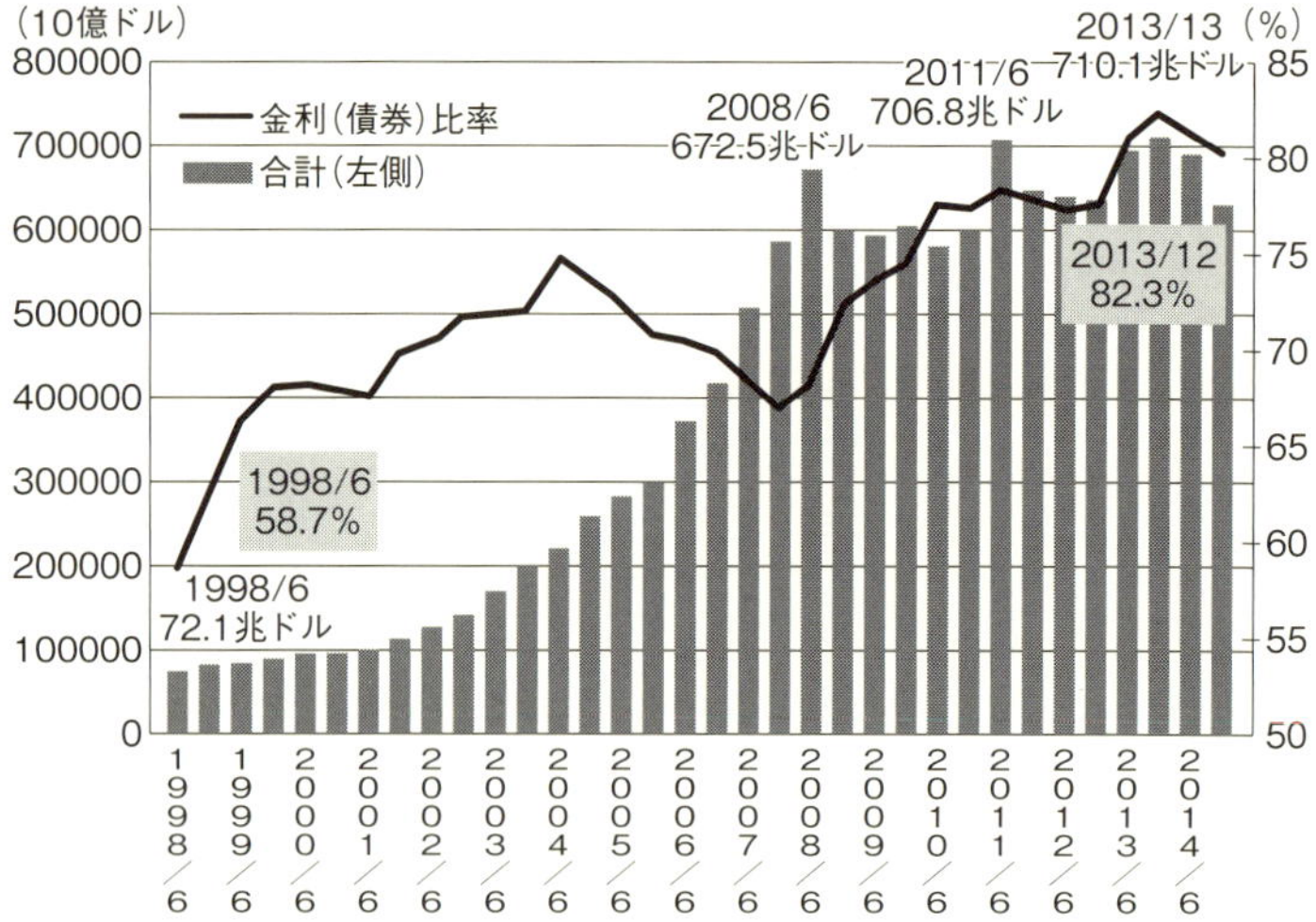

出所:BIS資料よりT-Model作成

債券デリバティブが米国金利を低下させていたが…

米長期金利と債券デリバティブ比率

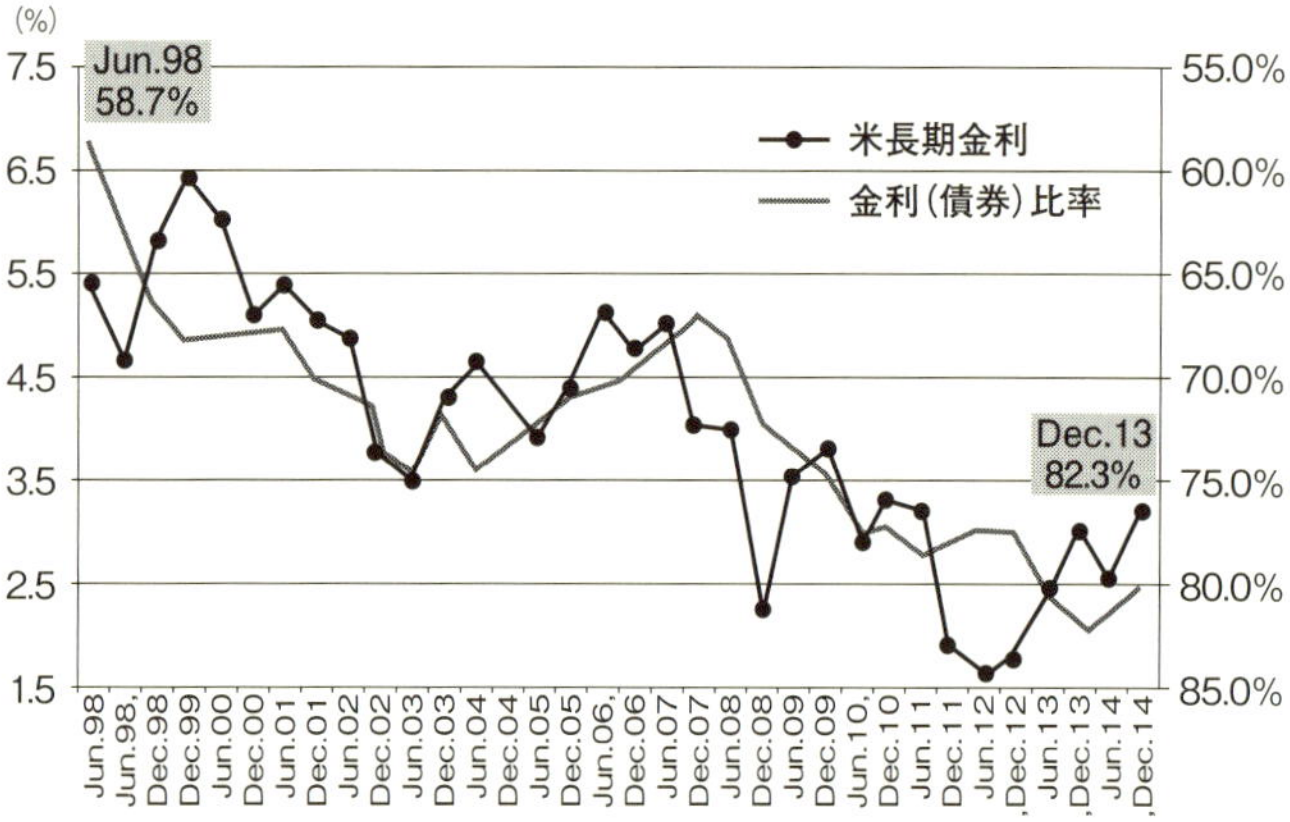

出所:BIS資料よりT-Model作成

金利が上がっては世界中の金融が壊滅的な危機に直面するからに他ならない。デリバティブがおかしくなり始めると、抑えが利かなくなることは明白。たとえ蟻の一穴のような破綻でも、それが連鎖して、デリバティブの八割の債券が暴落。そのときに金利ははじめて暴騰する。

これこそが前回のリーマン・ショックの正体など足元にも及ばぬ、世界を大恐慌に突き落とす「第二のリーマン・ショック」の正体なのである。

リーマン・ショックの遠因となった小さなサブプライムローンの破綻のような事件は必ず起こるものだ。たとえ小さなニュースであっても見逃さないでほしい。

不吉さを孕む二〇一七年は要警戒

実は、中国から導入された「干支」の概念の要諦もサイクルなのである。

これは十干と十二支を組み合わせた六〇を周期とする数詞で、暦を始めとして時間、方位を表すのに用いられてきた。

通常の日本人は干支というと、「子・丑・寅・卯・辰・巳・午・未・申・酉・戌・亥」の十二支を反射的に思い浮かべるが、それは誤り。

本当の干支とは、「庚・辛・壬・癸・甲・乙・丙・丁・戊・己」の十干を加えたものでなければならない。

十二支の「支」は「枝」に通ずることから、外見的な「現象」を意味する。逆に、十干の「干」は「幹」で内面的な「本質」を表していることから、西暦下一桁と一致して一〇年サイクルを司る「十干」は特に重要と言えるのである。

今年のように西暦下一ケタに「五」の付く年は、「乙（おつ・きのと）」となり、ジグザグな形を形取ったものから、甲羅のような堅い殻に覆われた種から出た芽が地上に出ようとして曲がりくねった状態を表している。

外部からの抵抗が強く、政治・経済等の問題が紆余曲折して解決しにくいことを暗示している。したがって悪い風潮、慣例、足かせをまずは取り払い、前に進むべく努力をしていかなければならない年になるとされる。

ただ、そのような年の暗示とは裏腹に、戦後、日経平均の騰落率は、第一位「二」のつく「壬《みずのえ》」、第二位「九」のつく「己《つちのと》」に次いで「乙《きのと》」は第三位。それも一度もマイナスのない唯一の「十干」なのである。年初、日経平均は一万七三二五円でスタートしていることから、年末にこの株価を上回れば、この記録は続く。

一方、六〇年サイクルから照らしてみると、二〇一五年の六〇年前である一九五五年は、神武景気の消費ブームに沸いた。一歩進んだ生活をするうえで持ちたい三種類の耐久消費財、白

本当の『十干（えと）』とは？

	2010	2011	2012	2013	2013
	0	1	2	3	4
	庚（かのえ）↓	辛（かのと）↓	壬（みずのえ）↓	癸（みずのと）↓	甲（きのえ）↓
本義	更	新	妊	撥	甲羅
	陰化の段階	陰の統制強化	陽気を下に妊む	清算して地ならしを	草木の芽生え

	2015				
	5	6	7	8	9
	乙（きのと）↓	丙（ひのえ）↓	丁（ひのと）↓	戊（つちのえ）↓	己（つちのと）↓
本義	二	病	釘	茂	紀
	かがまっている	盛の頂点	安定（T型）	植物成長絶頂期	分散を防ぐ統制

出所：T-Model作成

黒テレビ・電気洗濯機・電気冷蔵庫が「三種の神器」として流行語となり、高度成長期に向かうスタートの年となった。

また、約三分の二の議席数を占める自由民主党が結成され、戦後の日本の政治体制を象徴する「五五年体制」がスタートし、民主国家の礎が確立された年でもあった。

さらに、今年は四年に一度の「米国大統領選挙」の前年で、戦後、日本の株式市場はこの「米国大統領選挙」の前年に一度もマイナスとなったことがない。これまでの日経平均の経緯を見ても、この二つが重なる二〇一五年は株式市場にとってはフォローの風が吹く年なのである。

上の表を見ていただきたい。

十干の本義に照らせば、下一桁が「〇」の年

＝「更」と下一桁が「二」の年＝「新」の二年間で過去一〇年間続いた時代が〝更新〟されることになるわけである。

一九八九年の内需バブルから九〇年以降のバブル大崩壊は見事に「更新」に当てはまっている。二〇〇〇年にピークを付けて急落していったＩＴバブル崩壊も同様であった。

そして、その後の下一桁が「二」の年＝「妊」において、その後の一〇年間の芽が生じることになる。まだ表面化してはいないものの、何か新しい時代の始まりが生まれかけ始めているという意味だ。だから、目に見えるスタートは次の下一桁が「三」の年＝「撥」となる。

今回、株・土地の時代がスタートしたのは二〇一二年（壬）、目に見えてきたのが安倍政権誕生後の二〇一三年（撥）だったということでも理解できるだろう。

いま重要なのは下一桁に「七」のつく年「丁《ひのと》」である。これは「Ｔ字路」、行き止まりを表す。サイクルに照らしてみても、暦から分析を試みても、この「七」のつく年はおおいに不吉さを孕んでいる年だと言わざるを得ない。

二〇一七年には静かに防空壕に入ろう

しかも、下一桁が「七」の年が危険なのは、歴史が証明している。「七」のつく年に世界的に大衝撃をもたらす事象が次々と、しかも計ったように一〇年ごとに訪れているのだ。

一九八七年にはブラックマンデーが起きた。一〇年後の一九九七年にはアジア通貨危機・ロシア危機に見舞われた。その一〇年後の二〇〇七年にはサブプライム・ローン崩壊からリーマン・ショックへの連鎖がグローバル恐慌を招いた。

ギリシャ問題、中国のバブル崩壊が危ぶまれるなか、「商品安・株安・ドル高」の最悪の三点セットが揃うときが二〇一七年、ということになりそうである。

商品安とドル高が続くなか、頼みの綱の株高が崩れ、株安になったとき、第二のリーマン・ショックが襲いかかってくるのである。

そして株価が下げた瞬間にデリバティブをはじめすべての金融商品に連鎖して、大恐慌に発展する危機が待ち受けている。

一九八七年のブラックマンデー、一九九七年のアジア通貨危機・ロシア危機、二〇〇七年のサブプライム・ローン崩壊には基本的な共通点が存在する。それはFRBの金融引き締めのスタート時期と密接な関係があるということだ。

二〇一五年九月、FRBのイエレン議長は利上げの先送りを発表したが、年内利上げの含みを残した。したがって本書が出版される本年一一月には、その結果が明らかになっているのかもしれない。

九月の利上げ見送りを、市場筋は中国経済の予想を上回る減速、欧州の難民問題など海外情勢をめぐる不透明性を考慮したものだと示した。それも確かにあるだろうが、何よりもFRBが過去に例のない4兆ドル近いQEを行った効果がそれほど実体経済に表れていないことが最大の理由と筆者は考える。

その一方で実質ゼロ金利状態から少しでも金利を引き上げておかなければ、もはやFRBが次に講じる手立てはない。この二者択一の、究極の選択の前で立ち往生しているのがFRBのいまの姿なのである。

だが、当たり前の話だが、ゼロ金利の世界が続くような異常な状況がいつまでも続いて良いわけがない。経済の実体を壊してはならないので、利上げはいつか断行される運命にある。

本書にたびたび登場する世界の三大投資家の一人、ウォーレン・バフェット氏は、年内の利上げには否定的であった。同氏はフォックス・ビジネス・ネットワークとのインタビューでその理由を次のように述べた。

「ドル高を受けて米長期国債の利回りが過去最低水準に低下している。為替差益を期待する海外の投資家の動きがその背景にある。米金融当局者が利上げ時期の検討を進める中でこうした利回りを受け入れる投資家には依然、リスクが潜んでいる。年内の利上げ実施など到底無理だ」

(原題：Buffett Says Tough for Fed to Lift Rates Given Strong Dollar(1)より抜粋)

さらに、バフェット氏と並び称される投資家の巨人、ジム・ロジャーズ氏の発言は衝撃的ですらあった。

「私が思うに、世界の金融危機がそろそろ爆発しそうだ。早ければ今年（二〇一五年）の秋にも爆発する可能性がある」

「私はもう米国にはなにも投資はしていない。すでに米国の株価は史上最高値を通り越してしまったのだから」

「私は日本株も投げ売った。金融危機の爆発が間近に迫っているということだ。みなさんも気をつけたほうがいい」

ロジャーズ氏の不気味な予言を裏打ちするかのように、世界の株式市場は九月に入ってからも一向に落ち着く気配を見せない。（中国経済誌『価値線』・「週刊現代」二〇一五年九月一九日号より抜粋）

よくイエレンFRB議長が「金利をなだらかに上げる」というような表現を使っているが、金利をなだらかに上げようがどうだろうが、引き締めが始まったという事実が重要なのだ。

金利をなだらかに上げるのだから大丈夫だと市場関係者は強調するはずだが、実際には金利が上がると同時に〝株価暴落危機〟はスタートしている。ここが肝要である。

金利を上げても〝すぐ〟に何かが起こるわけではなく、当初はNYダウも一緒に上がっていくはずである。二〇一五年年内に利上げに踏み切ろうが、もしくは若干遅れて二〇一六年三月から上げようが、そのときにはNYダウはいったん上昇していき、マーケットに安心感を与える。そして金利を上げても大丈夫ではないかという市場コンセンサスが形成されよう。

だが、それで市場が無事に推移することは絶対にない。負の影響はその後に出てくるものなのだ。皆が大丈夫だというセンチメントに浸ったとき、危機は突然訪れる。このときの金融市場の大暴落を「第二のリーマン・ショック」とメディアは名付けるのであろう。

だが、筆者が本書で記してきたように、FRBが利上げに踏み切り、世界中がざわつき始めても、株については二〇一六年の秋あたりまでは何ら問題はないと考えている。そこから少し警戒し始めるというスタンスでよい。

そして二〇一七年が来たら、さっさと防空壕に入って、静かに戦況を見守るべきであろう。

「備えあれば憂いなし」は歴史が証明している。

終章

T2モデルによる市場・株価・商品分析

日経平均(月足)とT2

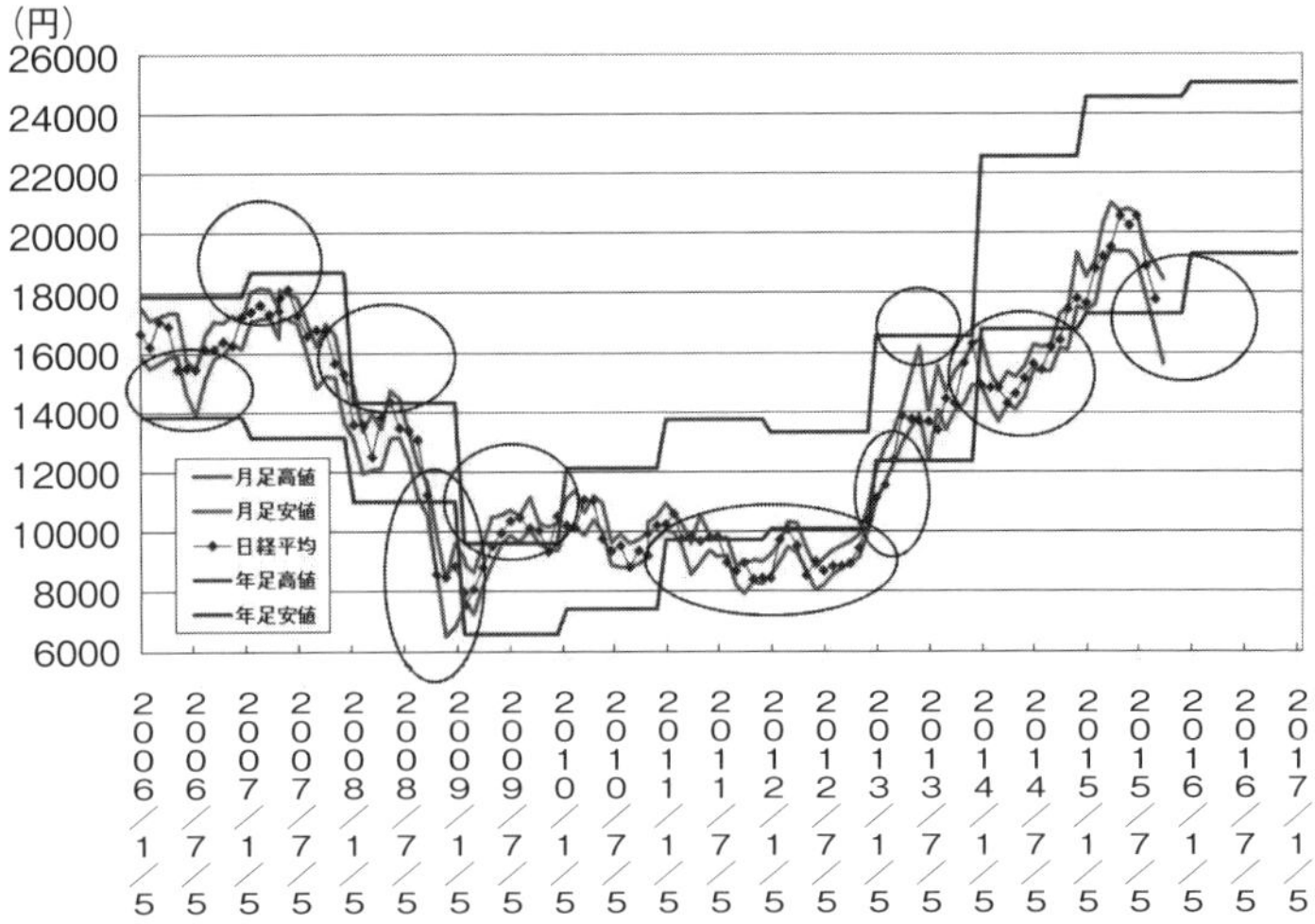

出所：T-Model

2年先までを予測する大予測での2016年日経平均の予想レンジは、高値25037円、安値19281円。15年10月現在、15年予想レンジ安値17310円を下回り、大底形成を示す年足安値>月足安値の「逆転現象」が出現しています。この「逆転現象」の状態が長引けば長引くほど上昇のためのエネルギーが減少していくため、現在予想ベースである16年レンジ高値は、2016年入り後、切り下がる可能性があります。そのため早くこの「逆転現象」状態から脱出することが重要です。最終的に、現在の「アベノミクス」上昇相場が終了するのは、大天井を示す月足高値>年足高値の「逆転現象」の出現がシグナル。つまり、16年か、17年のレンジ高値を上回るまでは上昇相場は継続することになります。ここからは切り下げが予想される2016年のレンジ高値を目指す反発局面が訪れる可能性が高く、長期投資の観点では、買いシグナルと考えられます。ただ、2016年入り後に再度、このレンジ高値がどの水準まで切り下がるかのチェックは必要です。

円ドル(月足)とT2

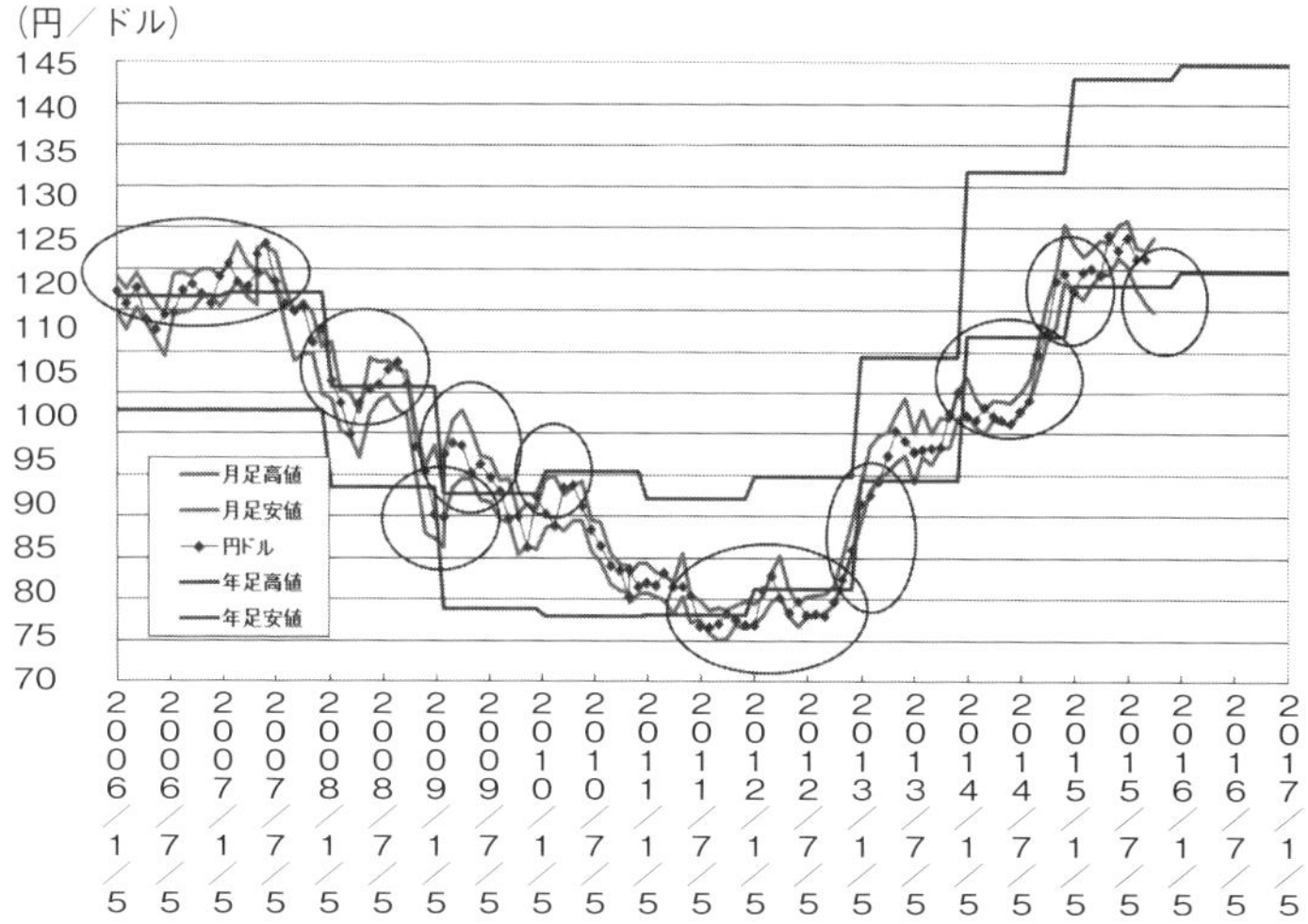

出所：T-Model

2年先までを予測する大予測での2016年ドル円の予想レンジは、高値144.6円、安値119.6円。15年10月現在、15年予想レンジ安値118.0円を下回り、大底形成を示す年足安値＞月足安値の「逆転現象」が出現しています。この「逆転現象」の状態が長引けば長引くほど上昇のためのエネルギーが減少していくため、現在予想ベースである16年レンジ高値は、2016年入り後、切り下がる可能性があります。そのため早くこの「逆転現象」状態から脱出することが重要です。最終的に、現在の日銀緩和による円安相場が一旦、終了するのは、大天井を示す月足高値＞年足高値の「逆転現象」の出現がシグナル。つまり、16年か、17年のレンジ高値を上回るまでは上昇相場は継続することになります。終了するシグナルは、高値圏を示す月足高値＞年足高値の「逆転現象」の出現。つまり、16年レンジ高値を上回るまでは円安相場は継続することになります。ここからは切り下げが予想される2016年のレンジ高値を目指す反発局面が訪れる可能性が高く、長期投資の観点では、買いシグナルと考えられます。ただ、2016年入り後に再度、このレンジ高値がどの水準まで切り下がるかのチェックは必要です。

ユーロドル(月足)とT2

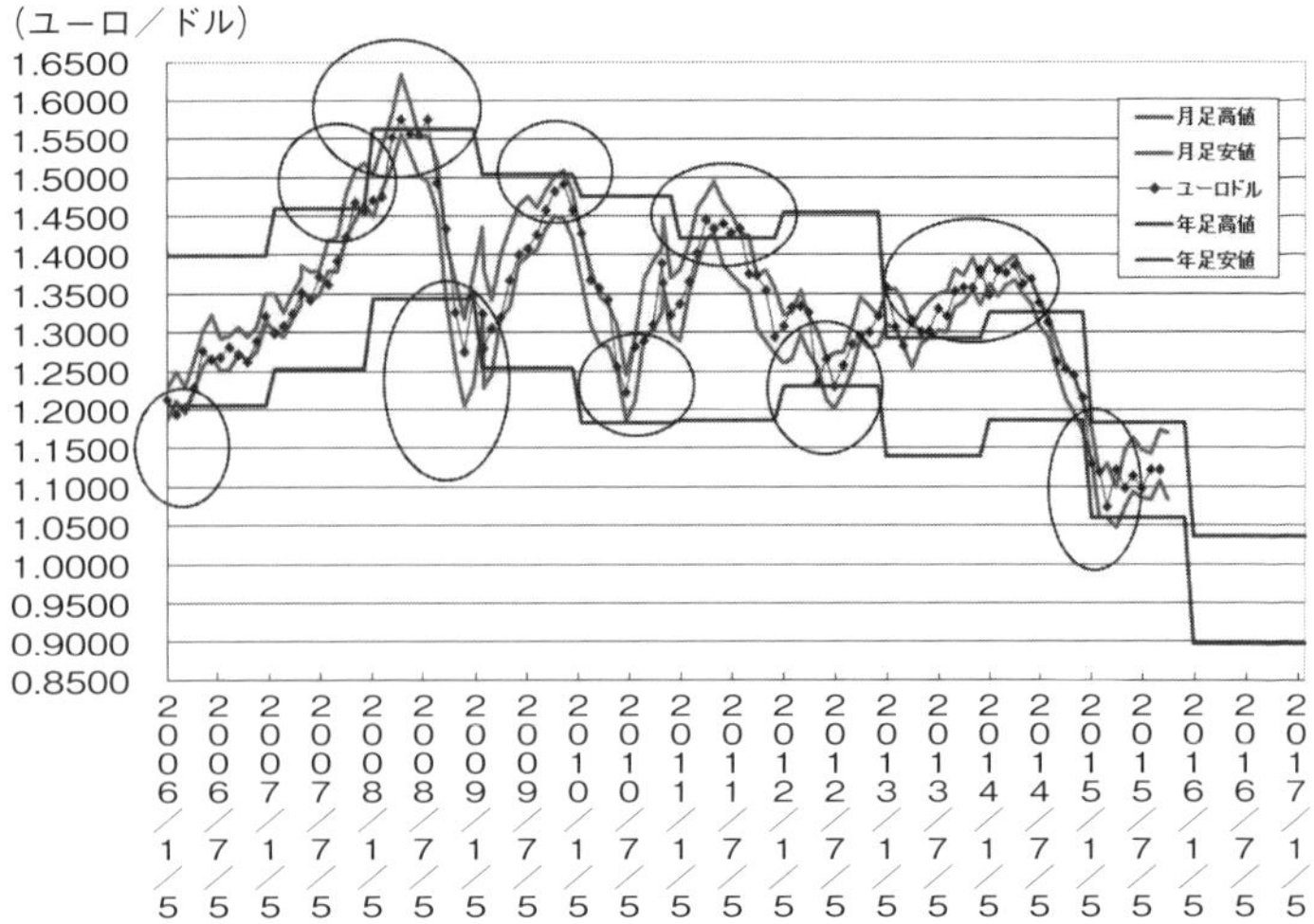

出所：T-Model

2年先までを予測する大予測での2016年ドルユーロの予想レンジは、高値1.0356、安値0.8972。15年10月現在、ギリシャ債務危機で15年予想レンジ安値1.0591を下回り、大底形成を示す年足安値＞月足安値の「逆転現象」が出現した後のリバウンド局面に入っています。2016年は大天井を示す月足高値＞年足高値の「逆転現象」が出現した後、現在は予想ベースの16年レンジ安値に向けて、ユーロの再下落が予想されます。2016年の予想レンジ安値は多少切り上がるかもしれませんが、1.0を割り込むことは避けられないかもしれません。ギリシャ債務問題を含め欧州危機再燃を暗示している可能性があり注意が必要です。逆に言えば、それはドル高を暗示していることにもなり、15年春に起きたドル高・ユーロ安が再度、起きる可能性が高いと思われます。長期投資の観点では、16年はユーロ安に再度備える必要があります。

ユーロ円(月足)とT2

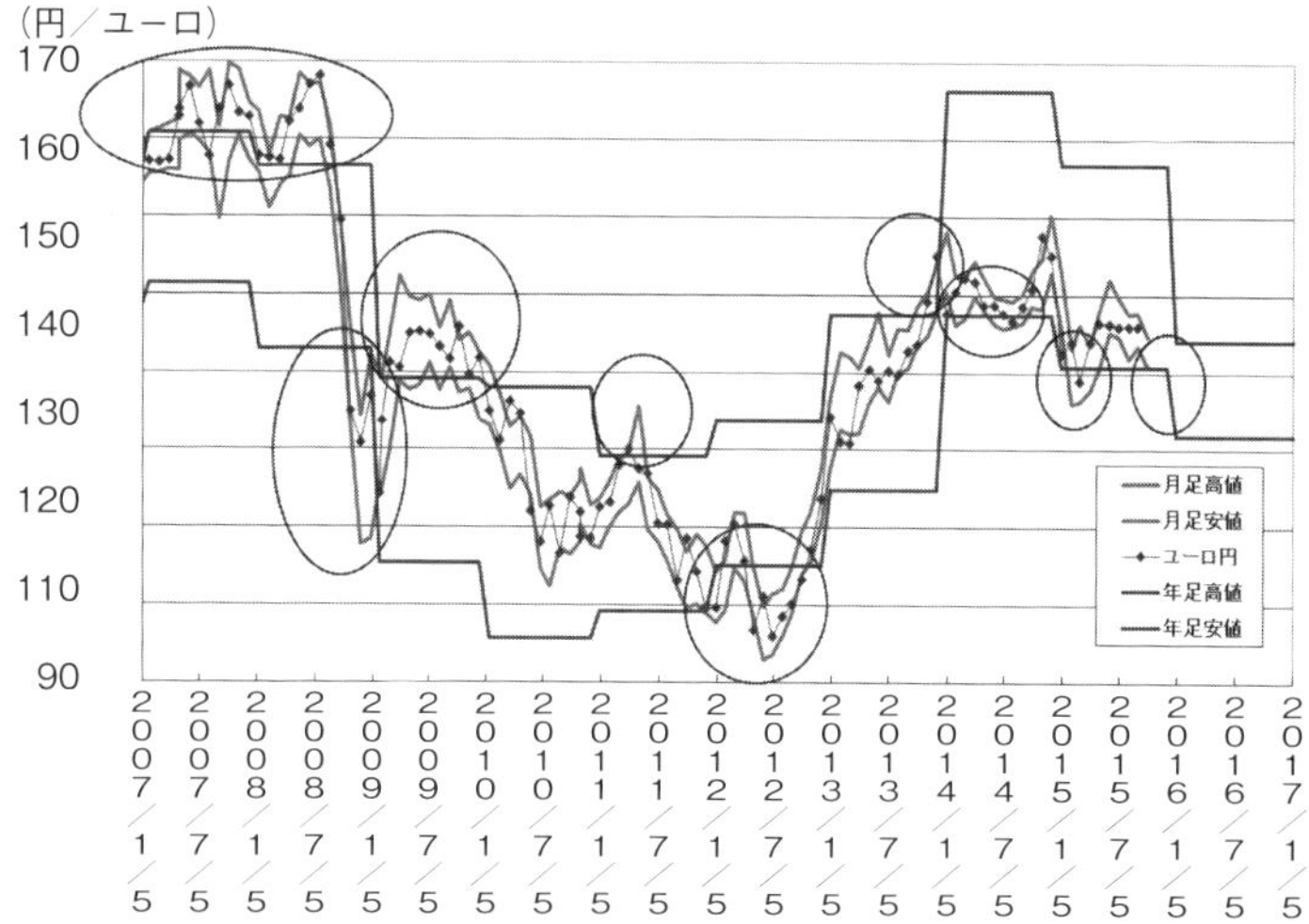

出所：T-Model

2年先までを予測する大予測での2016年ユーロ円の予想レンジは、高値134.1円、安値121.78円。15年10月現在、15年予想レンジ安値130.7円を下回り、底値圏を示す年足安値＞月足安値の「逆転現象」が出現しています。2016年入り後は一旦、現在は予想ベースの16年レンジ高値を超えるような円安の反発局面が予想されますが、レンジ高値の水準が低いことからそれほどの円安とはならず、その後は15年に比べて切り下がっている16年レンジ安値に向けての円高局面となる可能性があります。それは欧州危機再燃によるユーロ安で起こる円高局面ではないかと思われます。長期投資の観点では、16年はユーロ安に再度備える必要があります。

NYダウ(月足)とT2

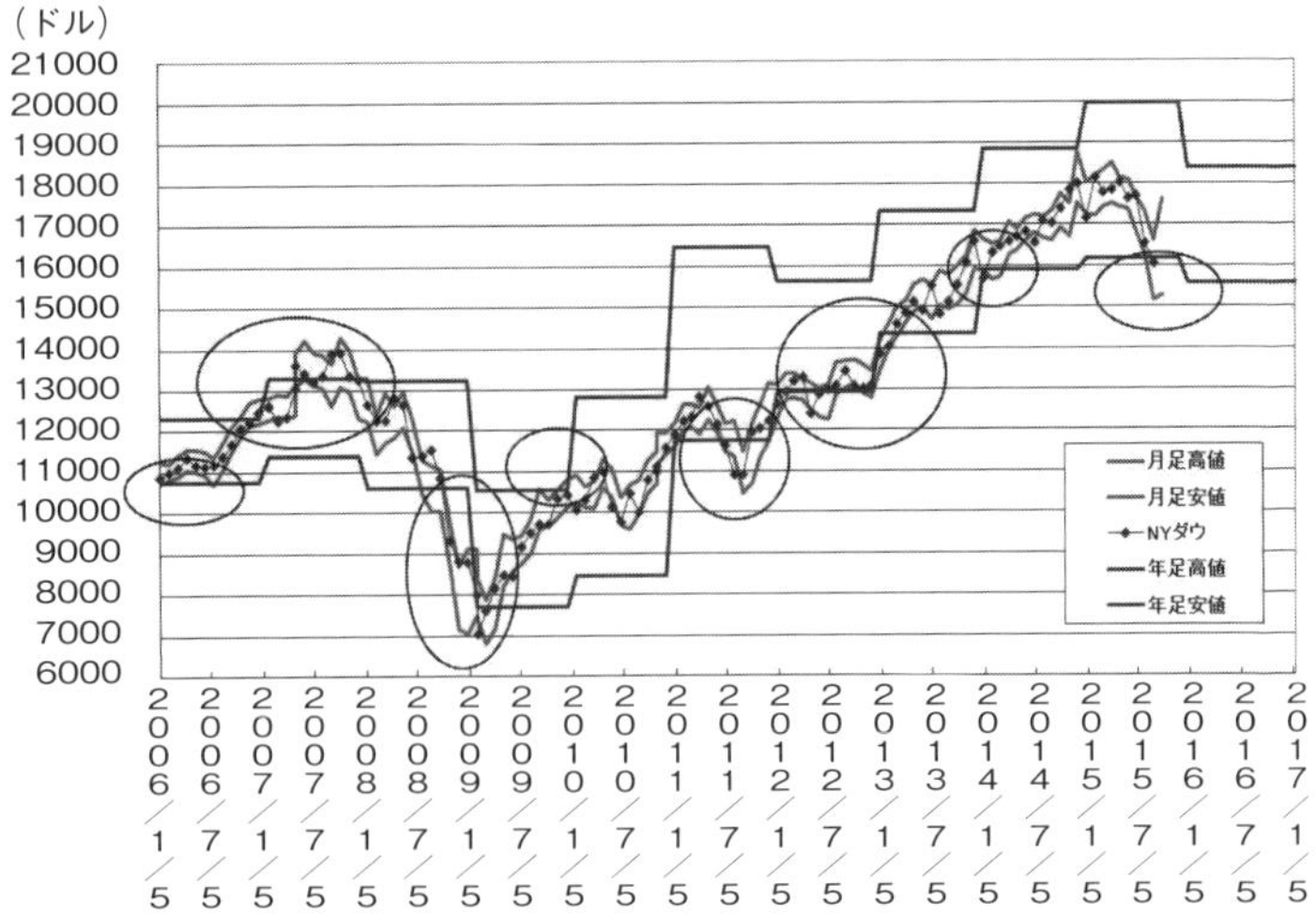

出所:T-Model

2年先までを予測する大予測での2016年NYダウの予想レンジは、高値18387ドル、安値15581ドル。15年10月現在、15年予想レンジ安値16161ドルを下回り、大底形成を示す年足安値>月足安値の「逆転現象」が出現しています。この「逆転現象」の状態が長引けば長引くほど上昇のためのエネルギーが減少していくため、現在予想ベースである16年レンジ高値は、2016年入り後、切り下がる可能性があります。そのため早くこの「逆転現象」状態から脱出することが重要です。最終的に、現在の「QE」上昇相場が終了するのは、大天井を示す月足高値>年足高値の「逆転現象」の出現がシグナル。つまり、16年か、17年のレンジ高値を上回るまでは上昇相場は継続することになります。ここからは切り下げが予想される2016年のレンジ高値を目指す反発局面が訪れる可能性が高く、長期投資の観点では、買いシグナルと考えられます。ただ、2016年入り後に再度、このレンジ高値がどの水準まで切り下がるかのチェックは必要です。

NY金(月足)とT2

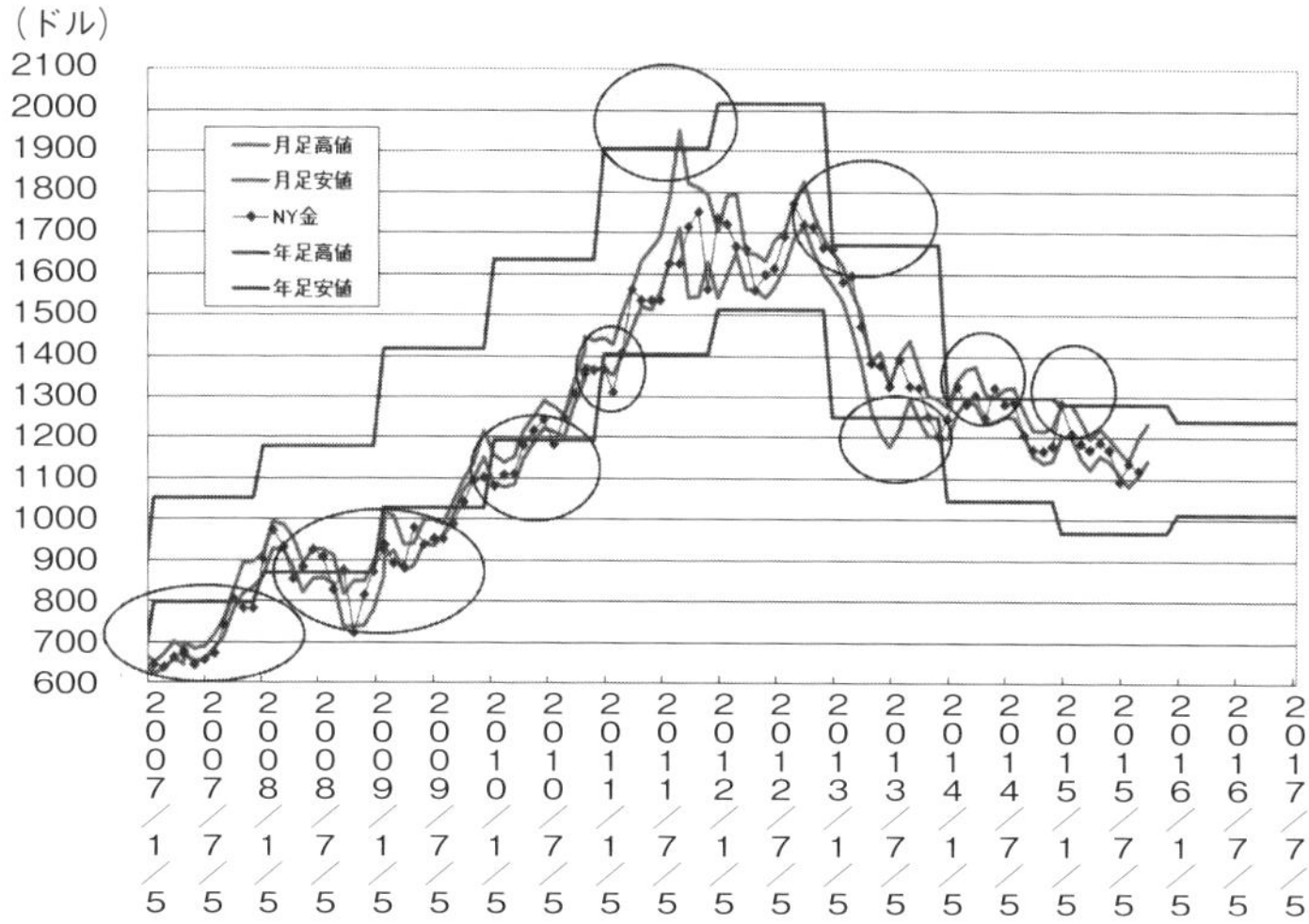

出所：T-Model

2年先までを予測する大予測での2016年NY金の予想レンジは、高値1241ドル、安値1014ドル。15年10月現在、世界同時株安によるリスクオフから強含みの推移となっていますが、予想ベースの16年レンジ高値の水準が多少切り下がっていることから、上昇したとしても上値は限定的です。むしろ、長期投資の観点では、16年か、17年のレンジ安値に向けての下落がいずれ起き、大底形成を示す年足安値>月足安値の「逆転現象」が出現するまでは底入れは期待できないのではないかと思われます。心理的な抵抗ラインとも思われる1000ドル大台の節目を割り込むこと下落が加速する可能性があるため注意が必要かと思います。

CRB指数(月足)とT2

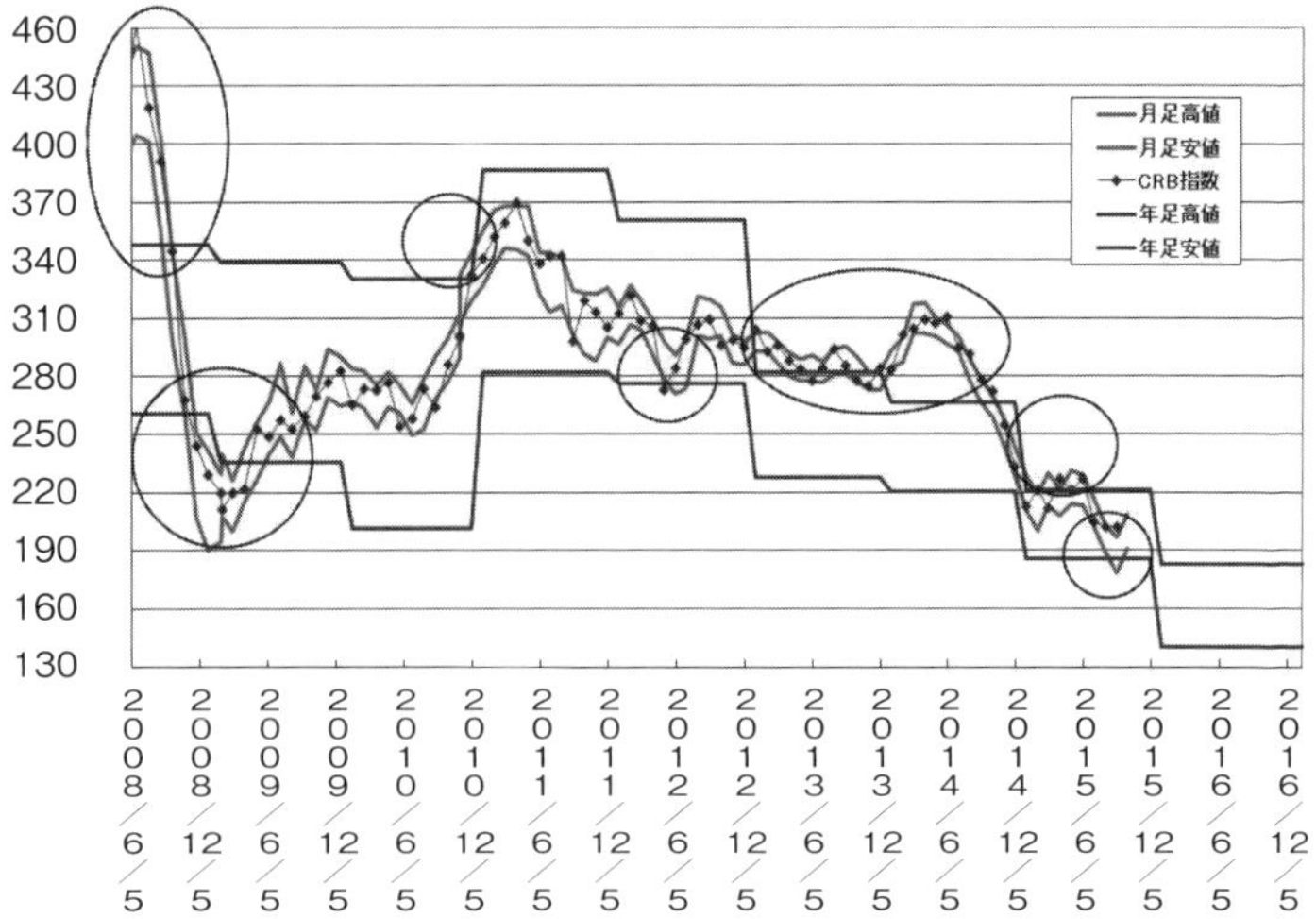

出所:T-Model

2年先までを予測する大予測での2016年CRB商品指数の予想レンジは、高値183.2、安値140.0。15年10月現在、大底形成を示す年足安値＞月足安値の「逆転現象」が出現しており、ここからは一旦、16年レンジ高値に向けてのリバウンド局面入りが予想されます。ただ、現在、予想ベースの16年レンジ高値の水準が低いことから反発は限定的で、大天井を示す月足高値＞年足高値の「逆転現象」が出現した後は、16年か、17年のレンジ安値に向けて再下落が予想されます。あくまで予想ベースですが、16年レンジ安値140は1970年前半のレベル。CRB商品指数は中国経済と密接な関係があることから、40年以上前の水準まで逆戻りする可能性は中国経済、更に世界経済にも厳しい状況を暗示しているかもしれません。中国経済だけではなく、資源国にも大きな打撃となる可能性があるため注意が必要です。

WTI(月足)とT2

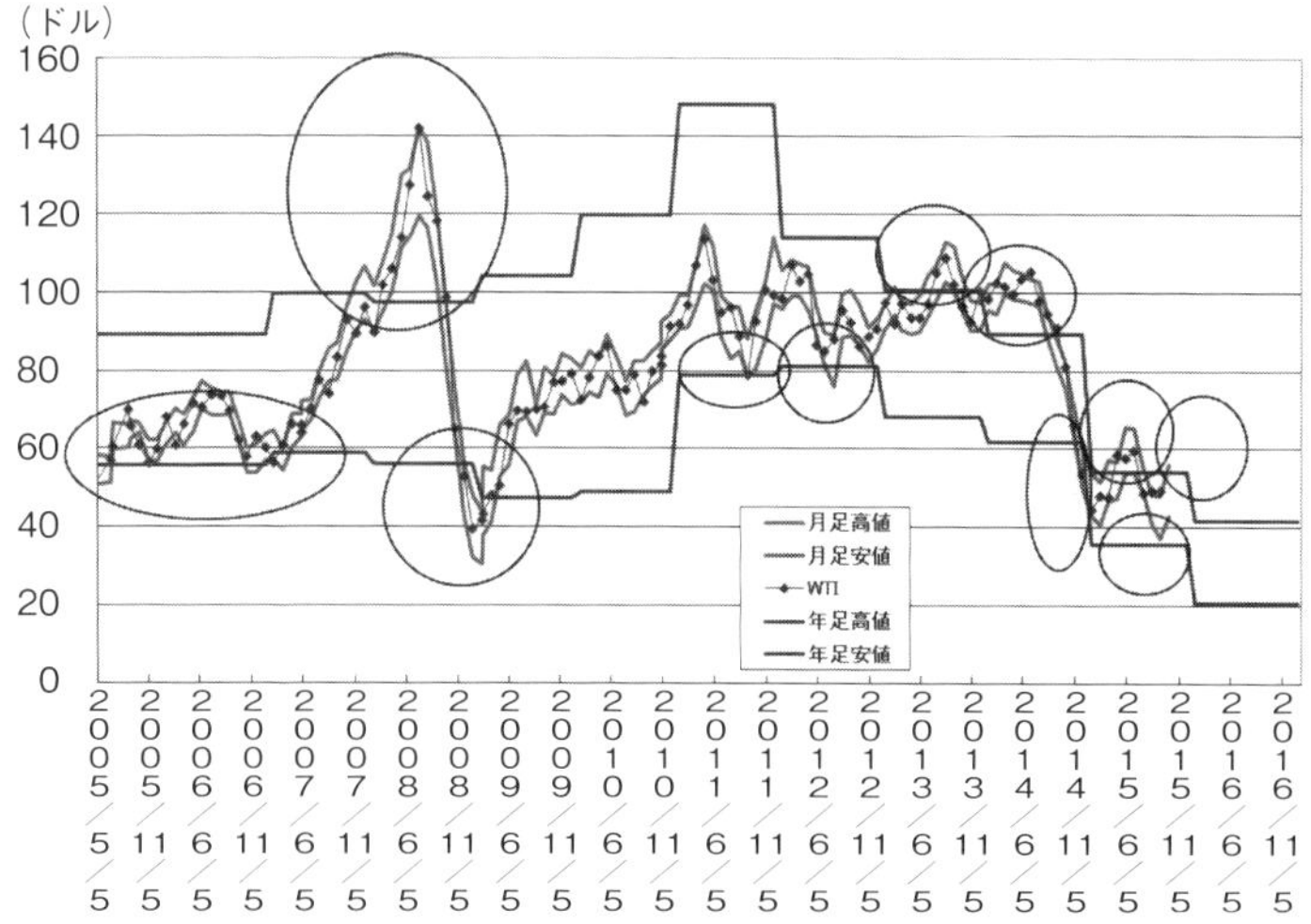

出所:T-Model

2年先までを予測する大予測での2016年WTI原油価格の予想レンジは、高値41.6ドル、安値20.4ドル。15年10月現在、大底形成を示す年足安値>月足安値の「逆転現象」が出現しており、ここからは一旦、16年レンジ高値に向けてのリバウンド局面入りが予想されます。ただ、現在、予想ベースの16年レンジ高値の水準が切り下がっていることから反発しても限定的で、大天井を示す月足高値>年足高値の「逆転現象」が出現した後は、16年か、17年のレンジ安値に向けての再下落が予想されます。予想ベースですが16年レンジ安値20ドルまでの下落が実際に起こるようですと、シェールガス・油田のほとんどが採算割れとなり、プロジェクトの破綻などが相次ぐ可能性があります。米上場企業だけでも既に5000億ドル(60兆円)、一部では総投資額は数百兆円にも上る?とも言われているシェールガス・油田投資の破綻が世界的な金融危機への引き金にも成りかねず、注意が必要かと思われます。

長期債利回り（月足）とT2

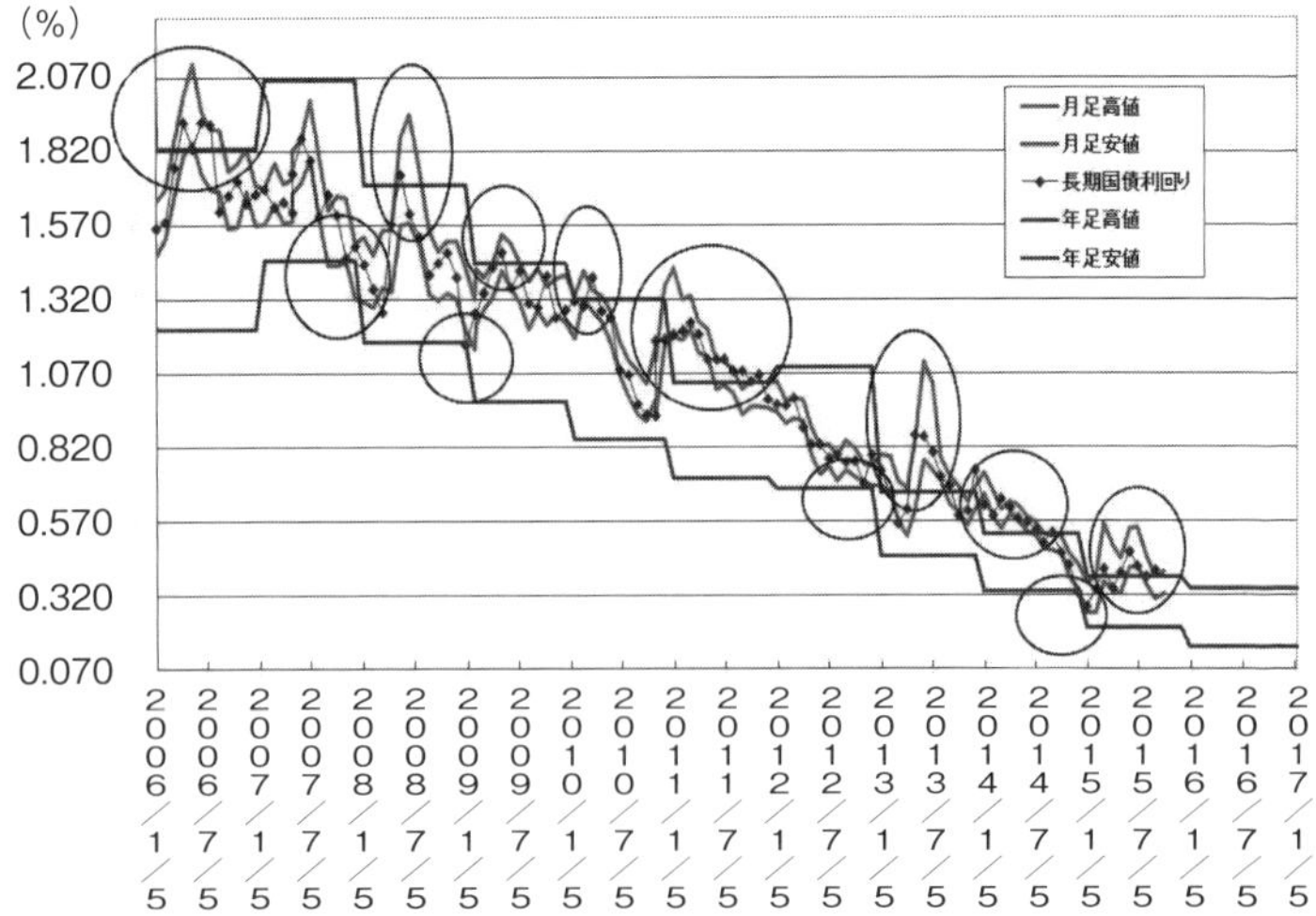

出所：T-Model

2年先までを予測する大予測での2016年長期債利回りの予想レンジは、高値0.34％、安値0.14％。15年10月現在、大天井を示す月足高値＞年足高値の「逆転現象」が出現した後のため、15年レンジ安値0.20％を更に下回る16年か、17年レンジ安値に向けての下落が始まっているように思われます。長期債利回りは、世界的な商品市場の下落による世界経済の悪化を暗示し、まだまだデフレ継続を示唆しているかのようです。

ファーストリテイリング(月足)とT2

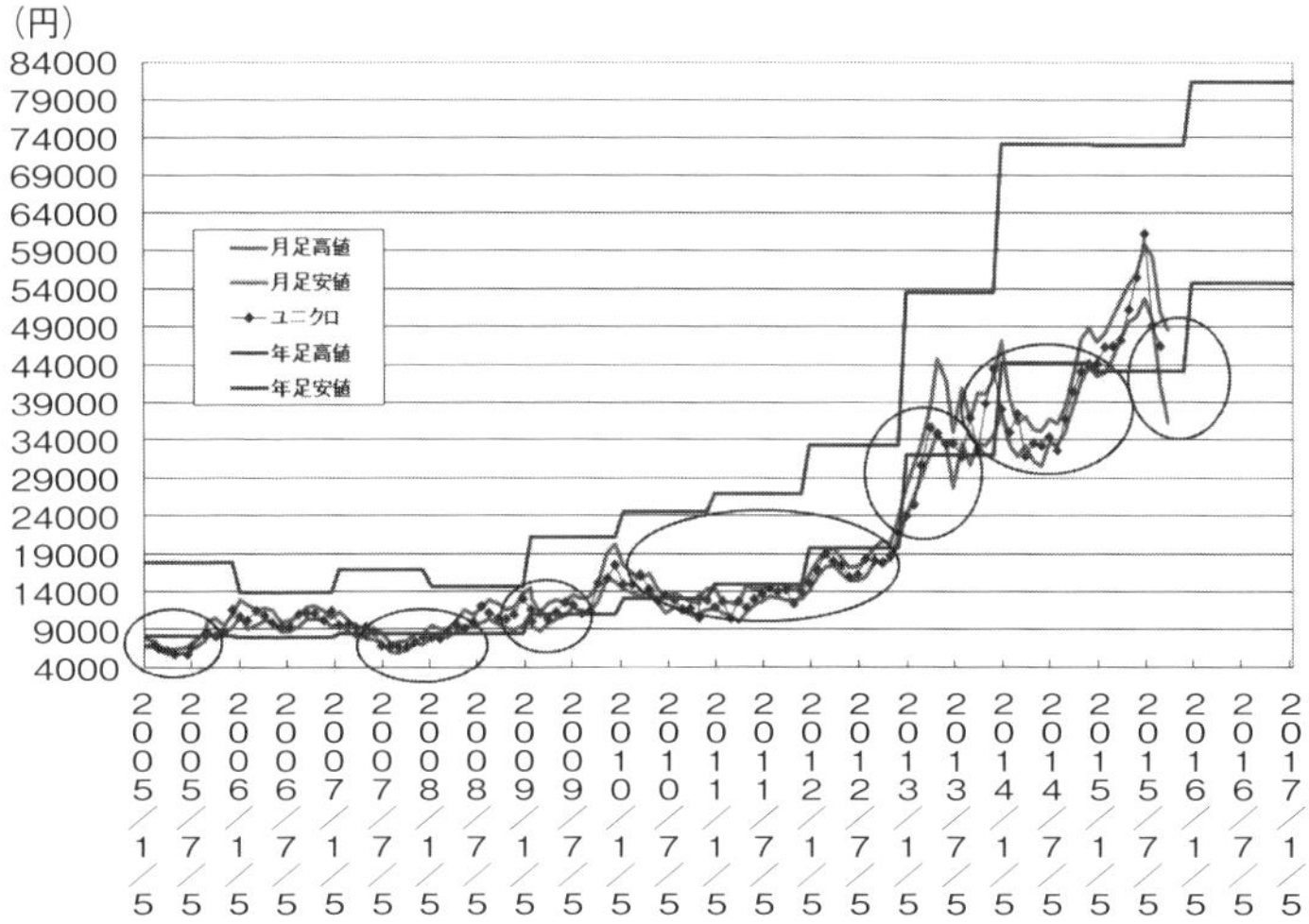

出所:T-Model

2年先までを予測する大予測での2016年ファーストリテイリングの予想レンジは、高値81312円、安値54852円。15年10月現在、日経225寄与度トップの同社は日経平均と同様、15年予想レンジ安値43082円を下回り、大底形成を示す年足安値>月足安値の「逆転現象」が出現しています。この「逆転現象」の状態が長引けば長引くほど上昇のためのエネルギーが減少していくため、現在予想ベースである16年レンジ高値は、2016年入り後、切り下がる可能性があります。そのため早くこの「逆転現象」状態から脱出することが重要です。最終的に、現在の日経平均連動の上昇相場が終了するのは、大天井を示す月足高値>年足高値の「逆転現象」の出現がシグナル。つまり、16年か、17年のレンジ高値を上回るまでは上昇相場は継続することになります。ここからは切り下げが予想される2016年のレンジ高値を目指す反発局面が訪れる可能性が高く、長期投資の観点では、買いシグナルと考えられます。ただ、2016年入り後に再度、このレンジ高値がどの水準まで切り下がるかのチェックは必要です。

トヨタ(月足)とT2

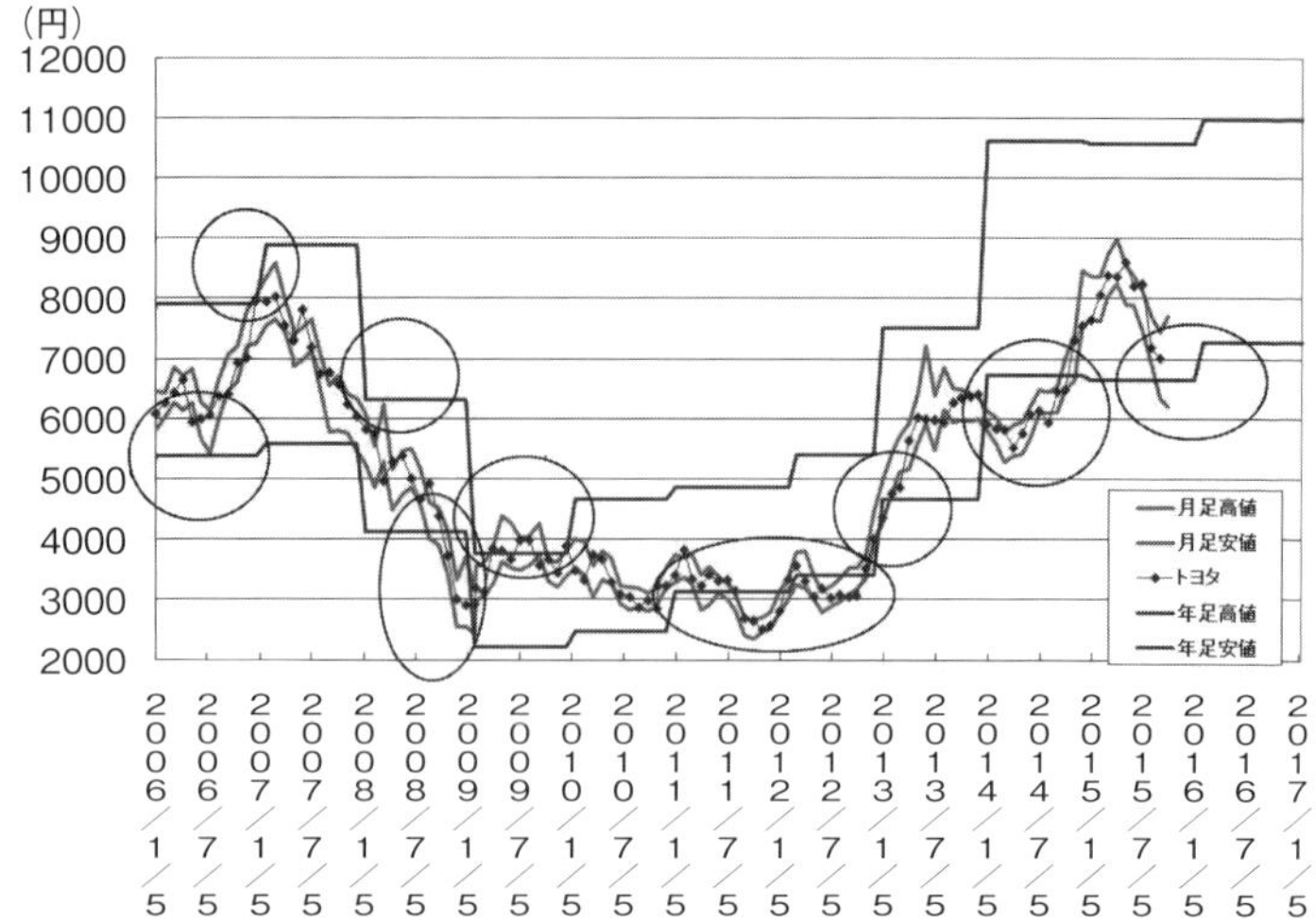

出所:T-Model

2年先までを予測する大予測での2016年トヨタ自動車の予想レンジは、高値10985円、安値7262円。日経平均の先行指標としても注目される同社ですが、15年10月現在、15年予想レンジ安値6662円を下回り、大底形成を示す年足安値＞月足安値の「逆転現象」が出現しています。この「逆転現象」の状態が長引けば長引くほど上昇のためのエネルギーが減少していくため、現在予想ベースである16年レンジ高値は、2016年入り後、切り下がる可能性があります。そのため早くこの「逆転現象」状態から脱出することが重要です。最終的に、現在の円安上昇相場が終了するのは、大天井を示す月足高値＞年足高値の「逆転現象」の出現がシグナル。つまり、16年か、17年のレンジ高値を上回るまでは上昇相場は継続し、ここからは反発局面が訪れる可能性が高いため、長期投資の観点では、買いシグナルと考えられます。ただ、2016年入り後に再度、このレンジ高値がどの水準まで切り下がるかのチェックは必要です。

日本電産(月足)とT2

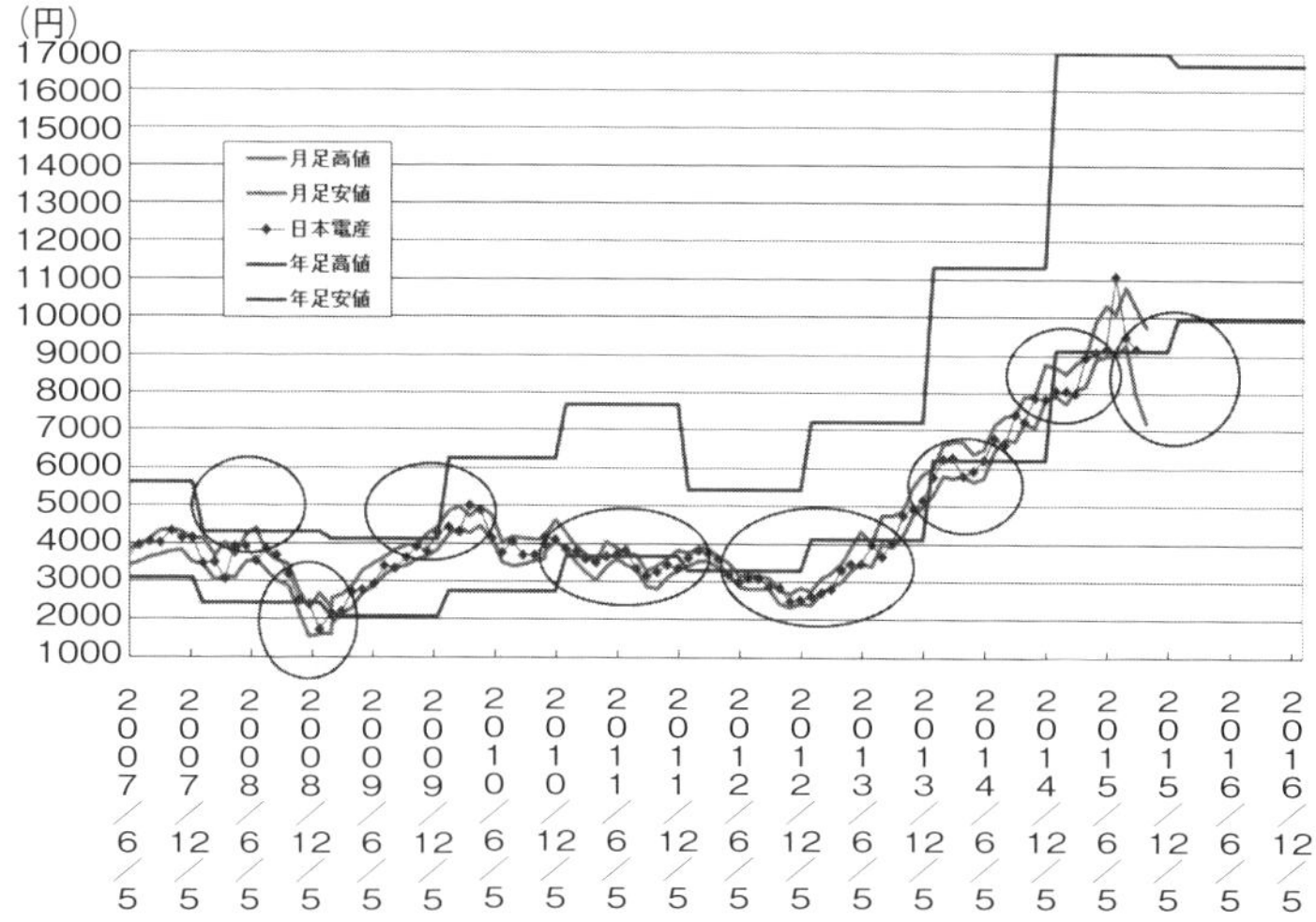

出所:T-Model

2年先までを予測する大予測での2016年日本電産の予想レンジは、高値16683円、安値9959円。15年10月現在、15年予想レンジ安値9128円を大きく下回り、大底形成を示す年足安値>月足安値の「逆転現象」が出現しています。この「逆転現象」の状態が長引けば長引くほど上昇のためのエネルギーが減少していくため、現在予想ベースである16年レンジ高値は、2016年入り後、大きく切り下がる可能性があります。そのため早くこの「逆転現象」状態から脱出することが重要です。最終的に、現在の円安上昇相場が終了するのは、大天井を示す月足高値>年足高値の「逆転現象」の出現がシグナル。つまり、16年か、17年のレンジ高値を上回るまでは上昇相場は継続することになります。ここからは大きく切り下げが予想される2016年のレンジ高値を目指す反発局面が訪れる可能性が高く、長期投資の観点では、買いシグナルと考えられます。ただ、2016年入り後に再度、このレンジ高値がどの水準まで切り下がるかのチェックは必要です。

良品計画(月足)とT2

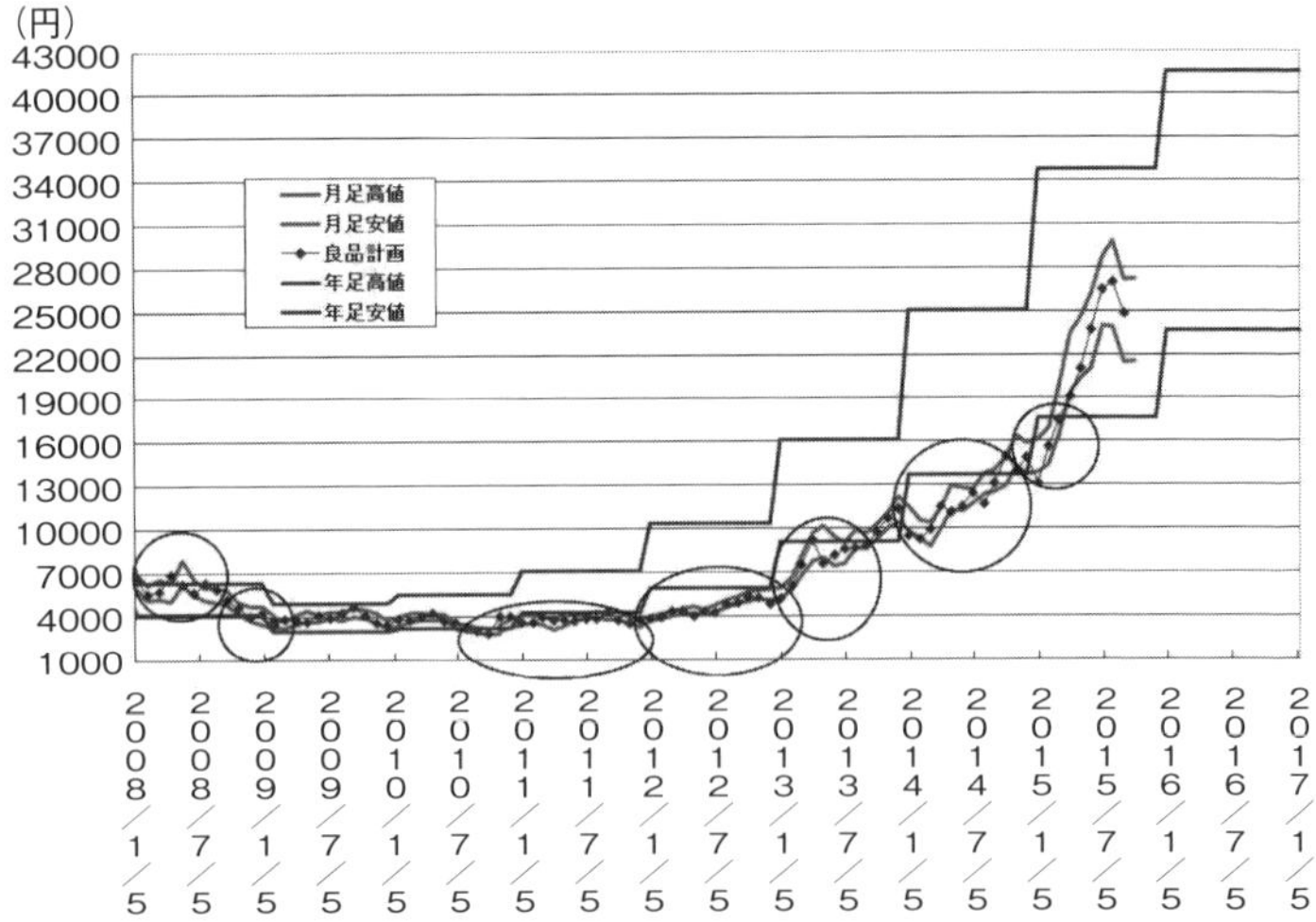

出所:T-Model

2年先までを予測する大予測での2016年良品計画の予想レンジは、高値41529円、安値23622円。15年10月現在、世界同時株安の影響で16年予想ベースのレンジ安値水準まで調整している段階かと思われます。16年は一旦、大底形成を示す年足安値>月足安値の「逆転現象」が出現する可能性はありますが、その後、16年か、17年のレンジ高値を目指す再上昇の可能性が高いように思われます。最終的に、現在の上昇相場が終了するのは、大天井を示す月足高値>年足高値の「逆転現象」の出現がシグナルとなるためです。従って、長期投資の観点では、買いシグナルと考えられます。

ツルハ(月足)とT2

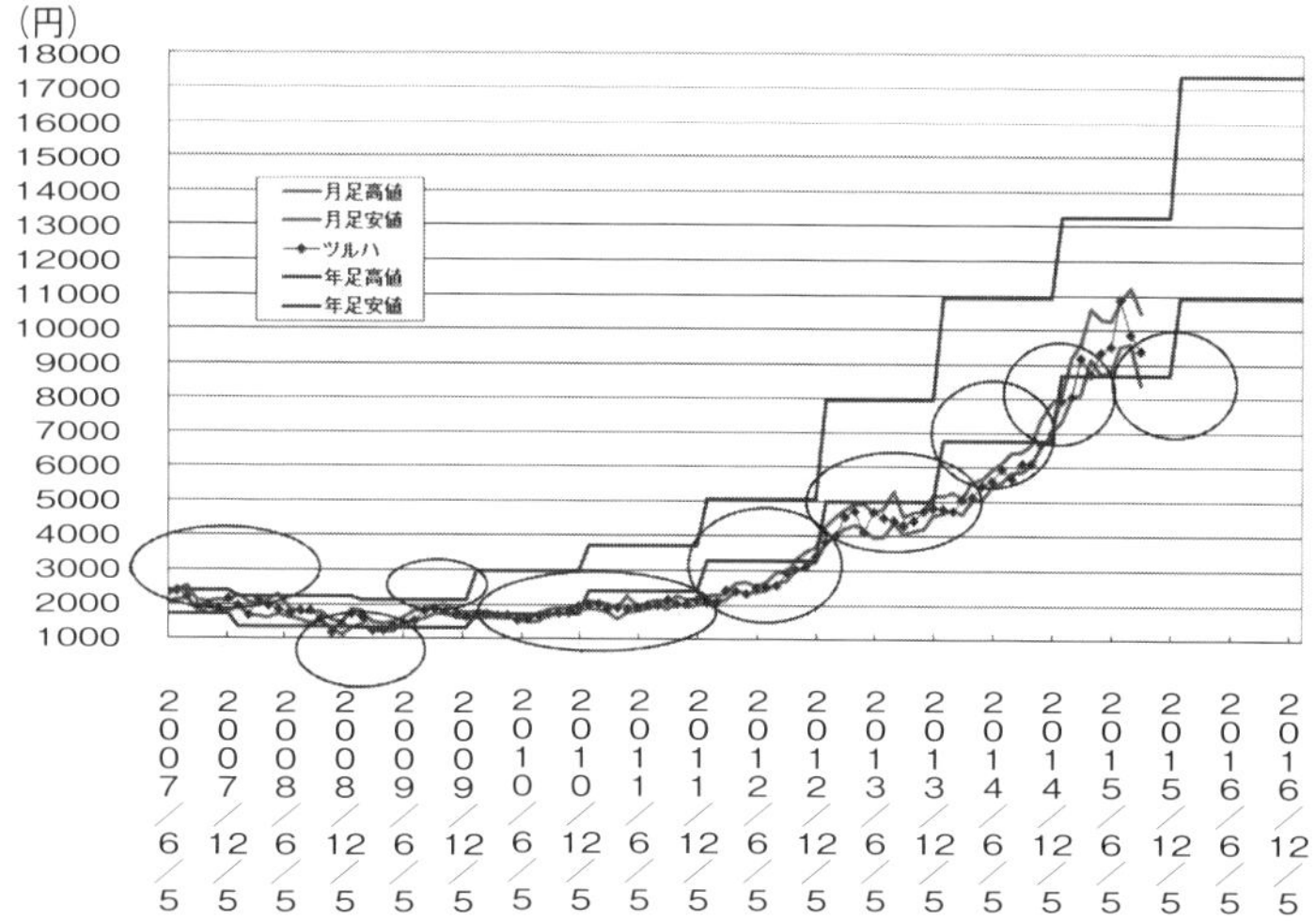

出所:T-Model

2年先までを予測する大予測での2016年ツルハの予想レンジは、高値17357円、安値10915円。15年10月現在、15年予想レンジ安値8679円を下回り、大底形成を示す年足安値>月足安値の「逆転現象」が出現しています。この「逆転現象」の状態が長引けば長引くほど上昇のためのエネルギーが減少していくため、現在予想ベースである16年レンジ高値は、2016年入り後、切り下がる可能性があります。そのため早くこの「逆転現象」状態から脱出することが重要です。最終的に、現在の中国人の「爆買い」関連上昇相場が終了するのは、大天井を示す月足高値>年足高値の「逆転現象」の出現がシグナル。つまり、16年か、17年のレンジ高値を上回るまでは上昇相場は継続することになります。ここからは切り下げが予想される2016年のレンジ高値を目指す反発局面が訪れる可能性が高く、長期投資の観点では、買いシグナルと考えられます。ただ、2016年入り後に再度、このレンジ高値がどの水準まで切り下がるかのチェックは必要です。

コマツ(月足)とT2

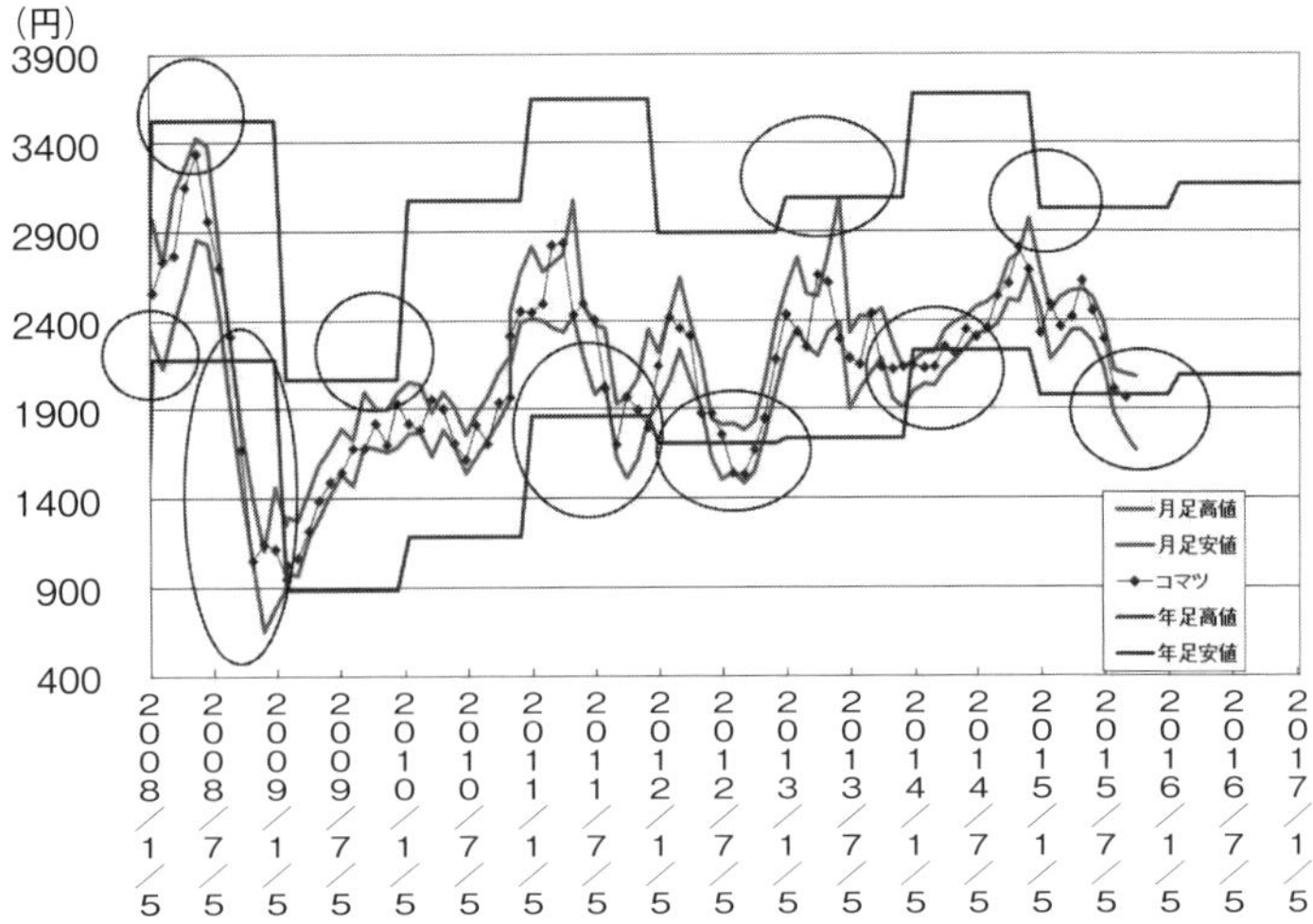

出所:T-Model

2年先までを予測する大予測での2016年小松製作所の予想レンジは、高値2482円、安値1640円。15年10月現在、15年予想レンジ安値1757円を下回り､大底形成を示す年足安値＞月足安値の「逆転現象」が出現しています。この「逆転現象」の状態が長引けば長引くほど上昇のためのエネルギーが減少していくため、現在予想ベースである16年レンジ高値は、2016年入り後、切り下がる可能性があります。そのため早くこの「逆転現象」状態から脱出することが重要です。2012年以降、大底形成を示す年足安値＞月足安値の「逆転現象」と大天井を示す月足高値＞年足高値の「逆転現象」が交互に出現するボックス圏の相場が継続しており、アベノミクス上昇相場で出遅れている印象です。商品相場下落による中国経済低迷の影響が色濃く出ています。長期投資の観点では、買いシグナルと考えられますが、上値も限定的と思われます。

ソフトバンク(月足)とT2

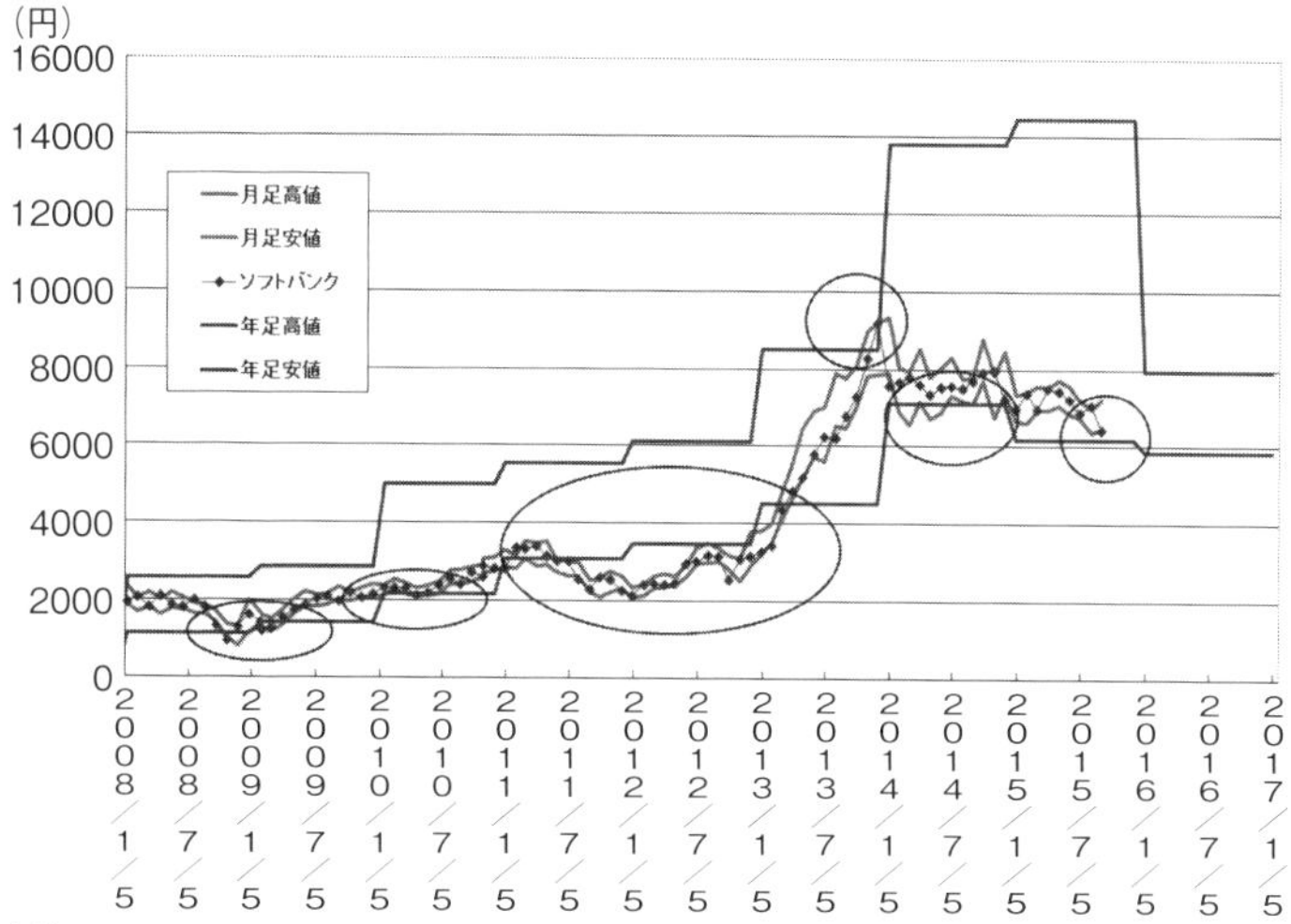

出所:T-Model

2年先までを予測する大予測での2016年ソフトバンクの予想レンジは、高値6786円、安値4979円。15年10月現在、15年予想レンジ安値5728円を下回り、大底形成を示す年足安値＞月足安値の「逆転現象」が出現しています。この「逆転現象」の状態が長引けば長引くほど上昇のためのエネルギーが減少していくため、現在予想ベースである16年レンジ高値は、2016年入り後、切り下がる可能性があります。そのため早くこの「逆転現象」状態から脱出することが重要です。長期投資の観点では、買いシグナルと考えられますが、現在、予想ベースの16年レンジ高値の水準が大きく切り下がっていることから反発しても上値は限定的と思われます。現在のコングロマリットディスカウントからコングロマリットプレミアムへいつ、何をきっかけに変化するのかを待つ段階かと思われます。

ドンキホーテ(月足)とT2

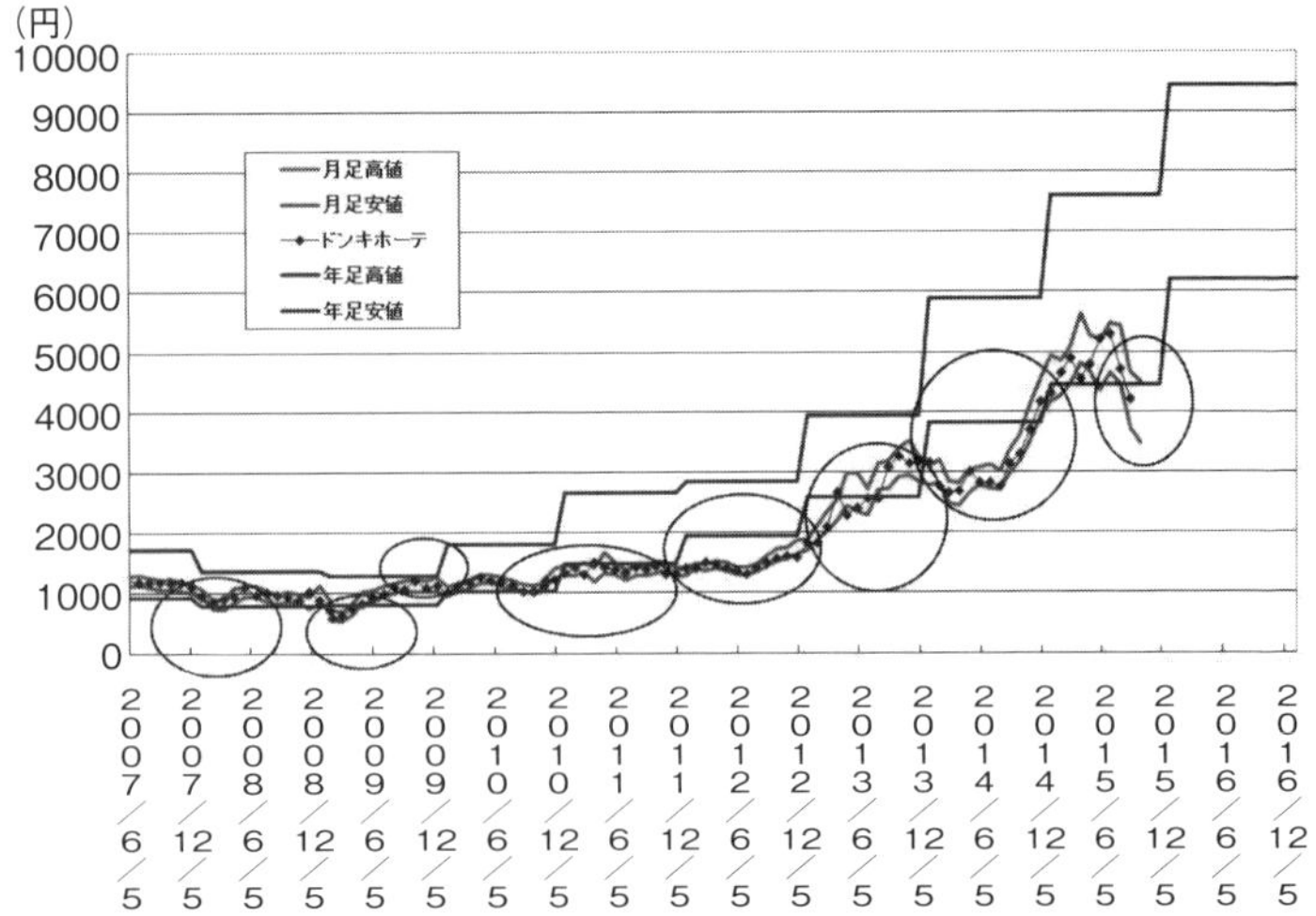

出所:T-Model

2年先までを予測する大予測での2016年ドン・キホーテの予想レンジは、高値9433円、安値6206円。15年10月現在、15年予想レンジ安値4458円を下回り、大底形成を示す年足安値>月足安値の「逆転現象」が出現しています。この「逆転現象」の状態が長引けば長引くほど上昇のためのエネルギーが減少していくため、現在予想ベースである16年レンジ高値は、2016年入り後、大きく切り下がる可能性があります。そのため早くこの「逆転現象」状態から脱出することが重要です。最終的に、現在のインバウンド消費関連株としての上昇相場が終了するのは、大天井を示す月足高値>年足高値の「逆転現象」の出現がシグナル。つまり、16年か、17年のレンジ高値を上回るまでは上昇相場は継続することになります。ここからは大きく切り下げが予想される2016年のレンジ高値を目指す反発局面が訪れる可能性が高く、長期投資の観点では、買いシグナルと考えられます。ただ、2016年入り後に再度、このレンジ高値がどの水準まで切り下がるかのチェックは必要です。

ポーラ・オルビス(月足)とT2

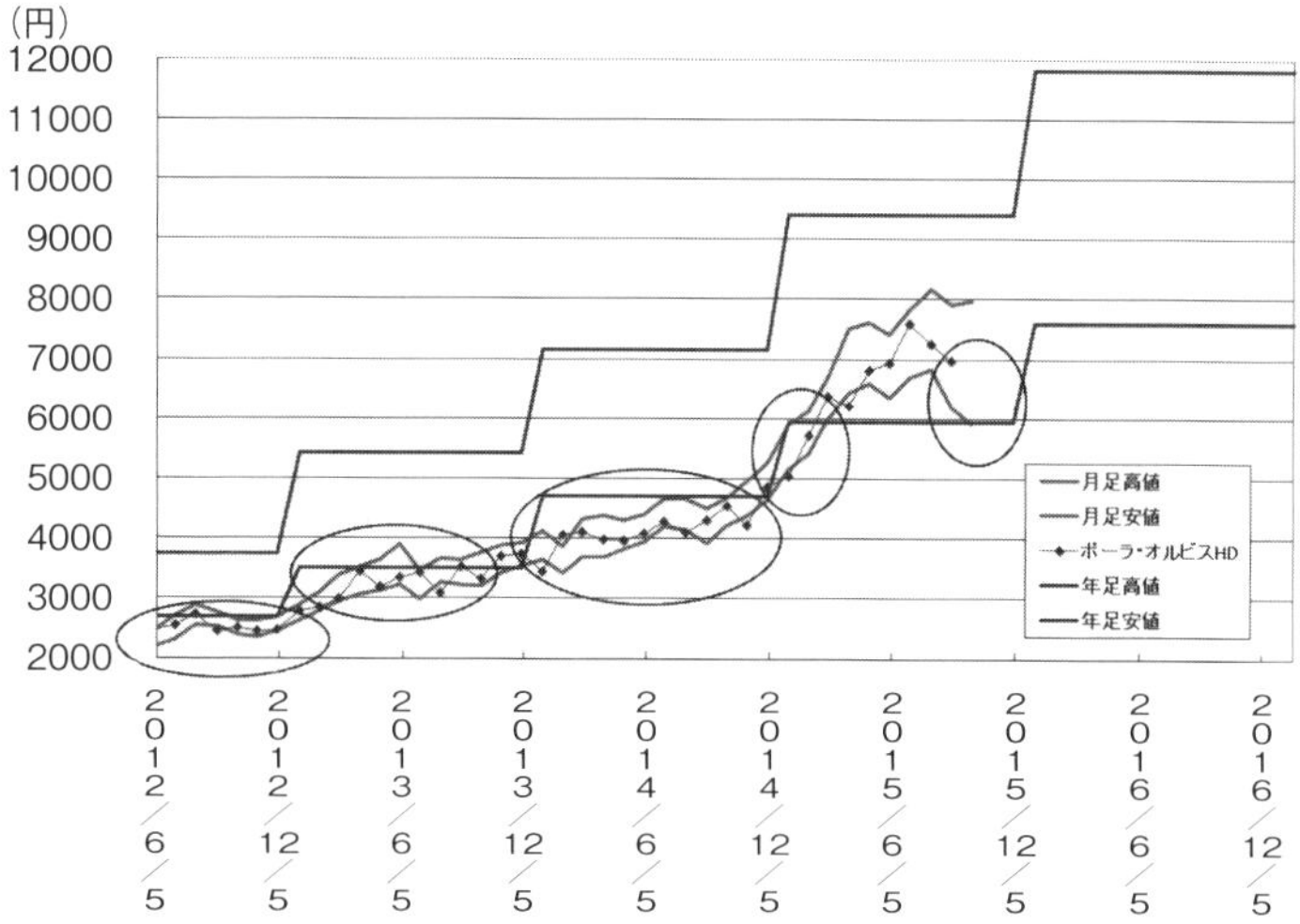

出所:T-Model

2年先までを予測する大予測での2016年ポーラ・オルビスの予想レンジは、高値11809円、安値7582円。15年10月現在、世界同時株安の影響で16年予想ベースのレンジ安値水準まで調整している段階かと思われます。16年は一旦、大底形成を示す年足安値>月足安値の「逆転現象」が出現する可能性はありますが、その後、16年か、17年のレンジ高値を目指す再上昇の可能性が高いように思われます。最終的に、現在の上昇相場が終了するのは、大天井を示す月足高値>年足高値の「逆転現象」の出現がシグナルとなるためです。従って、長期投資の観点では、買いシグナルと考えられます。

日立(月足)とT2

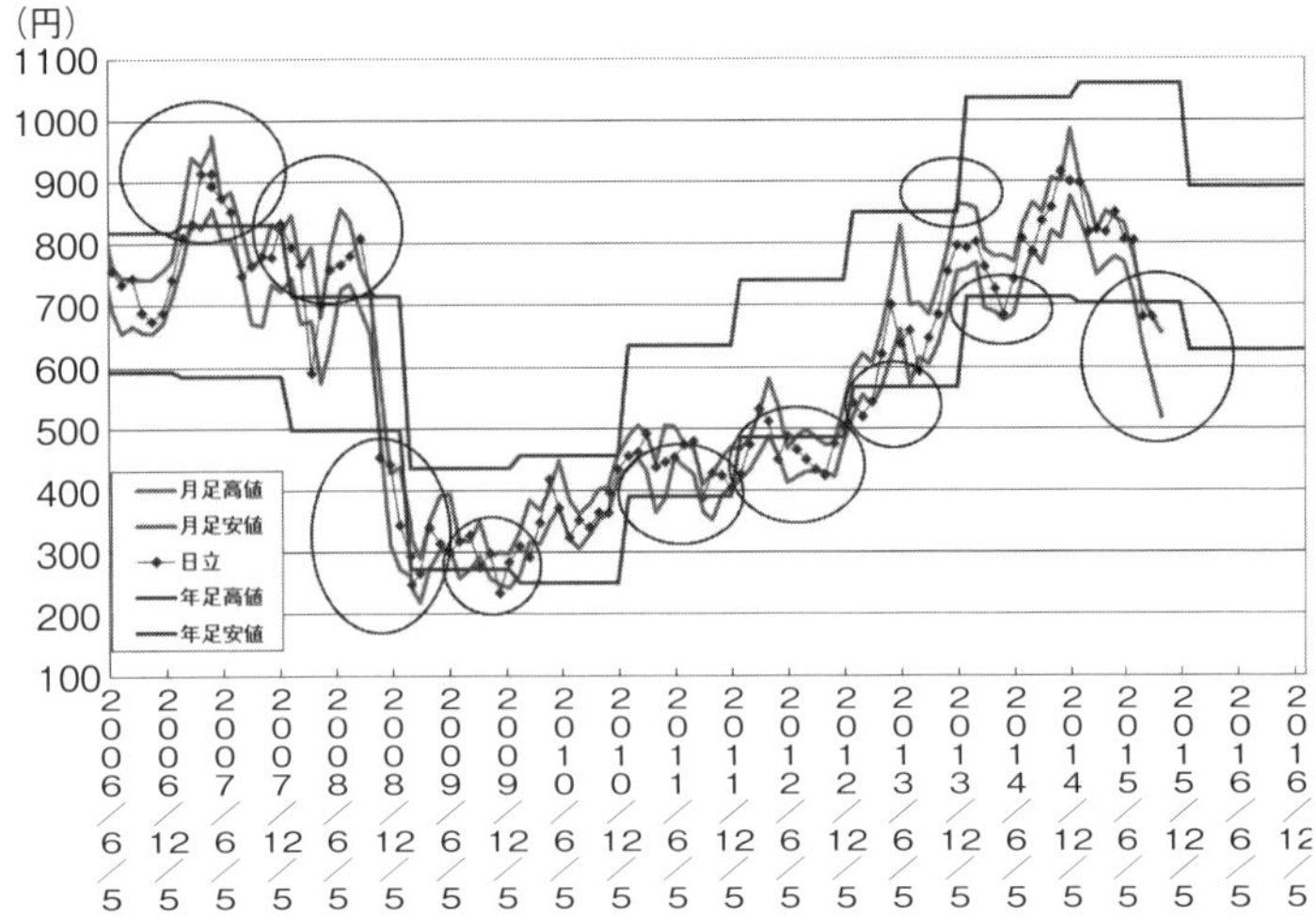

出所:T-Model

2年先までを予測する大予測での2016年日立製作所の予想レンジは、高値855円、安値601円。15年10月現在、15年予想レンジ安値689円を大きく下回り、大底形成を示す年足安値>月足安値の「逆転現象」が出現しています。この「逆転現象」の状態が長引けば長引くほど上昇のためのエネルギーが減少していくため、現在予想ベースである16年レンジ高値は、2016年入り後、大きく切り下がる可能性があります。そのため早くこの「逆転現象」状態から脱出することが重要です。最終的に、現在の円安上昇相場が終了するのは、大天井を示す月足高値>年足高値の「逆転現象」の出現がシグナル。つまり、16年か、17年のレンジ高値を上回るまでは上昇相場は継続することになります。15年に比べ既に切り下がっている16年レンジ高値予想が更に大きく下がる可能性があるため、長期投資の観点では、買いシグナルと考えられますが、上値は限定的と思われます。

東芝(月足)とT2

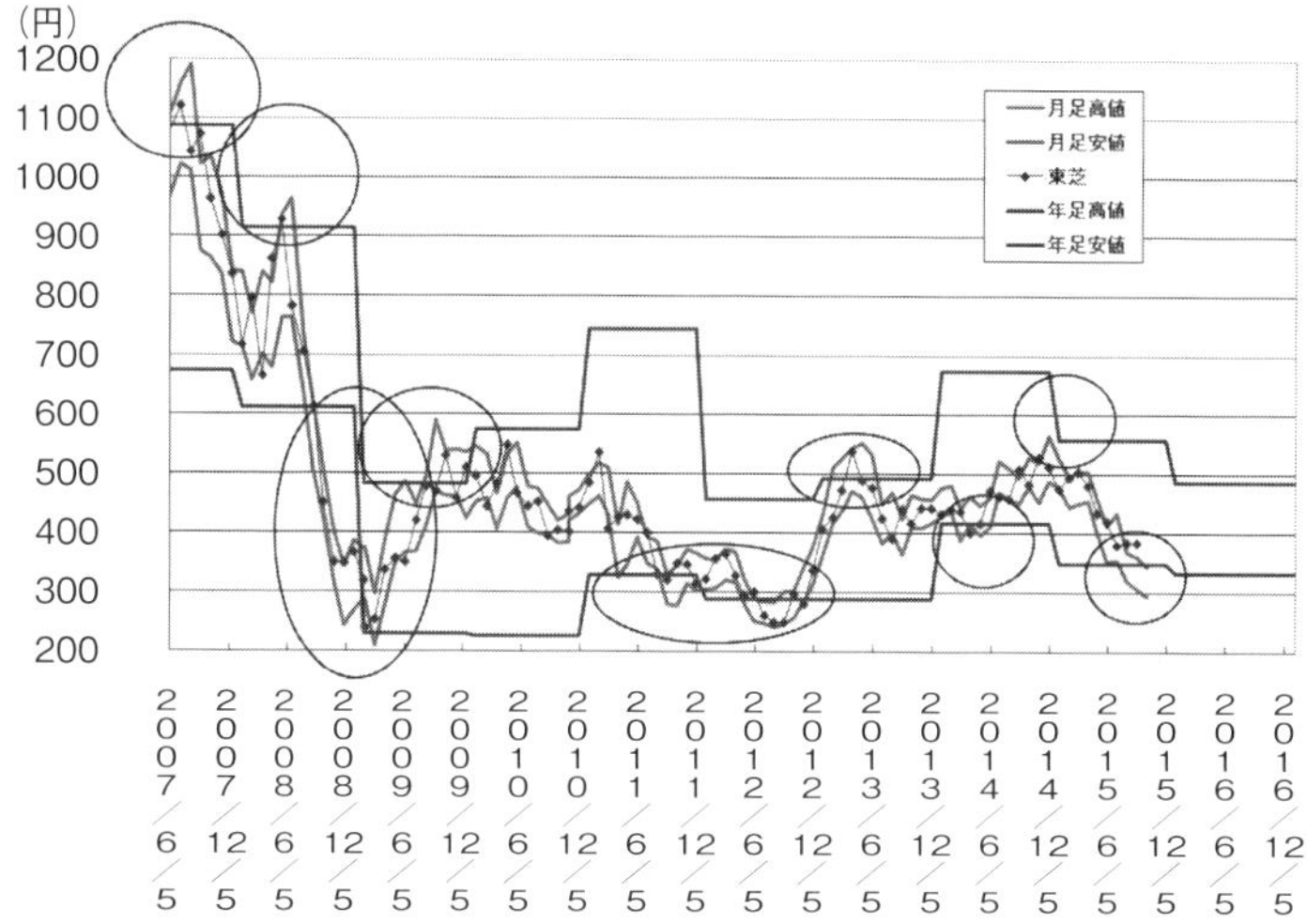

出所:T-Model

2年先までを予測する大予測での2016年東芝の予想レンジは、高値417円、安値286円。不適切会計問題で揺れた同社ですが、15年10月現在、15年予想レンジ安値325円を下回り、大底形成を示す年足安値＞月足安値の「逆転現象」が出現しています。この「逆転現象」の状態が長引けば長引くほど上昇のためのエネルギーが減少していくため、現在予想ベースである16年レンジ高値は、2016年入り後、切り下がる可能性があります。そのため早くこの「逆転現象」状態から脱出することが重要です。現在の低迷相場でも、一旦は16年か、17年のレンジ高値を上回る大天井を示す月足高値＞年足高値の「逆転現象」の出現を目指す反発は期待できます。ただ、14年レンジ高値をピークに15年、16年のレンジ高値が切り下がっているため、反発したとしても上値は限定的と思われます。

三菱UFJFG(月足)とT2

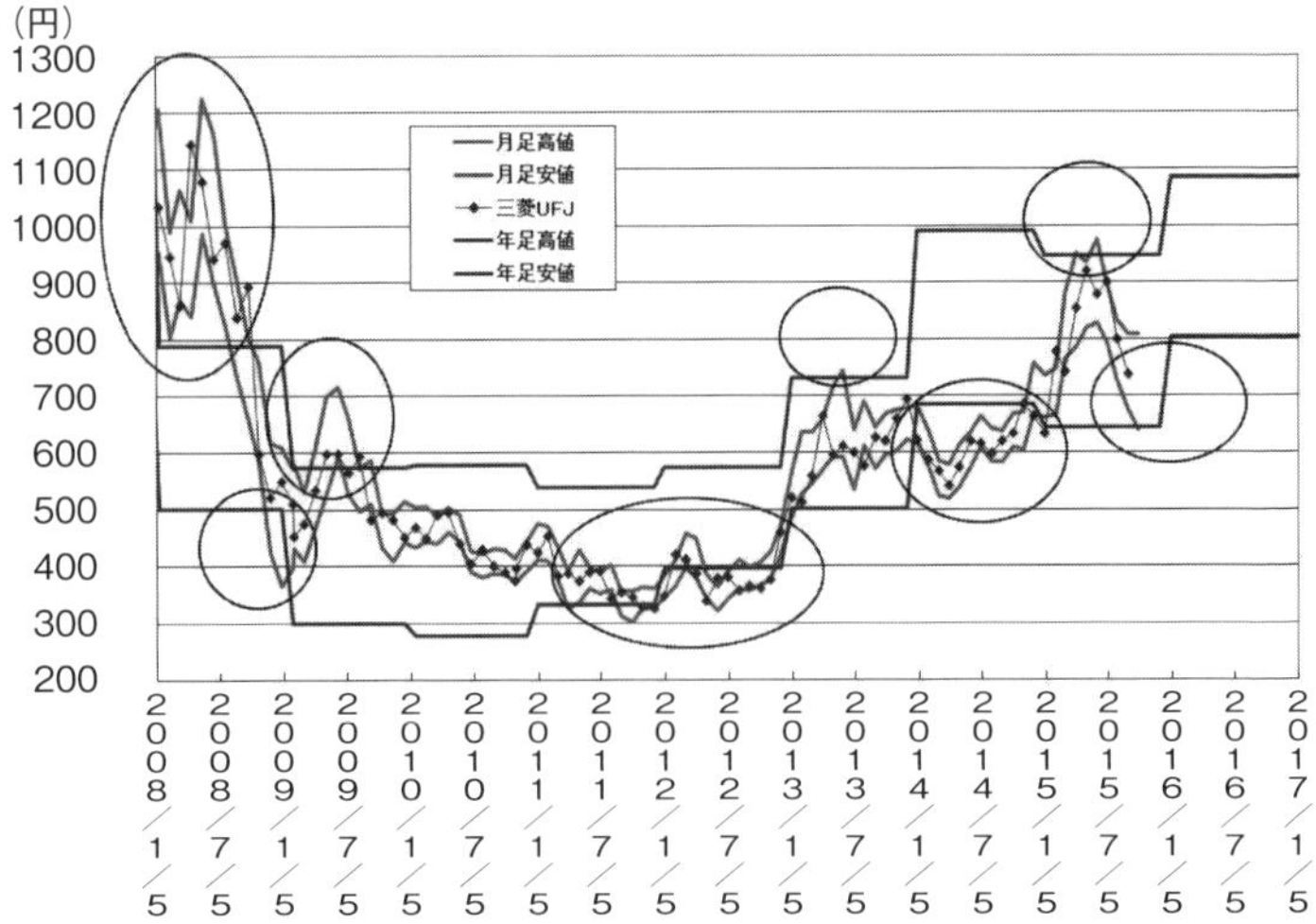

出所:T-Model

2年先までを予測する大予測での2016年三菱UFJフィナンシャル・グループの予想レンジは、高値1083円、安値803円。大天井を示す月足高値>年足高値の「逆転現象」が出現した後、15年10月現在、世界同時株安の影響で16年予想ベースのレンジ安値水準まで調整している段階かと思われます。16年は一旦、底値圏を示す年足安値>月足安値の「逆転現象」出現した後、16年か、17年のレンジ高値を目指す再上昇が期待できるかもしれません。長期投資の観点では、買いシグナルと考えられますが、2016年入り後に再度、このレンジ高値がどの水準まで切り下がるかのチェックは必要です。

三井住友(月足)とT2

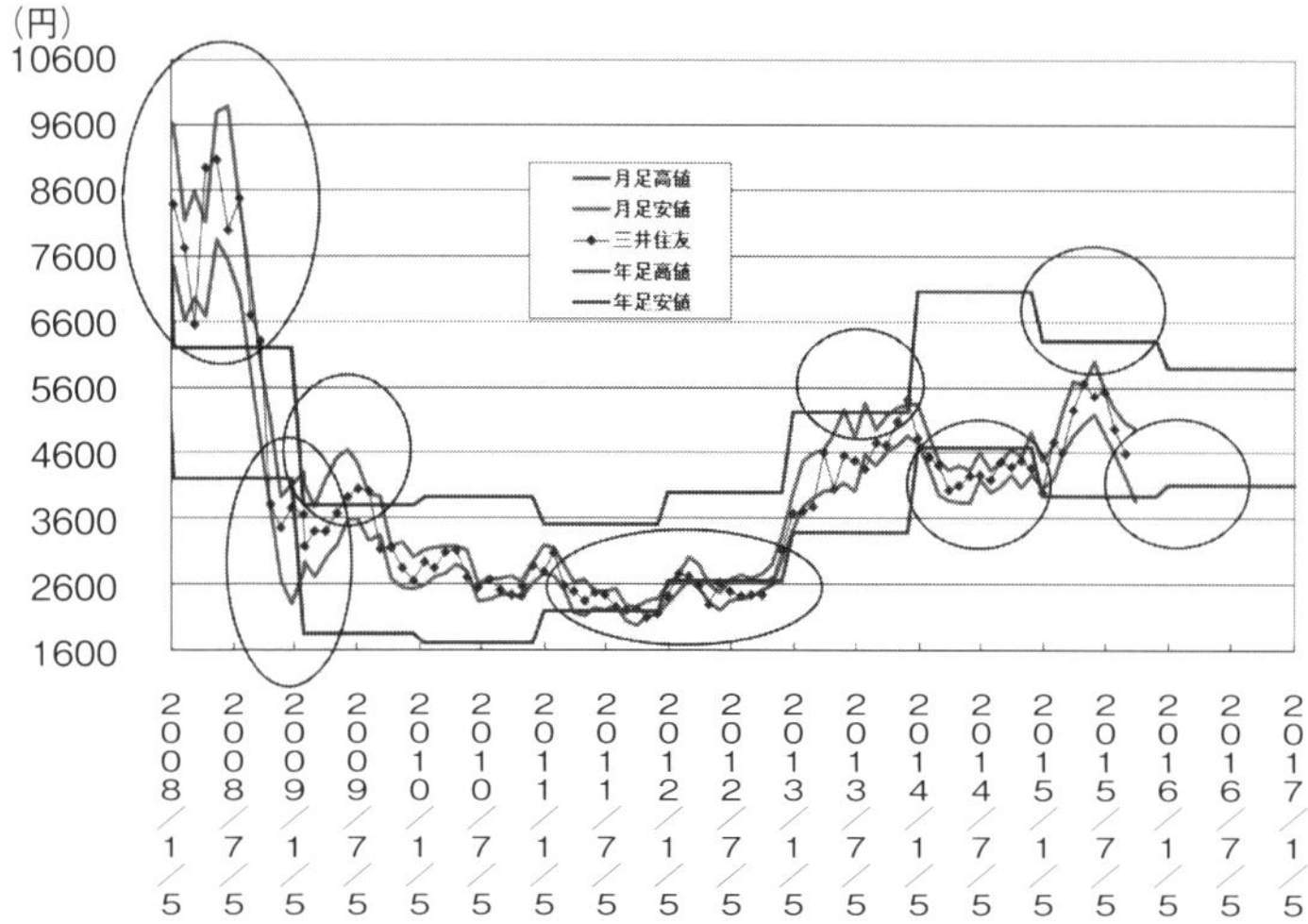

出所:T-Model

2年先までを予測する大予測での2016年三井住友フィナンシャルグループの予想レンジは、高値5898円、安値4099円。大天井を示す月足高値＞年足高値の「逆転現象」が出現した後、15年10月現在、世界同時株安の影響で16年予想ベースのレンジ安値水準まで調整している段階かと思われます。16年は一旦、底値圏を示す年足安値＞月足安値の「逆転現象」出現した後、16年か、17年のレンジ高値を目指す再上昇が期待できるかもしれません。長期投資の観点では、買いシグナルと考えられますが、16年のレンジ高値が15年に比べ切り下がっていることから上値は限定的です。2016年入り後に再度、このレンジ高値がどの水準まで切り下がるかのチェックは必要です。

みずほHD(月足)とT2

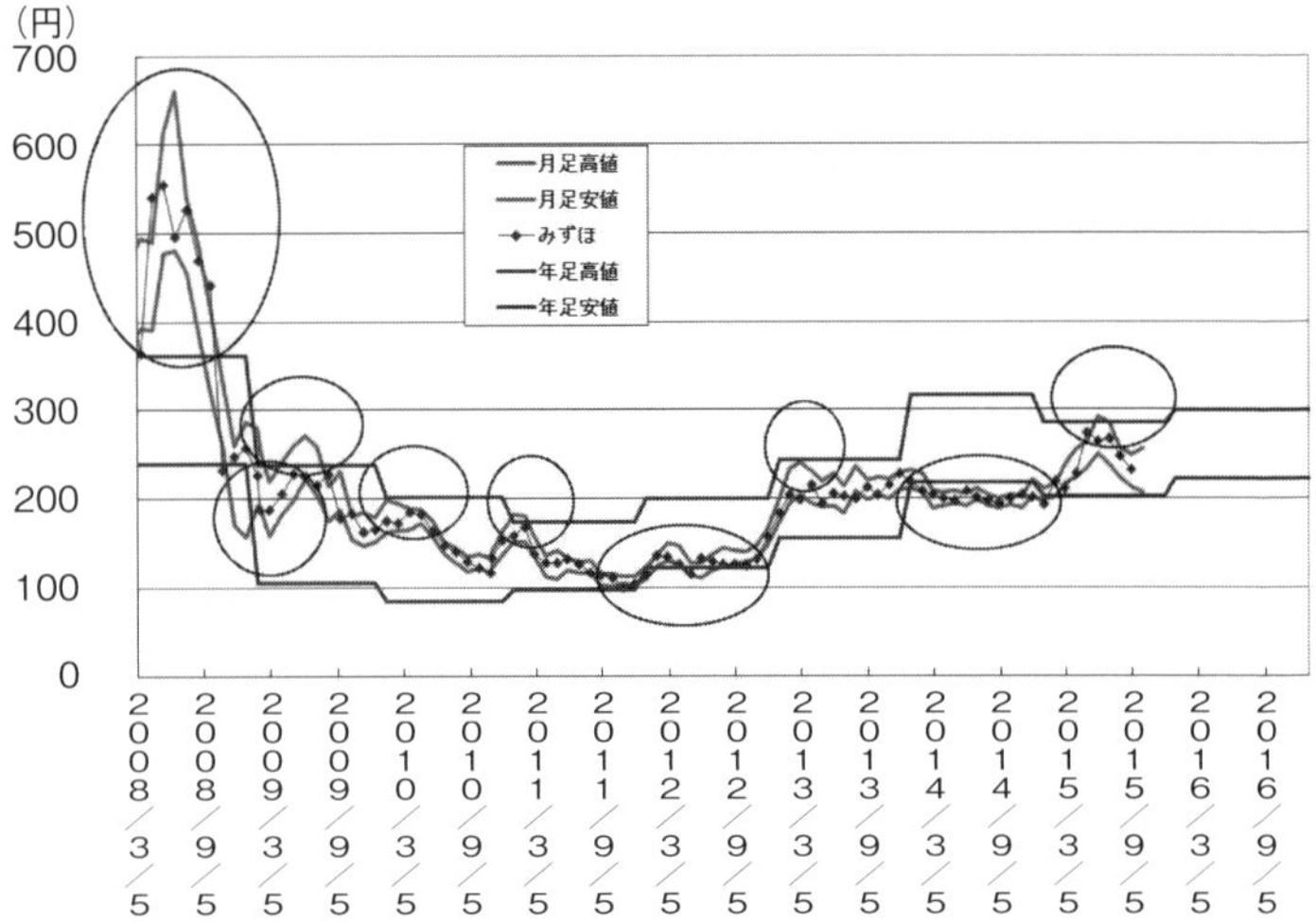

出所:T-Model

2年先までを予測する大予測での2016年みずほフィナンシャルグループの予想レンジは、高値299円、安値222円。大天井を示す月足高値＞年足高値の「逆転現象」が出現した後、15年10月現在、世界同時株安の影響で15年予想安値203円水準まで調整している段階かと思われます。16年は一旦、底値圏を示す年足安値＞月足安値の「逆転現象」出現した後、16年レンジ高値を目指す再上昇が期待できるかもしれません。長期投資の観点では、買いシグナルと考えられます。

T&D(月足)とT2

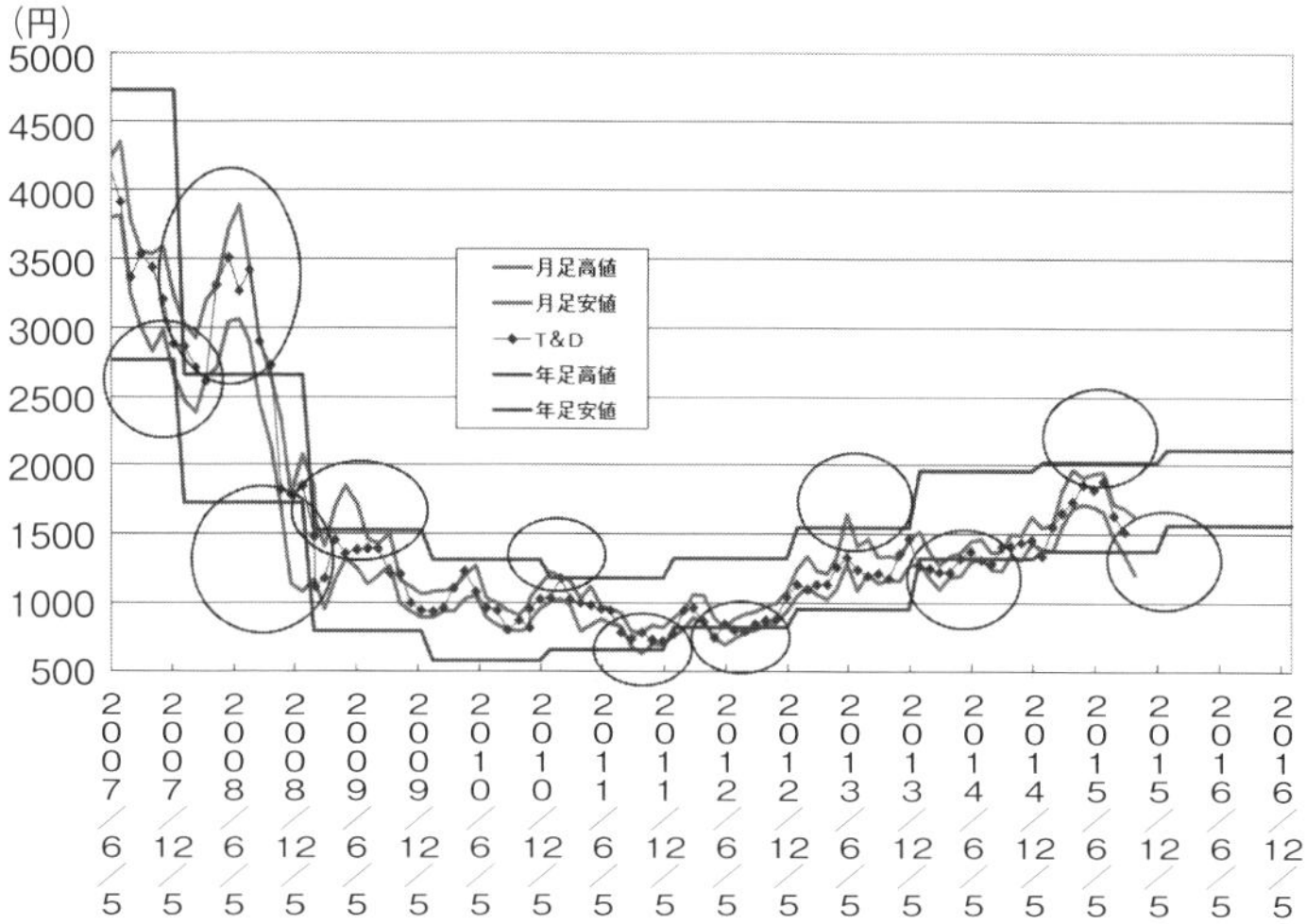

出所:T-Model

2年先までを予測する大予測での2016年T&Dホールディングスの予想レンジは、高値2112円、安値1566円。大天井を示す月足高値>年足高値の「逆転現象」が出現した後、15年10月現在、世界同時株安の影響で15年レンジ安値1373円を下回り、大底形成を示す年足安値>月足安値の「逆転現象」が出現しています。この「逆転現象」の状態が長引けば長引くほど上昇のためのエネルギーが減少していくため、現在予想ベースである16年レンジ高値は、2016年入り後、切り下がる可能性があります。そのため早くこの「逆転現象」状態から脱出することが重要です。16年は一旦、底値圏を示す年足安値>月足安値の「逆転現象」出現した後、16年レンジ高値を目指す再上昇が期待できるかもしれません。長期投資の観点では、買いシグナルと考えられますが、2016年入り後に再度、このレンジ高値がどの水準まで切り下がるかのチェックは必要です。

パナソニック(月足)とT2

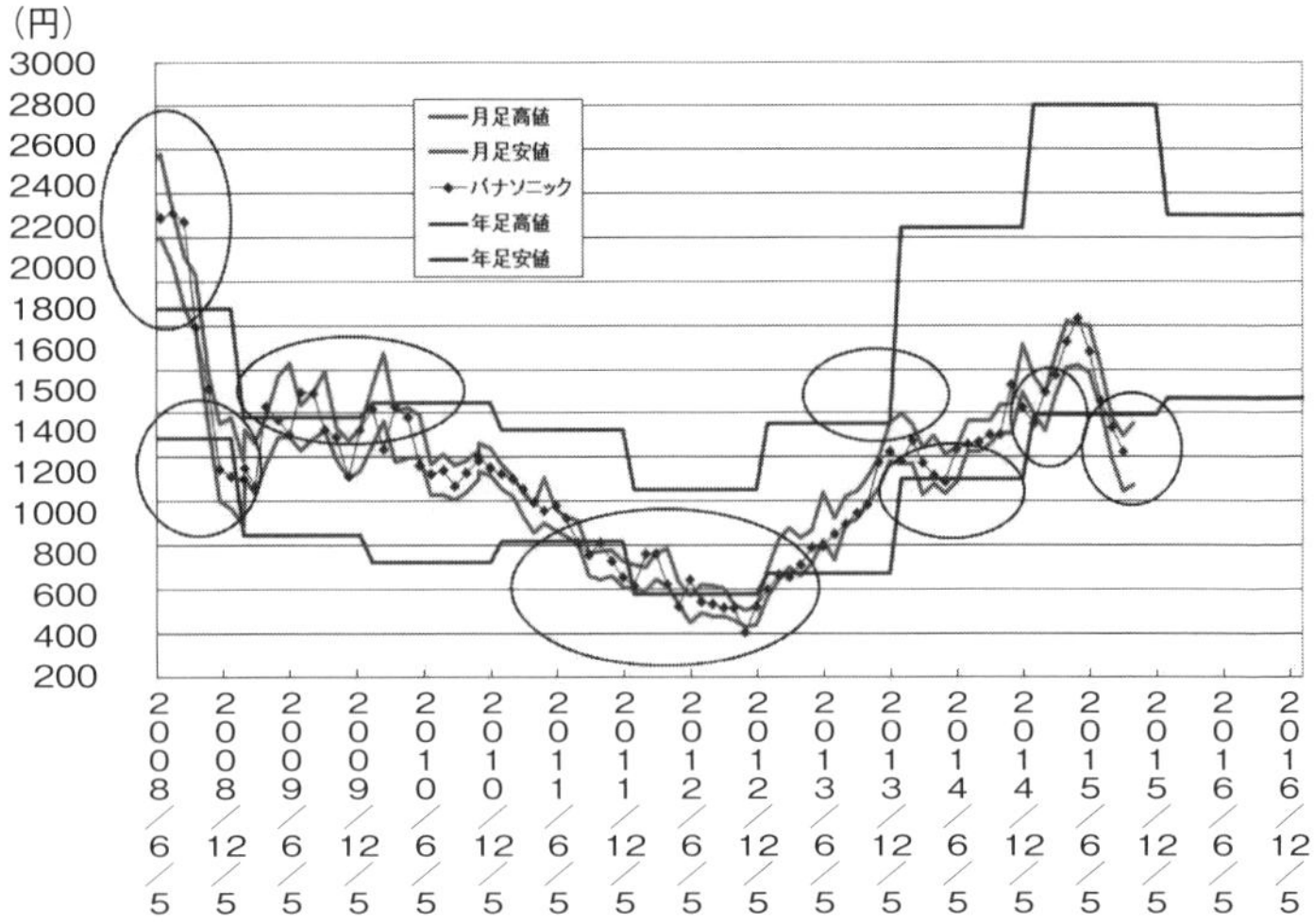

出所:T-Model

2年先までを予測する大予測での2016年パナソニックの予想レンジは、高値2301円、安値1472円。15年10月現在、15年予想レンジ安値1394円を大きく下回り、大底形成を示す年足安値>月足安値の「逆転現象」が出現しています。この「逆転現象」の状態が長引けば長引くほど上昇のためのエネルギーが減少していくため、現在予想ベースである16年レンジ高値は、2016年入り後、大きく切り下がる可能性があります。そのため早くこの「逆転現象」状態から脱出することが重要です。最終的に、現在の円安上昇相場が終了するのは、大天井を示す月足高値>年足高値の「逆転現象」の出現がシグナル。つまり、16年か、17年のレンジ高値を上回るまでは上昇相場は継続することになります。15年に比べ既に切り下がっている16年レンジ高値予想が更に大きく下がる可能性があるため、長期投資の観点では、買いシグナルと考えられますが、上値は限定的と思われます。2016年入り後に再度、このレンジ高値がどの水準まで切り下がるかのチェックは必要です。

米アップル(月足)とT2

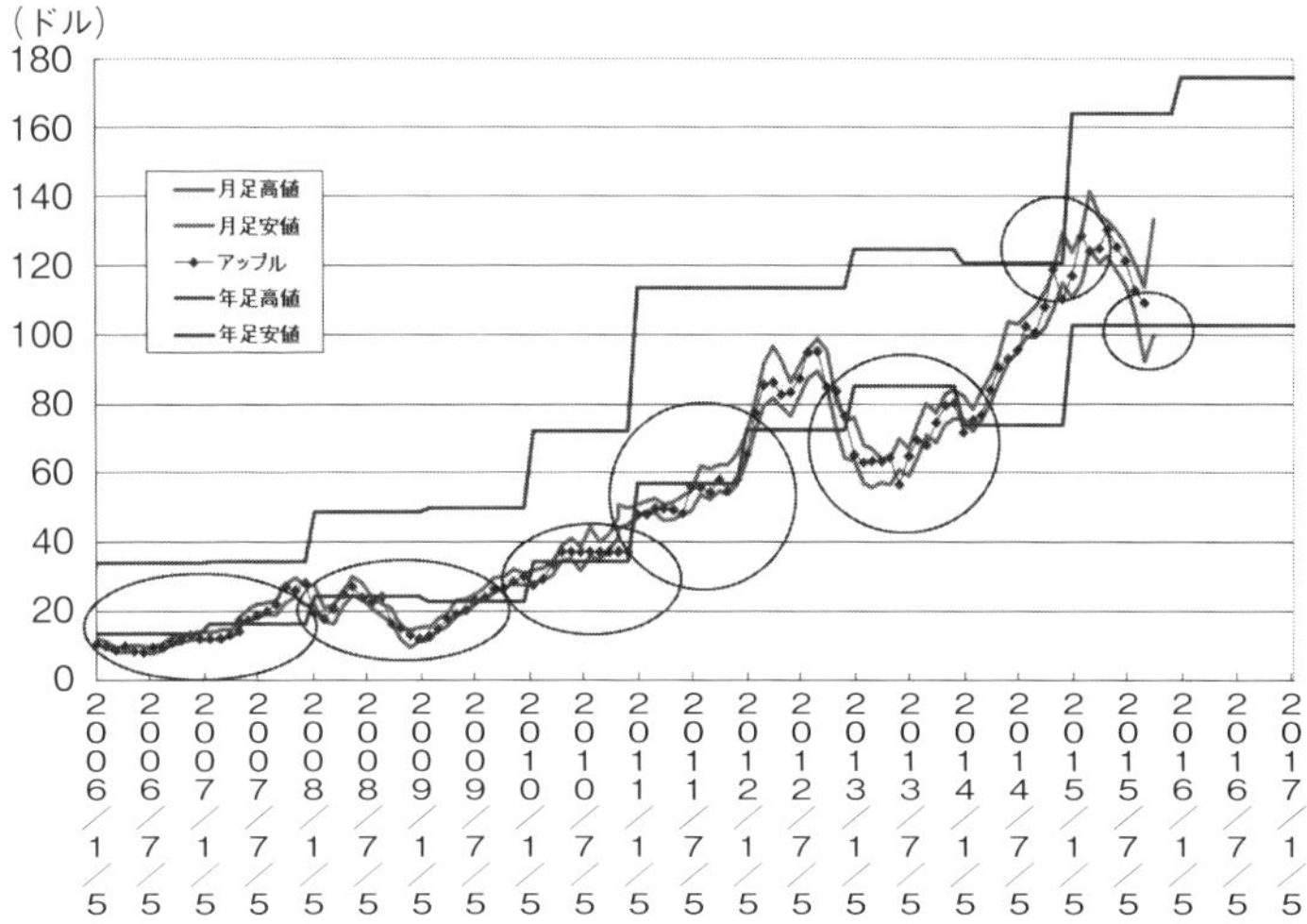

出所:T-Model

2年先までを予測する大予測での2016年米アップルの予想レンジは、高値174.3ドル、安値102.6ドル。15年10月現在、15年予想レンジ安値102.7ドルを下回り、大底形成底を示す年足安値>月足安値の「逆転現象」が出現しています。最終的に、現在の上昇相場が終了するのは、大天井を示す月足高値>年足高値の「逆転現象」の出現がシグナル。つまり、16年か、17年のレンジ高値を上回るまでは上昇相場は継続することになります。長期投資の観点では、買いシグナルと考えられます。ただ、2016年入り後に再度、16年レンジ高値がどの水準まで切り下がるかのチェックは必要です。

おわりに

二〇一五年一〇月二一日、この日が何の日かご存知だろうか。一九八九年一一月に公開された映画『バック・トゥ・ザ・フューチャーPART2』で、主人公マーティと科学者ドクが過去からやって来た「未来の日」である。公開から二六年近くたったいま、改めて見直しても未来をかなり正確に予測していたことはお見事である。

ゴミで動くデロリアン　愛車デロリアンを改造したタイムマシンで未来から戻った科学者ドク。彼が投入した燃料はバナナの皮やジュースの飲み残しだった。英国南西部のブリストルやバースでは最近、捨てられた食料や下水を燃料にしたバスの運行を開始。他にも農業廃棄物をガソリンの代替品にしようという試みも実施されている。

犬の散歩も自動化　映画の中でドローンが犬を散歩させているシーンがあるが、現在、少なくともカリフォルニアの一部では現実化しているようである。またBBCなどメディア各社はカメラ機能を搭載した小型無人機を使い、新しい視点からの映像でニュースを伝えている。

ガソリンスタンドのアシスタントロボ　映画にはガソリンスタンドのアシスタントロボットも登場する。オランダでは数年前に同じような装置の試験運用を行い、テスラモーターズも電気自動車用に同様の装置を開発中。

3Dホログラム　未来の街へ繰り出したマーティが上映されていた映画「ジョーズ19」の飛び出す映像に驚くシーンがある。この技術は「3Dホログラム（レーザーを使った立体画像）」というかたちで実在し、日本ではバーチャルアイドル「初音ミク」が3Dホログラム映像だけでコンサートを開催するほど進化している。

ウェアラブルデバイス　映画には身につけて使用するウェアラブルデバイスが登場する。これらは現在、バイザー型ホログラム・コンピュータである「マイクロソフト・ホロレンズ」や米フェイスブック傘下のオキュラス社が二〇一六年発売予定のバーチャルリアリティヘッドセット「オキュラス リフト」などで進行している。ちなみに眼鏡型ウェアラブル端末「グーグルグラス」は内蔵カメラがプライバシーを侵害するとの懸念が浮上、残念ながら個人向け販売を中止すると発表した。

テレビ電話　映画が作られた当時、まだ壁掛けテレビは存在しなかったが、映画内の二〇一五年に大画面薄型テレビが登場している。大人になったマーティがテレビ会議をする姿も紹介されていた。現在、それらは普通に家庭に普及し、テレビ会議・Web会議は企業で当たり前になっている。

タブレット　映画ではタブレット端末のようなものがつくられることが予測されていた。どのようなインターフェイスで、どのようなデータを保有しているかなどは不明だが、指紋を照合して身元を確認、寄付を行える端末が使われている。

また「自動靴紐調整靴」が印象的だが、まだ商品化はされてはいない。ただナイキは自動紐結び機能付きスニーカーを開発中で、今年中に発売することを目指しているという。

映画の未来の日にあたる一〇月二一日には、多くのマスメディアが同映画の未来予測の検証を報道した。だが、それを可能にしたのも映画の中で、その未来の「日時」を明確に示されていたからである。

二三年間のアナリスト生活時代に心がけていたことは、「予測」するなら、その予測がいつ実現するのかという「時間(日時)」と、いくらになるのかという「価格」を明確にすることだった。一〇年も同じ予測を言い続けていればいつかは実現するだろうが、それでは「予測」の定義に入らないという想いからだった。その結果、未来を物理学の「エントロピーの法則」を応用してエネルギーを数値化する三次元の市場モデル『T2』ができあがった。これは「いつ」までに「いくら」になるかという「時間」と「価格」を兼ね備え、かつ高い確率で「当たる」ことを実現した夢のようなモデルと思っている。

さて同日のDVD発売にあわせて公開された動画「ドク・ブラウンからのメッセージ2015」で、クリストファー・ロイドが演じた科学者ドクこと、エメット・ブラウン博士がデロリアンに乗って登場し、私たちに向かってこう話しかけた。

「なんたることだ！　私の計算が正しければ、今は二〇一五年一〇月二一日ちょうどのはずだ。ようやく未来がやって来た。確かに、君たちが想像してきた未来像とすべてが同じというわけではない。けれどもどうか心配しないでほしい。君の未来がまだ描かれていないだけなんだ。誰の未来もね。君たちの未来は君たちがつくるものだ。だから良い未来をつくり上げてほしい」

この前向きなメッセージをあなたはどのように受けとめただろうか。この動画は公開からたった一日で約七五〇〇万回以上も再生され、多くの人の心に響いたことを物語る。

「生物はもっとも強い者が生き残るのではなく、もっとも賢い者が生き延びるのでもない。唯一生き残るのは、変化できる者である」というチャールズ・ダーウインの言葉をかみしめながら、いま始まろうとする世界的な激変の「大津波」に備える時期が来ている。

変化に対応することができるか否かは、変化の本質を理解できないと対応できない。本書はその経済的な変化をひも解くヒントをちりばめただけではなく、ドクのメッセージにある「良い未来」を読者とともにつくることができることを切に願っている。

最後に、アナリストの信念を貫くことで日々苦労をかけている家族に感謝を込めて。

著者

【著者】

塚澤健二　（つかざわ・けんじ）

1960年生まれ。理系出身経済アナリスト。（社）日本証券アナリスト協会検定会員。北海道大学工学部卒業後、理系出身アナリスト第1号として、日興リサーチセンター、ジャーデンフレミング証券、ＪＰモルガン証券で23年間にわたりトップクラスのアナリストとして活躍、2007年10月に独立。世の中にない独自の予測モデル『T2』による的確な予測を提供して人気を集めている。

2000年からの専門店・ITバブルの崩壊、01年からの金の暴騰、08年のリーマン・ショックは07年2月に予告した他、12年11月からのアベノミクス上昇相場と13年5月に起きた「世紀の大暴落」、さらに今回の原油大暴落も14年6月のコラム、14年10月のセミナーで予告した。

現在、真実を伝える経済・投資をテーマにした公式ホームページ塚澤.com〈http://tsukazawa.com/〉を主宰。また個人会員向けに情報提供する他、故船井幸雄氏のグループ会社でインターネットラーニング『生活防衛の教室』を丸4年、200回のロングセラー番組を毎週続ける。著書は『そして大恐慌が仕組まれる』（ビジネス社）など。

協力／加藤 鉱

そして偽装経済の崩壊が仕組まれる

2015年12月１日　第１刷発行

著　者　塚澤健二
発行者　唐津　隆
発行所　株式会社ビジネス社
〒162－0805　東京都新宿区矢来町114番地　神楽坂高橋ビル5Ｆ
電話　03－5227－1602　FAX 03－5227－1603
URL　http://www.business-sha.co.jp/

〈カバーデザイン〉大谷昌稔　〈本文DTP〉茂呂田剛（エムアンドケイ）
〈印刷・製本〉モリモト印刷株式会社
〈編集担当〉本田朋子　〈営業担当〉山口健志

ISBN978-4-8284-1850-6